Spirituelle Selbstkompetenz

Glaube – Wertebildung – Interreligiosität

Berufsorientierte Religionspädagogik

herausgegeben von

Reinhold Boschki

KIBOR – Katholisches Institut für
Berufsorientierte Religionspädagogik Tübingen

Michael Meyer-Blanck

bibor – Bonner evangelisches Institut für
berufsorientierte Religionspädagogik

Friedrich Schweitzer

EIBOR – Evangelisches Institut für
Berufsorientierte Religionspädagogik Tübingen

Band 9

Matthias Gronover (Hrsg.)
in Zusammenarbeit mit
Burkard Hennrich, Anna Jürgens
und Stefan Lemmermeier

Spirituelle Selbstkompetenz

Eine empirische Untersuchung
zur Spiritualität von
Berufsschulreligionslehrkräften

Waxmann 2017
Münster · New York

Bibliografische Information der Deutschen Nationalbibliothek

Die Deutsche Nationalbibliothek verzeichnet diese Publikation
in der Deutschen Nationalbibliografie; detaillierte bibliografische
Daten sind im Internet über http://dnb.dnb.de abrufbar.

Glaube – Wertebildung – Interreligiosität
Berufsorientierte Religionspädagogik, Band 9
ISSN 2195-3023
Print-ISBN 978-3-8309-3572-8
E-Book-ISBN 978-3-8309-8572-3

© Waxmann Verlag GmbH, 2017
Steinfurter Straße 555, 48159 Münster

www.waxmann.com
info@waxmann.com

Umschlaggestaltung: Pleßmann Design, Ascheberg
Umschlagabbildung: © Matthias Gronover
Satz: satz&sonders GmbH, Münster
Druck: Hubert & Co., Göttingen
Gedruckt auf alterungsbeständigem Papier gemäß ISO 9706

Printed in Germany

Vorwort

„Glauben Sie denn selbst an die Auferweckung der Toten"? – so die direkte Frage einer Schülerin in der Berufsschulklasse Friseurhandwerk an mich. Und jetzt? Es wurde eine topinteressante Religionsstunde. Mit welchen Verheißungen sind Religionslehrerinnen und -lehrer unterwegs? Worin gründet die Glaubwürdigkeit ihrer Gotteskommunikation in der schulischen Bildung? Kinder und Jugendliche haben ein Recht auf spirituelle Entwicklung: Die Kinderrechtskonvention der Vereinten Nationen von 1989, das bislang wichtigste Dokument zu Kinderrechten überhaupt, spricht in Art. 27 davon, dass Kinder ein Recht auf Unterstützung in ihrer physischen, psychischen und geistigen Entwicklung haben. Dem englischen und französischen Originaltext zufolge geht es bei der „geistigen" Entwicklung um die spirituelle Entwicklung („spiritual development") des Kindes. In der Religionspädagogik wird dies auch so ausgedrückt, dass die Seele des Kindes genauso Nahrung braucht wie sein Körper. Dies gilt auch für Jugendliche und Erwachsene (Biesinger & Schweitzer, 2013).

Die Arbeit des Katholischen Instituts für berufsorientierte Religionspädagogik (KIBOR) profiliert Bildung in einem Bezugsrahmen, der sich zwischen der Frage nach Gott, der Existenzialität des Lebens und der sinnstiftenden Dimension des Berufs auftut. In meiner Zeit als Leiter dieses Instituts bewegten wir uns bei allen Projekten in diesem Spannungsfeld, das nie nur einer kriteriologischen Profilierung von vermeintlich objektiven Forschungsfragen diente, sondern immer uns selbst betraf. Berufsorientierte Religionspädagogik zu betreiben hieß und heißt für mich, die Frage nach Gott auch während meiner Lehrtätigkeit und der Diskussion in Forschungsgruppen zu stellen. Solche Forschungsvorhaben warfen immer auch die Frage danach auf, welche Rolle sie in meinem Leben spielen. Und sie deckten auch – gerade durch mein persönliches Involviertsein – die sinnstiftende Dimension auf, die mein Beruf für mich hat.

Als Matthias Gronover im Sommer 2011 die Funktion des Stellvertretenden Leiters des Instituts annahm, stand zeitgleich damit die Frage nach einem Folgeprojekt im Raum. Seine rasche Einarbeitung in die berufsorientierte Religionspädagogik ermöglichte eine erfolgreiche Antragstellung für das Projekt „Spirituelle Selbstkompetenz". Er trug die Idee dazu vor, Konzeption und Durchführung erfolgten dann vollständig über seine Person. Dass er das Thema Spiritualität wählte, zeigt, dass es ihm um die Subjekte des Glaubens im Forschungsfeld geht. Seinem Ansatz folgend geht es nicht darum, die Subjekte aus ihren sozialen und zeitlichen Kontexten herauszulösen und abstrakt zu fragen, was sie über Gott und die Welt denken; ihm geht es vielmehr darum, zu sehen, was Denken und Handeln mit den Menschen machen, wie der soziale Kontext auf das Subjekt wirkt und umgekehrt. Insofern ist die Titelgebung des Projekts „Spirituelle Selbstkompetenz" nicht einfach der aktuellen bildungstheoretischen Terminologie geschuldet, sondern es geht viel tiefgreifender darum, aus *Selbst*beschreibungen *Kompetenz*beschreibungen zu erfassen und dies mit Spiritualität in Beziehung zu setzen. So zeigt das Projekt eindrücklich, dass Spiritualität in eine Hermeneutik des Lebens einführt, die sowohl im Entdeckungs- als auch im Begründungszusammenhang bisher unbeleuchtete Nischen und Ecken der eigenen Lebenswelt sichtbar zu machen vermag. Die 32 innerhalb der Studie analysierten Interviews zeigen dies eindrücklich. Die Religionslehrerinnen und Religionslehrer an berufsbildenden Schulen, die hier in ihrer spirituellen Entwicklung begleitet wurden, entdecken neue Facetten ihrer Spiritualität, starten ihr Bemühen um eine gelingende Gottesbeziehung in einer fragenden und weniger auf Expertise abzielenden Haltung und eröffnen so einen Raum für offene Begegnungen in ihrer Schule und ihrem privaten Umfeld.

Von Anfang an war das Projekt darauf ausgelegt, für bestimmte Praxisfelder nützlich zu sein. Es zielt vor allem auf den Fortbildungsbereich und hier auf die Frage, inwieweit persönliche Spiritualität fort- und weiterentwickelt werden kann. Obwohl die Bistümer und Diözesen viel in diesen Bereich investieren und in Tagen der Orientierung, in Wochenendseminaren und Einkehrtagen viele Möglichkeiten eröffnen, Spiritualität zu leben, ist die Frage nach der Nachhaltigkeit und dem Setting solcher Veranstaltungen empirisch noch nicht genügend erforscht. Das Projekt „Spirituelle Selbstkompetenz" möchte hier einen Beitrag leisten, indem sowohl ein dreimoduliger Lehrgang angeboten wurde, als auch die Teilnehmerinnen und Teilnehmer vor, während und eineinhalb Jahre nach dem Lehrgang befragt wurden. Es ist dabei augenfällig geworden, dass besonders die zur Alltagsgestaltung der Teilnehmerinnen und Teilnehmer sehr kontrastive Einübung in die Kontemplation im 1. Modul nachhaltig gewirkt hat und sowohl handlungsorientierend als auch kognitiv zur Weiterbearbeitung bei den Teilnehmerinnen und Teilnehmern angeregt hat. Das 2. Modul, „Spiritualität ins Gespräch bringen" bot die Möglichkeit, das unausgesprochene, unaussagbare Geheimnis des persönlichen Glaubens in Sprache zu fassen und dabei so dosiert vorzugehen, dass Gesprächspartnerin und Gesprächspartner auch mitgehen können. Auch diese Erfahrung, so machen die Interviews deutlich, war sehr nachhaltig. Das letzte Modul, das religionspädagogische Konkretionen in den Blick nahm, stellte in einem experimentellen Setting die Frage nach der Vermittelbarkeit von Spiritualität. Diese Frage ist die zentrale Frage religiös vermittelter Praxis und kann natürlich nicht abschließend geklärt werden. Gerade weil dies so ist, war es von Anfang an wichtig, den Lehrgang auf diese Frage hin zuzuspitzen. So ermöglichte das letzte Modul den Teilnehmerinnen und Teilnehmern, eigene Chancen und Grenzen der Vermittelbarkeit von Spiritualität im Schulkontext auszuloten.

Insgesamt ist das Projekt ein Beitrag zur Profilierung eines Themas, dem sich die Theologie weiterhin stellen wird. Im weiteren, gesellschaftlichen Kontext zeigt sich nämlich, dass Spiritualität vermehrt als von bestimmten Konfessionen und Religionen ungebundenes Phänomen auftritt. Hier scheint sich eine Sehnsucht der Menschen Bahn zu brechen, die eine hohe Dynamik hat. Umso wichtiger ist es, im Religionsunterricht gerade an berufsbildenden Schulen, der durch die Auszubildenden und die Schülerinnen und Schüler ja die Heterogenität der Gesellschaft *par excellence* abbildet, im Bereich persönlicher Spiritualität zur religiösen Urteilsfähigkeit beizutragen. Religiöse Kompetenz speist sich dann aus der Polarität von erfahrener Spiritualität und ihrer kriteriologisch geleiteten Urteilsfähigkeit.

Dass dieses Projekt erfolgreich zum Abschluss kommt, ist dem großartigen Team des KIBOR in Tübingen zu verdanken. Die Zusammenarbeit mit Burkard Hennrich, Stefan Lemmermeier und Anna Jürgens erwies sich als Glücksfall kooperativen Arbeitens. Sie brachten mit ihren Perspektiven jeweils eigenständige und zielführende Beobachtungen ein. Ihrer Mitarbeit und Umsicht ist es zu verdanken, dass neben den vielfältigen anderen Forschungs- und Fortbildungsaufgaben des Instituts auch dieses Projekt durchgeführt werden konnte. Zu danken ist aber auch den studentischen Mitarbeiterinnen und Mitarbeitern Julia Bayer, Sarah Behling, Daniel Betz, Elena Gerhäusser, Vanessa Haag, Alina Hübner, Jasmin Corinna Jarzombek, Eva Kuhn, Simon Linder, Christoph Marstaller, Sarah Müller, Elisabeth Rädle, Johanna Rebholz, Dara Straub und Joachim Werz. Es ist ganz klar, dass die Transkriptionen und weiteren Datenaufbereitungen ohne ihre Hilfe nicht hätten gelingen können.

Dieses Buch erscheint als eines der ersten nach meiner Zeit als Leiter des KIBOR. Ich blicke sehr dankbar auf diese Arbeit und das Projektteam zurück und wünsche dieser Publikation, breit wahrgenommen zu werden und so die Arbeit des Instituts noch weiter zu stärken und das Bewusstsein für Spiritualität und ihre Bedeutung für die Arbeit der Religionslehrerinnen und -lehrer für die Glaubenskommunikation mit den Schülerinnen und Schüler in ihrer spirituellen und lebenspraktischen Entwicklung zu stärken.

Albert Biesinger

Literatur

Biesinger, A. & Schweitzer, F. (2013). *Religionspädagogische Kompetenzen. Zehn Zugänge für pädagogische Fachkräfte in Kitas*. Freiburg i.B.: Herder.

Inhalt

Teil II:　Perspektiven der Leiter der Kursmodule

Franz Nikolaus Müller

Klaus Kießling

Jörn Hauf

Teil III:　Schlussreflexion

Reinhold Boschki

Autorin und Autoren

Teil I:
Das Projekt „Spirituelle Selbstkompetenz"

1.   Das Projekt „Spirituelle Selbstkompetenz"

Einleitung

Das Projekt „Spirituelle Selbstkompetenz" wurde am Katholischen Institut für berufs-orientierte Religionspädagogik (KIBOR) in den Jahren 2012 bis 2015 durchgeführt. Ziel war es, die Selbstkompetenz von Religionslehrerinnen und Religionslehrern an berufsbildenden Schulen im Medium ihrer eigenen Spiritualität zu erfassen. Dazu wurde ein Lehrgang mit drei Modulen deutschlandweit ausgeschrieben und das Projekt in der vom VKR (Verband Katholischer Religionslehrerinnen und Religionslehrer an berufsbildenden Schulen) herausgegebenen Zeitschrift *rabs* ausführlich vorgestellt (Gronover, 2012). Die Teilnehmerinnen und Teilnehmer an diesen Modulen wurden über die Jahre 2013 bis Anfang 2015 zu drei Zeitpunkten befragt. Ergänzend dazu haben wir zeitgleich eine Gruppe von Religionslehrerinnen und -lehrern als Begleitgruppe befragt, die nicht an den Modulen teilnahmen, die sich aber selbst als spirituell bezeichneten. Durch den Lehrgang und die zwischen den Interviews verstrichene Zeit von ca. zwei Jahren haben wir einen Einblick in die Entfaltung der spirituellen Selbstkompetenz von Religionslehrkräften bekommen, die in dieser Publikation vorgestellt werden soll. Insgesamt wurden mit dem Sample von 13 Personen 32 Einzelinterviews geführt.

In diesem Kapitel geht es um die grundlegende Fragestellung des Projekts und darum, welche Möglichkeiten und Fallstricke im Modell der spirituellen Selbst-kompetenz angelegt sind, denn es mag zunächst befremdlich erscheinen, im Blick auf Spiritualität von Selbstkompetenz zu sprechen. Spiritualität, wird sie theologie-sensibel durchbuchstabiert, ist ja gerade in ihrer Unverfügbarkeit als Gottesgabe, als nicht machbares Geschenk gekennzeichnet. Der Zusammenhang mit Selbstkompe-tenz scheint dies auf den ersten Blick zu konterkarieren, unterstellt Selbstkompetenz doch gerade eine Verfügbarkeit über die eigenen Grenzen und Möglichkeiten.

1.1 Spirituelle Selbstkompetenz

Wir haben die Begriffswendung „Spirituelle Selbstkompetenz" als *terminus technicus* verwendet, der seinen Ursprung zum einen in Vorgaben des Bildungssystems findet, weil hier explizit auf Selbstkompetenz als Leitbegriff verwiesen wird (Sekretariat der Kultusministerkonferenz, 2011, S. 15). Selbstkompetenz wird hier immer in pädagogischen Kontexten verstanden; Selbstkompetenz ist demnach eine soziale Interpretation erwünschter Befähigungen im Bildungssystem. Zum anderen ist der Begriff des Selbst mit Spiritualität eng verbunden. Das Selbst wird zum Selbst, weil es spirituelle Tiefe besitzt, so die grundlegende These von Charles Taylor (1996). Insofern geht es um das Zu- und Ineinander von individueller Spiritualität und einem Selbst, das immer auch eine soziale Interpretation darstellt. Damit stellt sich die Frage, wie Spiritualität, die nicht funktional eng geführt wird, sondern ihren Grund im Unverfügbaren hat, als Ressource eigener Selbstkompetenz betrachtet werden kann und welche Rolle die Reflexion über sich selbst dabei spielt.

Dazu sind wir von einem Spiritualitätsbegriff ausgegangen, der beziehungsorientiert ist, sich nicht in Innerlichkeit erschöpft und Ausdruck unseres geschenkten Daseins ist. Spiritualität im hier verwendeten Sinn ist neben ihrem unverfügbaren und gnadenhaften Charakter immer auch durch individuelle Selbstzuschreibungen und insofern als reflexive Leistung gekennzeichnet (Peng-Keller, 2012a). Sie ist eng verbunden mit unserer Fähigkeit, Distanz zu uns selbst und zu unseren Gefühlen und Beziehungen herzustellen und in dieser Bewegung die „lebenserneuernde Präsenz des Geistes" (Peng-Keller, 2012b, S. 47) wahrzunehmen. Spiritualität ist religiös vermittelte Selbstdistanzierung. Und: Distanzierungsfähigkeit zum eigenen Selbst ist auch eine zentrale Voraussetzung für das Wohlbefinden und die Gesundheit im Lehrerberuf.

Das Selbst ist Ausdruck der Unterscheidung von individuellem Denken und gemeinschaftlichen, sozialen Erfahrungen. Es wird hier nicht synonym mit Begriffen wie „Identität", „Selbstkonzept" oder „Ich" verwendet, obwohl es naturgemäß Berührungen und Schnittmengen gibt. Der Begriff bezieht sich auf die Beziehung zwischen Individuum und Gemeinschaft. Wenn von Selbstkompetenz gesprochen wird, wird dies augenfällig: Denn sich selbst als kompetent zu bezeichnen, wird ja nur nötig, wo dies sozial erwartet wird, beispielsweise im Kontext Schule. Spirituelle Selbstkompetenz hat damit tiefgreifende, sozialtheoretische und theologische Implikationen. Sozialtheoretisch insofern, weil das Selbst immer auch Produkt äußerer sozialer Erwartungen und Einflüsse ist; theologisch, weil im Zentrum die Frage steht, wie eine Religionslehrerin oder ein Religionslehrer mit der unverfügbaren Gabe der eigenen Spiritualität umgeht und diese entfaltet.

In der Religionspädagogik hat jüngst Sabine Hermisson eine qualitative Studie zur Spirituellen Kompetenz im Pfarrberuf vorgelegt (Hermisson, 2016). Das Projekt „Spirituelle Selbstkompetenz" reagiert auf ein Defizit in der religionspädagogischen Lehrerforschung. Die Religionslehrerinnen und Religionslehrer an berufsbildenden Schulen unterliegen besonderen Herausforderungen, weil durch die Vielzahl von Schularten und Bildungsgängen eine hohe pädagogische Kompetenz von Nöten ist, den Schulalltag gelingen zu lassen. Gleichzeitig sind Religionslehrkräfte tief religiös und im Glauben beheimatet (Feige & Nipkow, 1988; Feige u. a., 2000; Feige & Tzscheetzsch, 2005; Feige, Dressler & Tzscheetzsch, 2006). Diese Forschungen zeigen aber auch, dass Religionslehrerinnen und Religionslehrer oftmals mit ihren institutionellen Bezugsgruppen hadern. Mit Blick auf das jeweilige Bundesland und die Bildungspläne ist dies weniger erforscht als mit Blick auf ihre jeweilige Kirche. Hier zeigen die empirischen Befunde zwar ein breites Spektrum, es überrascht aber gleichzeitig nicht, dass Religionslehrerinnen und Religionslehrer eine kritisch konstruktive Haltung zu ihrer Kirche haben. Claus P. Sajak resümiert, dass „Religionslehrerinnen und -lehrer eine Art ironische Distanz entwickelt haben, mit der sie kirchliche Erwartungen und Ansprüche an ihren Unterricht im Horizont ihrer eigenen Biografie und mit Blick auf die Lebenswelt ihrer Schülerinnen und Schüler produktiv bearbeiten und adaptieren" (Sajak, 2009, S. 63). Diese Haltung macht sich darin bemerkbar, dass nicht alle kirchlichen Lehrmeinungen von den Lehrkräften geteilt werden und dass nicht wenige Lehrmeinungen in den Augen der Lehrkräfte als nicht relevant für die Schülerinnen und Schüler bzw. Auszubildenden erachtet werden. Religionslehrkräfte leben also in Spannungen, die durch ihre Rolle als Lehrkraft im Fach Religion gegeben sind. Gleichzeitig müssen Sie persönlich eine Balance herstellen, die es ihnen ermöglicht, mit diesen Spannungen umzugehen. Heute besteht für die Religionslehrkraft die Aufgabe, die „unterschiedlichen subsystemischen Praxen in der modernen Gesellschaft so zu [integrieren], dass das Gottesverhältnis eine Lebensgeschichte auch unter Bedingungen einer funktional ausdifferenzierten Gesellschaft tragen und begleiten kann" (Dressler, 2012, S. 121). Entsprechend betont das Folgende nicht die Kohärenzen im Selbstverständnis von Religionslehrerinnen und -lehrern. Für unsere Forschung war vielmehr leitend, inwiefern unterschiedliche systemische Zusammenhänge in ihrer Differenziertheit spirituelle Selbstkompetenz hervorbringen bzw. prägen. Für die Berufseinstiegsphase evangelischer Religionslehrerinnen und -lehrer wurde dazu bereits ein Forschungsprojekt durchgeführt, das zeigt: „Den Berufsanfängerinnen und Berufsanfängern im Unterrichtsfach Religion steht nicht ‚das Wasser bis zum Hals'. Trotz der anspruchsvoll formulierten Erwartungen an den Beruf scheint es ihnen zu gelingen, Rollendistanz zu wahren und sich nicht durch die Anforderungen täglicher Praxis ‚auffressen' zu lassen" (Schulte, Stubbe & Lorenz, 2015, S. 303). Um nicht vom Alltag „aufgefressen" zu werden, scheint Spiritualität eine wichtige Ressource zu sein (Schlüter, 2002).

Die vorliegende Untersuchung beleuchtet genau dieses Verhältnis zwischen der Persönlichkeit des Religionslehrers und seiner Rolle als Lehrkraft, zwischen seiner intimen Gottesbeziehung und dem, was ihn davon durch den Alltag trägt. Es geht im Kern um die Frage nach den Möglichkeiten von Spiritualität in einem Schulkontext, der von zeitlich enger Taktung und hohem Sozialdruck geprägt ist und deswegen kaum Raum für die Pflege der eigenen Person freilässt.

1.2 Das Komponentenmodell spiritueller Selbstkompetenz

Der Beruf des Religionslehrers bzw. der -lehrerin konturiert sich also in einem komplexen Geflecht aus institutionellen Erwartungen und individuellen Umgangsweisen und streift verschiedene Themenbereiche, die religionspädagogisch unterschiedliche Aufmerksamkeit erhalten haben. Der eine Bereich ist derjenige der Spiritualität, der nach Bernhard Grom einem Begriff folgt, der zwar „die problematischen Konnotationen von Religiosität" vermeide und „darum uneingeschränkt positiv" wirke, dafür aber auch „sichtlich an Unklarheit" leide (Grom, 2007). Der Begriff der Spiritualität ist demnach über das oben gezeigte hinaus zu klären, obgleich klar ist, dass in seiner Unbestimmtheit eine positiv zu wertende, mitlaufende Aufgabe an die Forschung besteht. Deswegen wird auch unsere Forschung den Begriff zwar mit subjektiven Theorien erhellen, nicht aber vollständig erfassen können.

Um aber diese subjektiven Theorien erfassen zu können, haben wir drei Dimensionen spiritueller Selbstkompetenz isoliert, die wir untersuchen wollen: Zum einen wollen wir wissen, welche Verständnisse und Umgangsformen mit Blick auf Spiritualität vorherrschen. Dazu haben wir ein Spiritualitätsmodell zugrunde gelegt, das den Beziehungsaspekt von Spiritualität hervorhebt (1). Der zweite Bereich, den die Forschung aufgreift und positiv bearbeiten möchte, ist der des professionellen Wohlbefindens bzw. der Lehrergesundheit. Insgesamt fordert die Situation an berufsbildenden Schulen seitens der Lehrkräfte, nicht nur in pädagogischer wie theologischer Hinsicht jederzeit kompetent agieren zu können, sondern eben auch eine große Distanzierungsfähigkeit gegenüber ihrem Beruf, ihren Gefühlen, ihren Beziehungen zu haben, um den Berufsalltag bewältigen zu können. Diese Distanzierungsfähigkeit zum eigenen Tun ist auch bei verschiedenen Untersuchungen zur Lehrergesundheit ein zentrales Kriterium (2). Sie ist ihrerseits wiederum Teil der Selbstkompetenz einer Lehrkraft und trägt wohl entscheidend zu einem gelingenden Berufsalltag bei. Die Forschungen zur Lehrergesundheit haben ihrerseits ein Persönlichkeitsmodell zugrunde gelegt, das das Erleben der eigenen Wirksamkeit betont. Dieses Modell geht auf Albert Banduras Forschungen zur Selbstwirksamkeit zurück. Bandura fand vier Faktoren, die für das Gelingen (beruflichen) Handelns zentral sind. Diese Faktoren haben wir in unsere Fragebogenkonstruktion aufgenommen, um ausloten zu können, inwiefern Spiritualität das eigene Tun beeinflusst (3).

Unser Modell der spirituellen Selbstkompetenz nimmt also drei Konstrukte an, die ineinanderwirken: Spiritualität, Distanzierungsfähigkeit und Selbstwirksamkeit.

1.2.1 Spiritualität

Anton Bucher schlägt in seinem Spiritualitätsmodell die Kernkomponente „Verbundenheit" vor, die für unsere Forschung operationalisiert wurde.

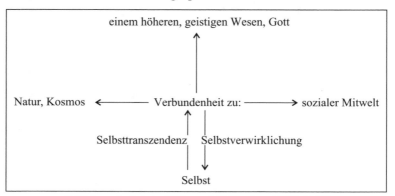

Abbildung 1: Spiritualitätsmodell (Bucher, 2007, S. 33)

Mit Blick auf das Interesse, den Zusammenhang zwischen spiritueller Selbstkompetenz und gelingendem Schulalltag aufzuhellen, besteht ein besonderes Interesse an den Aspekten Verbundenheit zu sich selbst und Verbundenheit zur sozialen Mitwelt.

Er umfasst damit eine horizontale und eine vertikale Dynamik, wie sie im Schaubild verdeutlicht sind. Beide Dimensionen stehen für Beziehungsqualitäten, die wir als komplementär betrachten.

Dabei ist der Terminus „Verbundenheit zu" geweitet und synonym zum Beziehungsbegriff zu begreifen, wie er von Biesinger mit Blick auf die Rolle des Religionslehrers oder der Religionslehrerin ausgearbeitet wurde. Ein „Thema ist demnach sinnvoll als Beziehungsgeflecht formuliert, wenn ich mich als Lehrer oder Lehrerin selbst, wie ich zum Thema stehe, wie ich zur Lerngruppe stehe, und wie die Lerngruppe zu mir steht, einbringe" (Biesinger, 1983, S. 823). Spirituelle Selbstkompetenz bedeutet dann in unserem Zusammenhang, den personalen Einsatz in diesem Beziehungsgeflecht zu reflektieren und Spiritualität einzuüben, mit dem Ziel eines gelingenden Berufsalltags, in dem Spiritualität als schöpferische Ressource wirken kann.

1.2.2 Distanzierungsfähigkeit

Der Aspekt der Distanzierungsfähigkeit wurde für die Ausschreibung der Module bereits beleuchtet (Gronover, 2012). In der Frühphase des Projekts sprachen wir von Selbstdistanzierungsfähigkeit, was im Kontext von Spiritualität eine gewisse Engführung des Begriffs auf die Dimension des Selbst mit sich brachte. Im Laufe der weiteren Planung und auch in der empirischen Erhebung wurde schnell deutlich, dass diese Engführung auf das Selbst der differenzierten Reflexivität der Befragten nicht gerecht wird. Nach der Analyse der Interviews war klar, dass wir diese Kategorie auf den gesamten Erfahrungszusammenhang der Befragten, ihre Spiritualität und ihren Berufsalltag ausweiten müssen. Der Begriff der Distanzierungsfähigkeit bezieht sich also auf den individuellen Erfahrungsbereich und erfasst die damit verbundenen Interpretationen und Eindrücke. Distanzierungsfähigkeit setzt dabei voraus, das eigene Tun überschauen und daraus Alternativen entwickeln zu können. Sie ist also sehr wichtig für die Wahrnehmung der eigenen Spiritualität und des eigenen Berufs als sinnvolle und sinnstiftende Tätigkeit. Bei unserer Interpretation der Interviews wurde dabei wichtig, dass Distanzierungsfähigkeit gegenüber dem eigenen Selbst ihren Grund in der „spirituellen Tiefe" der Person hat und kein beliebiges Attribut einer Person darstellt. Distanzierungsfähigkeit und Spiritualität durchdringen sich gegenseitig.

Das ist mit Blick auf das Wohlbefinden im Beruf sehr wichtig, denn Distanzierungsfähigkeit wird von der Professionsforschung als zentraler Faktor angesehen, um in den Widrigkeiten des Lehrberufs nachhaltig bestehen zu können. Distanzierungsfähigkeit ist wichtiges Kriterium für einen gelingenden Berufsalltag im Sinne von Wohlbefinden und Gesundheit. Donald Schön hat für diese Distanzierungsfähigkeit die Begriffswendung „reflective practitioner" gebraucht, der sowohl sein Handeln reflektiert als auch reflektiert handelt (Schön, 1982). Schaarschmidts Untersuchungen zur Lehrergesundheit haben gezeigt, dass mit Blick auf Lehrergesundheit vier Gruppen mit unterschiedlich ausgeprägter Distanzierungsfähigkeit zu unterscheiden sind.

Der Typ „S" ist geprägt durch hohe Distanzierungsfähigkeit vom Berufsalltag; sein Engagement reicht dabei aus, um solide Arbeit zu leisten. Perfektion wird nicht angestrebt.

Typ „G" will dagegen gute Arbeit leisten; ihm liegt daran, die pädagogische Beziehung gezielt zu gestalten. Sein Einsatz ist durch Ideale geleitet, die aber nicht zu Erschöpfungszuständen führen. Die Work-Life-Balance ist hier stimmig.

Anders stellt sich dies bei den beiden Risikogruppen „A" und „B" dar, die beide burnoutgefährdet sind. Gemeinsam ist beiden, dass sie eine hohe Resignationstendenz und wenig Distanzierungsfähigkeit zum Beruf aufweisen. Typ „A" unterscheidet von Typ „B" die offene Problembewältigung und das Erfolgserleben im Beruf (Schaarschmidt, 2006).

Buschmann und Gamsjäger (1999) stellen mit Blick auf das Lehrer-Burnout schulisches Engagement und sinnvoll erlebte außerschulische Tätigkeiten als Schutzfaktoren dar.

Auch nach Schaarschmidt sollte sich die Gesundheitsrelevanz der Muster in einem unterschiedlichen Erholungsleben niederschlagen (2005, S. 32). Die Bereitschaft zu Erholungsaktivitäten, die wahrgenommenen Erholungsmöglichkeiten und der erlebte Erholungseffekt sind ohne Frage wichtige Gesundheitsindikatoren. Es drücken sich hier die Kompensationsmöglichkeiten bei der Verarbeitung von Belastungen aus. Letztlich geht es also immer auch darum, durch Reflexion des eigenen Tuns Distanz zum Alltag zu gewinnen.

Eine Selbsteinschätzung des Erholungsverhaltens erfolgte bei Schaarschmidt mittels des Fragebogens „Inventar zur Persönlichkeitsdiagnostik in Situationen" (IPS). Das IPS enthält einen gesundheitsbezogenen Bereich, dem drei Skalen zugeordnet sind:

– Entspannungsfähigkeit (gut abschalten und die Freizeit genießen können),
– Aktives Erholungsverhalten (aktiv etwas für die Erholung tun),
– Gesundheitsvorsorge (auf die Gesundheit und Erholung achten, Warnsignale ernst nehmen).

Der Zusammenhang zwischen gelingendem Schulalltag und seiner aktiven, schöpferischen Gestaltung sowie der kompensierenden Wirkung außerschulischer Tätigkeiten ist evident. „Wer besser in der Lage ist, ,abzuschalten', also klar zwischen Arbeit und Privatleben zu trennen, hat gesundheitliche Vorteile: Wohlbefinden hängt wesentlich stärker von Distanzierungsfähigkeit ab als umgekehrt" (Schaarschmidt, 2005, 96).

Darüber hinaus hat die Forschung gezeigt, dass soziale Unterstützung im Alltag eine Kernkomponente ist, wenn es um die Lehrergesundheit und damit auch um die Selbsteinschätzung des eigenen Tuns geht. Aussprachemöglichkeiten, Entspannung in der Freizeit und ein „günstiges soziales Klima an der Schule" sind hier entlastende Faktoren (Schaarschmidt, 2005, 79).

Aus der Diskussion um Lehrergesundheit ist für uns vor allem der Aspekt der Distanzierungsfähigkeit wichtig, weil er aus der Perspektive der Befragten eng mit den jeweiligen Spiritualitätsformen und -verständnissen verwoben ist. Das Wohlbefinden im Lehrerberuf hängt wesentlich von der Fähigkeit der Person ab, zum eigenen Tun Distanz zu gewinnen, zur Seite zu treten und sich zu fragen, ob man in bestimmten Situationen hätte anders agieren können. Distanzierungsfähigkeit läuft darauf hinaus, sich selbst als eine andere Person denken zu können (Hafner, im Druck). Diese Fähigkeit beruht auf dem Vermögen und Willen, sich selbst Optionen des Handelns und andere Sichtweisen aufzuerlegen. Gleichzeitig zeigen die Interviews, dass auch Spiritualität von der Fähigkeit abhängig ist, sich und andere als Ebenbild Gottes zu betrachten.

Spiritualität wird von unseren Befragten als etwas beschrieben, das sehr intim und im Innersten einer Person verankert ist, obwohl die Quelle der Spiritualität im Ort der Unverfügbarkeit und ihrer Unveräußerlichkeit sein muss. Spiritualität unterliegt keinen Nützlichkeitserwägungen, sie ist ein Geschenk und eben auch als solches zu behandeln. Gleichwohl trägt Spiritualität Früchte im Alltag, die besonders für Religionslehrerinnen und Religionslehrer zentral sind: Schülerinnen und Schüler stehen im Mittelpunkt des pädagogischen Agierens, nicht nur weil sie mit Blick auf Bildungsziele und Kompetenzraster geschult werden müssen, sondern vor allem als Menschen und Ebenbilder Gottes. Dementsprechend ist die religionspädagogische Arbeit prinzipiell subjektorientiert (vgl. dazu auch Schulte, Stubbe & Lorenz, 2015). Spiritualität in diesem Sinne prägt also das eigene Handeln und ist nicht nur eine Option, sondern ein Prinzip dieses Handelns. Als ein solches Prinzip durchzieht sie die gesamte Persönlichkeit des Religionslehrers und der Religionslehrerin und ist damit inhärierender Teil von Intentionen und Reflexionen, die durch den Alltag tragen. Insofern prägt dieses Prinzip auch die Distanzierungsfähigkeit der von uns Befragten. In dem Maße, in dem aber Religionslehrkräfte sich selbst als eine andere Person denken, erfüllen sie auch ein wichtiges Kriterium professionellen Wohlbefindens: Sie gewinnen Abstand zum Alltag und erleben ihr Nachdenken als eine Ressource, die gepflegt sein muss.

1.2.3 Selbstwirksamkeit

Nach der kognitiven Wende in der empirischen Psychologie hat Bandura die Frage erforscht, warum manche Menschen sich von Schicksalsschlägen offensichtlich schneller erholen können als andere oder warum manche Menschen mit komplexen Anforderungssituationen optimistischer umgehen und damit auch nachhaltig besser leben können als andere (Gronover, 2013). Das zentrale Konstrukt, welches er erforschte, ist die Selbstwirksamkeitserwartung (engl. self-efficacy). Er fand empirisch vier Quellen der Selbstwirksamkeitserwartung (Bandura, 1997, S. 79–115):

1. Die Erfahrung der eigenen Kompetenz ist eine wichtige Ressource, um die alltäglichen Anforderungen zu bewältigen, aber auch, um vom Alltag abweichende Herausforderungen mit Zuversicht lösen zu können.
2. Die soziale Resonanz auf das eigene Tun und die dadurch erfolgende Bestätigung ist nicht nur persönlichkeitsbildend, sondern immer auch Vergewisserung,

gleichsam am richtigen Ort zu sein, gebraucht zu werden, sinnstiftend tätig zu sein.
3. Nach Bandura lernen wir auch am Modell. Erfahrungen anderer Menschen, die ähnliche Herausforderungen erfolgreich gemeistert haben, können wir übernehmen und auf eigene Herausforderungen übertragen. Solche stellvertretenden Erfahrungen helfen uns, gegebene Anforderungen realistisch einschätzen zu können.
4. All diese höheren kognitiven Leistungen haben ein Korrelat in der emotionalen Bereitschaft, sich Anforderungen zu stellen. Bandura hat in der jeweiligen physiologischen Bereitschaft eine wichtige Bedingung identifiziert, die Wirksamkeit des eigenen Tuns realistisch einschätzen zu können.

Nach Bandura ist die Integration von Erfahrungen und dem Wissen um die eigene Kompetenz in die jeweilige Selbstwirksamkeitserwartung als ein weiterer wichtiger Faktor zu benennen (Bandura, 1997, S. 113–115). Bandura macht darauf aufmerksam, dass es enorm schwierig sei, die Gewichtung zu erfassen, die die einzelnen oben genannten Faktoren bei der Entscheidungsfindung haben. Die subjektive Einschätzung weicht hier von den gewonnenen Daten ab. Formal fasst Bandura zusammen: „People's descriptions of the factors they used in making their judgments have been compared with computed weights of how heavily different factors contributed to their actual judgments. The findings show that when people describe what they believe influenced their judgment, they tend to underestimate their reliance on important factors and overweight those of lesser value" (Bandura, 1997, S. 115).

Unabhängig davon, ob subjektive Theorien deckungsgleich mit objektiven Daten sind, ist doch die Tatsache interessant, dass diese Differenz eine zentrale Rolle spielt. Sie zeigt, dass die Selbstwirksamkeitserwartung schon von ihrer theoretischen Konstruktion her auf ihre Bewährung in der Praxis hin – sprich: im sozialen Raum – ausgelegt ist. Entscheidend scheint zu sein, inwiefern Probanden sich selbst mit Blick auf soziale Bewährungskontexte einschätzen können. Dies ist eine Frage der Distanzierungsfähigkeit zur eigenen Person.

Selbstwirksamkeitserwartungen werden entscheidend vom Glauben an die Sinnhaftigkeit des eigenen Tuns beeinflusst. Die Erfahrung, dass das eigene alltägliche Handeln sinnvoll ist, kann religiös gewendet werden, indem man die Frage nach dem Ursprung dieser Sinnerfahrung stellt. So gewendet handelt es sich nicht mehr um eine profane Erfahrung, sondern um eine religiöse. In dieser Hinsicht sprechen wir von spiritueller Selbstkompetenz, also von der Erfahrung, in einem geschenkten Sinnzusammenhang zu stehen und kompetent mit dieser Erfahrung umzugehen. Spiritualität ist eine religiöse Form der Distanzierungsfähigkeit; wahrscheinlich ist sie auch eine Möglichkeit der Entspannung und Beziehungsgestaltung (Schaarschmidt, 2005, S. 32).

1.3 Diskussion spiritueller Selbstkompetenz vor dem Hintergrund religionspädagogischer Erkenntnisse

Die nun folgenden Überlegungen sollen unser Modell spiritueller Selbstkompetenz vor dem Hintergrund einiger Beiträge aus der theologischen und religionspädagogischen Diskussion konturieren.

Das Forschungsprojekt „Spirituelle Selbstkompetenz" ist von Anfang an darauf ausgelegt gewesen, geprüfte Empfehlungen für den Fortbildungsbereich zu formulieren. Zwar gibt es empirische Forschung zur Spiritualität von Kindern, Adoleszenten und auch Erwachsenen sowie von alten Menschen, wenig ist aber darüber bekannt, wie spirituelles Lernen im Erwachsenenalter zu beschreiben ist. Spiritualität entzieht sich immer auch ihrer Vermittelbarkeit, weshalb die Frage nach spirituellen Lernwegen eine besonders spannende Frage ist. Wie wird die Auseinandersetzung mit der eigenen Spiritualität angeregt? Welche Faktoren spielen eine Rolle, wenn Spiritualität im Leben an Relevanz gewinnt? Und noch enger auf den Bereich der Lehrerinnen und Lehrer fokussiert: Wie wird Spiritualität pädagogisch reflektiert und wie gewinnt sie an Kontur?

Im Folgenden wenden wir uns dem Spiritualitätsbegriff zu (1). Hier wird sich zeigen, dass spezifische Gefahren schon im Begriff selbst angelegt sind. Diese Gefahren sind in aktuellen gesellschaftlichen Trends im Blick auf Spiritualität ablesbar. Darüber hinaus kann Spiritualität auch als Lernweg beschrieben werden. Dafür gibt es zahlreiche pädagogische und religionspädagogische Reflexionen (2).

1.3.1 Spiritualität im Diskurs

Die Gefahren, die im Begriff der spirituellen Selbstkompetenz angelegt sind, seien gleich zu Anfang genannt, um Missverständnissen vorzubeugen. Eine erste Gefahr, die zu nennen ist, hat Englert diskutiert. Es geht darum, welchen Trends die Gesellschaft folgt und wie diesen Trends begegnet werden könne. Englert beschreibt seine Wahrnehmung selbst als hochselektiv und ausschnitthaft und kontextuiert gleichzeitig seine Beobachtung in die (religions-)soziologischen Begriffe „Pluralisierung, Individualisierung und Globalisierung" (Englert, 2006, S. 18). Englert sieht zunächst einmal eine große Sehnsucht nach dem Unbestimmten, welches für Harmonie und Lebensfülle steht. Am eindrücklichsten wird dies für ihn am alljährlich stattfindenden Weihnachtsrummel, der zeigt, dass Weihnachten bis heute eine Zeit ist, „die alle möglichen Sehnsüchte auf sich zieht. Diese markiert, wie die Urlaubszeit, ein ‚Licht am Ende des Tunnels', eine Aus-Zeit, eine gelobte Zeit, in der man sich endlich Milch und Honig zuwenden kann" (Englert, 2006, S. 18–19). Englerts Analyse zufolge ist dies so, weil im Funktionalen – also in den kapitalistischen Zusammenhängen des Geschenkekaufens und Geschenkegebens – das Transfunktionale gesucht wird. „Meine These ist also: Die wichtigste geistig-geistliche Suche unserer Zeit kennt keine Bewegung. Es ist die in ‚Weihnachten' symbolisierte Sehnsucht nach der bleibenden Bedeutung transfunktionaler Werte in einer Welt der Funktionalität. Diese Suche ist so allgemein, dass sie leicht übersehen wird. Und wenn sie, wie an Weihnachten, stärker in den Vordergrund tritt, geschieht dies in einer derart paradoxen Form, dass man sie unter der geschäftsmäßig inszenierten Oberfläche kaum noch wahrnimmt" (Englert, 2006, S. 20). Gleichzeitig nimmt Englert wahr, dass Religion, auch dort, wo sie noch ausdrücklich kenntlich ist, dem Druck unterliegt, zum Event zu werden. Dadurch werde „dem Bedürfnis nach Mysterien im Alltag bzw. nach einer Verzauberung des Profanen" Rechnung getragen. Gott werde nun nicht mehr als der Welt und dem eigenen Ich gegenüberstehende Andersheit aufgefasst, sondern als eine der Welt und ganz besonders dem eigenen Ich innewohnende Kraft (Englert, 2006, S. 21). Englert vermutet, dass diese Verlagerung der großen Transzendenz eines fremden und ganz anderen Gottes, der letztlich auch unfassbar und fremd bleibt, in eine kleine Transzendenz des Alltags, in die persönliche Einflusssphäre des Individuums, das dann in dieser Einflusssphäre das Göttliche neu entdeckt, die Transzendenz letztlich tilgt und unkenntlich macht. Deshalb führt diese Transformation zu einer Diesseits-Orientierung, die die gängigen theologischen Muster infrage stelle. „Selbst die Eventisierung religiöser Großereignisse wie der Weltjugendtag folgt in gewisser Weise jenen inszenatorischen Strategien, die uns helfen sollen, über den Verlust der großen Transzendenz hinwegzukommen" (Englert, 2006, S. 23). Ein drittes Merkmal sieht Englert in der Versöhnung von Mystik und Aufklärung, wobei diese eben nicht in einem In-Beziehung-Setzen von Mystik und Aufklärung geschehe, sondern „eine Mystik *ohne* Aufklärung" bedeute (Englert, 2006, S. 25). Dies ist in Zeiten, in der Radikalisierungen von Religion besonders brisant sind, sehr bedenklich. Denn wo Aufklärung von Mystik abgekoppelt wird, können auch keine Argumente als kritisches Korrektiv für religiöse Normen geltend gemacht werden. Letztlich sei es unentbehrlich, dass Religion reflektiert werde und sich immer wieder an den Ansprüchen der Aufklärung abarbeite. Mit Blick auf das Forschungsprojekt „Spirituelle Selbstkompetenz" konnten wir in den Interviews beobachten, dass durch die drei Befragungszeitpunkte ($t_1 - t_3$), die wir durchgeführt haben, eine deutliche Steigerung an Reflexionskraft zu verzeichnen ist, eine Differenzierung im Selbstverständnis und im Verständnis von Spiritualität und damit auch eine erhöhte Plausibilisierung dessen, was Spiritualität bedeuten kann.

Natürlich unterliegt auch eine Forschung, die sich aus religionspädagogischer Perspektive mit Spiritualität beschäftigt, diesen von Englert beschriebenen Strukturmerkmalen. Das Transfunktionale im Funktionalen zu suchen, sich auf kleine Transzendenzen zu kaprizieren, statt die große zu feiern und Mystik gegen Aufklärung auszuspielen, sind kriteriologisch zentrale Spannungsfelder, derer sich jeder Begriff von Spiritualität bewusst sein muss. Es können auch in den Interviews, die wir geführt haben, Merkmale festgestellt werden, die eine Sehnsucht nach Mystik zeigen. Allerdings geschieht diese Suche nach Heil und Glück durch einen gewissermaßen theologisch geschulten Filter, sodass Mystik nicht gegen Aufklärung ausgespielt wird. Ganz entgegen Englerts Beobachtung der Stärkung kleiner Transzendenzen als gesellschaftlichem Trend wurden in den Interviews die großen Transzendenzen immer wieder als Inspirationsquelle genannt. Englert bezieht sich ja auch auf geistiggeistliche Bewegungen unserer Zeit im Ganzen der Gesellschaft. Unser Sample war geprägt durch Theologinnen und Theologen, die innerhalb ihres Glaubens eben auch in der Kirche beheimatet sind und die große Transzendenz deswegen als große Transzendenz entdecken können, weil sich diese in ihren Augen im Alltag ereignet. Und zum Dritten findet man in den Interviews auch die Sehnsucht nach der Transfunktionalität des Funktionalen, wie Englert dies nennt. Letztlich ist sogar die Fragestellung des Forschungsprojektes davon geprägt, der Frage nachzugehen, inwieweit sich Spiritualität ihrer Funktionalisierung entzieht und insofern transfunktional ist.

Diese Frage kehrt bei religionspädagogischen Reflexionen zur Spiritualität von Kindern wieder. So hat Werner Simon Maria Montessoris „Übung der Stille" als einen Ansatz spirituellen Lernens reflektiert, deren Phasen der Vorbereitung, der Demonstration und Nachahmung, der Vertiefung und des Abschlusses wie eine Einübung christlicher Spiritualitätsformen strukturiert sind (Simon, 2002). Damit greift er auf Forschungen von Stachel zurück, der religionspädagogisch reflektierte Spiritualität vor allem durch die Vermittlung von Achtsamkeit getragen sieht (Stachel, 1995).

Boeve sieht mit Blick auf Spiritualität ähnlich wie Englert problematische Tendenzen in unserer Gesellschaft, wobei das Problematische darin zu sehen ist, dass aus der Perspektive der Theologie Spiritualität an das jüdische und christliche Gottesbild gebunden bleiben muss, während mit Blick auf die Gesellschaft diese Gebundenheit gerade nicht zu erkennen ist. Im Gegenteil, genau aufgrund ihrer Losgelöstheit und Ungebundenheit erscheint Spiritualität derzeit vielerorts als attraktiv. Boeve ist gleichwohl daran interessiert, das Christentum nicht als in sich selbst eingeschlossene Gemeinschaft zu verstehen, sondern als Gemeinschaft, die sich gemeinsam des Evangeliums erinnert und dabei offen ist. Seine Zielperspektive ist ein „offenes christliches Narrativ", das sich des Gottes Abrahams, Isaaks und Jakobs bewusst ist und in diesem Gottesbild das Moment der Unterbrechung entdeckt. In diesem Sinne erkennt Boeve eine gewisse Verlegenheit mit dem christlichen Gott, weil dessen Andersheit eine bleibende Andersheit ist, die auch im persönlichen Nahbereich und in einer wie auch immer gearteten Diesseitsreligiosität nicht aufgelöst werden kann. Strukturell wichtig sei eine *nichtreduzierbare Verknüpfung zwischen Offenbarung und partikularer Geschichte*" (Boeve, 2012, S. 176). Boeve macht seine Perspektivität, von der all seine Erkenntnisse abhängig seien, deutlich und betont, dass auch eine christliche Spiritualität, die auf das Christusereignis rekurriert „von der Perspektive der Geschichte aus [...] so kontingent und partikular wie irgendeine historische Angelegenheit" sei (Boeve, 2012, S. 176). Deswegen sei es für das Verständnis christlicher Spiritualität entscheidend, dass Gott sich selbst in der Partikularität der Geschichte offenbart hat und dass im persönlichen Bekenntnis eines Christen – dass nämlich Gott sich selbst in Jesus als Christus offenbart hat – diese Kontingenz zwar nicht aufgehoben, aber doch reflexiv wird (ebd. S. 176). Ganz wie Rudolf Englert mit seiner Konturierung der Diesseitsreligion auf den „Verlust der großen Transzendenz" aufmerksam macht, bemerkt Boeve auch eine Reduzierung der Fremdheit und Andersheit Gottes in vielen geistig-geistlichen Bewegungen unserer Zeit, die sich auf dem Weg wähnen, das Numinose oder Mystische zu finden. Boeve nennt dies die „Etwas-Ismen" und spricht von einer „kulturell motivierten negativen Theologie" (Boeve, 2012, S. 174). Diese kulturell motivierte negative Theologie weist auf eine Sehnsucht hin. Gleichzeitig sei es ein Merkmal der „Etwas-Ismen", dass diese unverbindlich bleiben. Demgegenüber stehe ein christliches Verständnis von Spiritualität, das daran erkennbar ist, dass Gott im Alltag einen Unterschied macht. In der kritischen Auseinandersetzung mit der Diesseitsreligion bzw. deren Formen in unserer Gesellschaft sieht Boeve vor allem die Aufgabe, sich des eigenen Glaubens und der eigenen Tradition im Lichte der Vernunft bewusst zu werden und sich immer wieder zu fragen, was es bedeutet, dass Gott sich den Menschen in seinen Handlungskontexten offenbart und so Spiritualität Ausdruck dieser Offenbarung sein kann. Er plädiert vor allem dafür, die von ihm sogenannte kulturell motivierte negative Theologie nicht mit der negativen Theologie der christlichen Traditionen zu vereinen. Dies liefe darauf hinaus, dass das Gottesbild simplifiziert und belanglos werde. Es gelte, durch die Bedürfnisse und Sehnsüchte des Alltags hindurch die Spannung zwischen dem geoffenbarten Gott und dem fremd bleibenden Gott aufrechtzuerhalten. Dies ist insofern für das Projekt „Spirituelle Selbstkompetenz" hilfreich, weil es davor bewahrt, dass Selbstkompetenz mit einer Verfügbarmachung von Spiritualität zum Zwecke der Alltagsbewältigung gleichgesetzt wird.

Englert benennt drei Gefahren, die in Spiritualität angelegt sind: religiöse Funktionalisierung ohne diese zu wollen, die Flucht in kleine Transzendenzen, die Abschwächung der *ratio*. Boeve sieht die Gefahr einer Gleichsetzung kulturell motivierter negativer Theologie mit der negativen Theologie, die der Unaussprechlichkeit und Unausweichlichkeit Gottes entspricht; und er sieht die Gefahr eines dualistischen Gottesbildes, das nichts mehr mit der Geschichte des Menschen zu tun habe. Seine Intention ist ein offenes christliches Narrativ, das die Möglichkeit der Teilhabe eröffnet, ohne vereinnahmend zu sein.

1.3.2 Spiritualität lernen – Selbstkompetenz bilden

Ausgehend vom Lernbegriff, der in der Pädagogik die Veränderung einer relativ stabilen Verhaltens- und Wissensdisposition versteht, entwickelt der Erwachsenenbildner Arnold einen prozessorientierten Begriff des Lernens. Dabei hebt er besonders die systemische Bedingtheit aller Lernprozesse hervor. Er geht davon aus, dass Lernen durch die innere Konstruktion von Wissen geschieht. Dieser Konstruktionsprozess geschieht allerdings nicht absolut autonom, sondern ist eingebunden in heteronome Strukturen, die auch nicht einfach vom Lerner hinter sich gelassen werden können. Für die Erwachsenenbildung hat dies nach Arnold besondere Bedeutung, weil hier der Fokus weniger auf die Aneignung und das Behalten von neuem Wissen gerichtet wird, sondern mehr auf der Transformation von Verhaltens- und Wissensstrukturen liegt. „Wenn die konstruktivistische Erwachsenenbildung davon spricht, Erwachsene seien ‚lernfähig, aber unbelehrbar' [...], dann bezieht sie sich auf die didaktische Ausprägung dieser unvermeidbaren Rahmung, innerhalb der nur das als

Selbstbewegung möglich ist, was möglich ist. Erwachsene lernen zwar in Lehr-Lern-Veranstaltungen, doch folgt dieses Lernen einer eigenen biografisch-systemischen Logik. Man kann sie zwar ‚belehren', doch folgt ihre Aneignungsbewegung ihren eigenen bzw. ‚eigensinnigen' Mustern in Kognition und Emotion. Lernen ist deshalb stets ein durch Differenz und Vielfalt gekennzeichneter Weg, der sich nicht in erster Linie an externen Standards orientiert (oder gar zu orientieren vermag), sondern immer schon bloß dann stattfindet, wenn Individuen das aufgreifen und sich aneignen, was ihnen für ihre Lebenspraxis bedeutsam erscheint, oder eben (mit zumeist guten eigenen Gründen) nicht aufgreifen und nicht sich aneignen" (Arnold, 2012, S. 173–174). Dieser systemische Ansatz bezweifelt also nicht, dass Lernen ein individueller Prozess ist, stärkt aber dabei den Blick auf den Kontext und die sozialen Umstände des Lernens. Lernen braucht äußere Anlässe, die eine Transformation gegebener Strukturen verursachen und die Lernenden hinreichend irritieren. Gleichzeitig geschieht der entscheidende Prozess im Subjekt und unterliegt dabei den Bedingungen, die im Subjekt vorherrschen. Gerade mit Blick auf Spiritualität heißt das, dass eine innere Bereitschaft zum einen Bedingung der Möglichkeit ist, sich auf spirituelle Lernwege einzulassen, zum anderen als innerer Bereitschaft nicht hergestellt werden kann. Arnold geht auf diese innere Bereitschaft noch weiter ein. Er nennt es das „eigene Echolot", das dazu verhilft, Auswege aus festgefahrenen Strukturen zu nehmen (Arnold, 2012, S. 192). Es gehe bei der Erwachsenenbildung um Auswege aus subjektiven Wahrnehmungen, die immer selektiv und damit enggeführt sind; es gehe auch darum, die Schlussfolgerungen, die man aus eigenen Erfahrungen zieht, auf ihre Objektivität hin zu überprüfen und nicht einer Übergeneralisierung zu erliegen. Mit Blick auf die Erklärung eigener Beobachtungen – insbesondere im zwischenmenschlichen Bereich – fordert Arnold dazu auf, nicht in den Gedanken der anderen zu lesen, sondern sich an harten Fakten zu orientieren. Damit geht die Forderung einher, nicht zu schnell Schlussfolgerungen zu ziehen. Und schließlich gehe es darum, nicht zu übertreiben, sondern nüchterne und harmlose Erklärungen für Beobachtungen zu finden. Wichtig für unseren Zusammenhang ist die Voraussetzung, die Arnold für solche Prozesse in der Erwachsenenbildung benennt: „Dies setzt allerdings voraus, dass man, sich selbst, d. h. die eigenen bevorzugten Formen des Reagierens, zu einem ganz persönlichen Forschungs- bzw. Erkundungsprojekt werden lässt – ein Schritt, der eine bewusste Entscheidung voraussetzt" (Arnold, 2012, S. 193). Diese Voraussetzungen, sich auf einen inneren Erkundungsgang einzulassen, sieht Arnold in drei Motivationen

Erstens geht es darum, einer innerlichen Ermüdung zu begegnen, die vielleicht dann eingetreten sein könnte, wenn man sich aufgrund seiner Lebenserfahrung als gesättigt erfährt und letztlich in eine Abstumpfung geraten ist. *Zweitens* geht es um eine Entscheidung, sich selbst verändern zu wollen. Das setzt den intensiven Blick auf sich selbst voraus und ist nach Arnold oft ein schwieriger und zäher Prozess. *Drittens* sieht Arnold eine Motivation darin, sich selbst aus einer Verkrustung der eigenen Denkstrukturen und Handlungsstrukturen zu befreien und so eine Perspektive einzuüben, die gleichsam einem mitlaufenden Blick von außen entspricht. So kann man sich selbst in verschiedenen Situationen vor Augen führen, welche Optionen man realistischerweise in dieser Situation verfolgt und welche anderen Optionen möglich sind. Dies ist auch ein zentraler Aspekt der bereits oben genannten Selbstkompetenz im Sinne einer Distanz zu sich selbst, die Denk- und Handlungsoptionen und -ressourcen erschließt.

Boschki und Bergold haben eine ganz ähnliche Struktur in Bildungsprozessen mit Erwachsenen festgestellt. Am bereits weiter oben angeführten Theologumenon der Unterbrechung entwickeln sie eine entsprechende Didaktik, die Strukturen und eingelebte Muster des Alltags infrage stellt und im Bildungsprozess entsprechend weiterführt (Bergold & Boschki, 2014, S. 127–142). Die Autoren nennen diese Strukturen Alltagsmythen und meinen damit, dass solche Strukturen und Muster in der je eigenen Wahrnehmungssphäre scheinbar objektiv sind und Erwachsenenbildung vor diesem Hintergrund die Aufgabe habe, diejenigen dieser Strukturen aufzubrechen, die nicht lebensförderlich sind. Solche Alltagsmythen können in sieben verschiedene Kategorien untergliedert werden:

– Zwänge / Ängste,
– Komplexität / Zeitstress / Hetze,
– Enttäuschungen / Unglaubwürdigkeit,
– Risiken / Krisen,
– Entscheidungszwänge / Überforderungen,
– Biografie / Brüche / Identitätsfragen und
– Ungerechtigkeit / Entbehrungen / Armut.

Was bei Arnold als Aufbruch aus der eigenen Vertrautheit beschrieben wird, kontrastieren Bergold/Boschki noch einmal vor dem Hintergrund des christlichen Glaubens, der „die Immunisierungsstrategien durch Alltagsmythen offenkundig [macht] und einer kritischen Reflexion" unterzieht (Bergold & Boschki, 2014, S. 135). Auch hier geht es also darum, dass eingeschliffene Muster aufgebrochen werden. So sehr sich eine Didaktik der Unterbrechung in ihrem Begründungszusammenhang im christlichen Glauben verwurzelt weiß, so sehr ist auch die religiöse Erwachsenenbildung institutionell an die Theologie als Bezugswissenschaft gebunden (Bergold & Boschki, 2012, S. 142). Denn ihr eigentliches kritisches Potenzial bezieht diese Didaktik nicht aus der Selbstreflexion, sondern aus der Unterbrechung des Alltäglichen durch Gott. Damit ist diese Erwachsenenbildung auch Teil des religionspädagogischen Handelns der Kirche.

Es ist bezeichnend, dass mit Blick auf die Erwachsenenbildung sowohl der pädagogische als auch der religionspädagogische Ansatz vom Aufbrechen von Strukturen spricht. Für die Spiritualität im Erwachsenenalter hat Anton Bucher die verfügbaren Studien zusammengefasst (Bucher, 2007, S. 86–95). Bucher geht zunächst auf eine Lebenslaufstudie ein, die feststellt, dass Spiritualität am zuverlässigsten dann wächst, wenn sie schon im jüngeren Erwachsenenalter ausgeprägt war. „Wurde diese damals schon praktiziert und kamen in der Lebensmitte Krisen hinzu, prädestiniert dies für eine intensive Spiritualität im Alter" (Bucher, 2007, S. 87). Gleichzeitig betont Bucher, dass Spiritualität nicht nur eine unter der Oberfläche des Lebens schlummernde Dimension innehat, sondern einer steten Transformation unterliege. Auslöser für solche Transformationsprozesse seien zum einen kognitive Dissonanzen, zum anderen aber auch – nach Selbstauskunft der Probanden und Probandinnen – das Eingreifen einer transzendenten Macht. Ein größerer Abschnitt seiner Forschungsübersicht ist der Entwicklung von Spiritualität aufgrund von Krisen gewidmet, die ja auch bei Arnold ein wichtiges Motiv zur Selbstreflexion in der Erwachsenenbildung darstellen. Bucher stellt Studien zur Midlifecrisis genauso vor wie Studien, die lebensbedrohende Diagnosen mit Spiritualität in Zusammenhang bringen. „Die Männer und Frauen, die den baldigen Tod vor Augen hatten, lebten die intensivste Spiritualität und beteuerten, sich Gott näher zu fühlen [...]. Intensiviert wird Spiritualität vor allem in schweren Krisen bzw. dann, wenn Personen nur mehr wenig Kontroll- und Einflussmöglichkeiten registrieren" (Bucher, 2007, S. 89). Neben Midlifecrisis und lebensbedrohlichen Diagnosen nennt Bucher noch die Geburt von Kindern, Erkrankungen und Todesfälle im Bekanntenkreis, die spirituelle Umwälzungen mit sich bringen können. Auch Nahtoderfahrungen gehören in diese Gruppe. Krisensituationen erscheinen so als Nährboden für wachsende und reifende Spiritualität. Der Ursprung des Wortes Krise liegt im griechischen Wort für Entscheidung. Insofern sind Entscheidungssituationen immer auch Situationen, in denen der Zugriff auf spirituelle Ressourcen weiterführend sein kann.

Gleichzeitig betont Bucher, dass Spiritualität im Erwachsenenalter auch schrumpfen könne. Abträglich für Spiritualität sei beispielsweise, wenn trotz intensivsten Ringens mit dem eigenen Glauben kein weiterführender Ansatz gefunden wird, persönliche Einstellungen und Verhaltensweisen mit diesem Glauben in Einklang zu bringen. Bucher zitiert hierzu Studien an Vietnam-Veteranen, die in eine tiefe Krise geraten sind, weil das, wofür sie kämpften, sich als sinnlos herausstellte. Oder er verweist auf Homosexuelle, die von ihrer Glaubensgemeinschaft als Sünder gebrandmarkt werden und dies nicht mehr hinnehmen können.

Auch führt er sogenannte spirituelle Krisen an, die aus der Spiritualität selbst hervorgehen. Buchers Fallbeispiel sei zitiert, weil dies mit Blick auf spirituelle Praktiken instruktiv zu sein scheint: „Bragdon [...] erzählt von massiven spirituellen Krisen, die sie selber und ihre Mutter erschütterten. Letztere praktizierte über Jahrzehnte hinweg Zen-Meditation, was sie im 50. Lebensjahr dermaßen intensivierte (bis zu zehn Stunden), dass sich die Angehörigen zu sorgen begannen. Eines Tages wurde sie tot im Wald aufgefunden, mit aufgeschlitzter Pulsader und mit einem Finger auf jene Stelle im Buch ‚Zen-Geist, Anfängergeist' von Suzuki [...] zeigend, wo der physische Tod als Erleuchtung gerühmt wird. Als Bragdon, damals 44 Jahre alt, diese Nachricht erfuhr, wurde sie von ekstatischen Glücksgefühlen emporgehoben und von ‚flutendem Licht' durchströmt; wenig später fiel sie in massivste Selbstzweifel, insbesondere den, verrückt zu sein" (Bucher, 2007, S. 93). Häufig, so Bucher, geschehen solche spirituellen Krisen in der Lebensmitte.

Mit Blick auf die Möglichkeiten, im Erwachsenenalter spirituelle Lernwege zu gestalten und didaktisch zu reflektieren, betont die Religionspädagogik eine notwendige Sensibilität für die Unverfügbarkeit von Spiritualität. Gleichzeitig besteht ein sehr hohes Interesse an ihrer didaktischen Strukturierung und ihrem Zusammenhang mit Bildungsprozessen (Boschki & Woppowa, 2006). Die zwei Autoren nennen die beiden Extreme Machbarkeitsdenken und Rückzug ins Private als die Pole, die das Feld einer möglichen Didaktik der Spiritualität aufspannen. Diese wird letztlich durch die Komplementarität von zwischenmenschlichen Beziehungsstrukturen zur in der Spiritualität ausgedrückten Gottesbeziehung ermöglicht. Deswegen sei christliches Spiritualitätslernen stets relational, „also begegnungs- und beziehungsorientiert zu denken und zu praktizieren, wobei die Beziehung zu Gott und seinem Heiligen Geist den Ausgangs- und Zielpunkt darstellen" (Boschki & Woppowa, 2006, S. 73). Grundgelegt ist eine Didaktik der Spiritualität also sowohl theologisch als auch im Bildungsbegriff. Eine „formale Spiritualität des Subjekts" und eine „materiale Spiritualität der Inhalte" stehen dabei in einem wechselseitigen Erschließungsprozess, der Subjekte bildet und gleichzeitig Spiritualität erschließt. Dabei ist zu beachten, dass Spiritualität letztlich nur dann Spiritualität bleiben wird, wenn deren Fragmentarität und Unverfügbarkeit anerkannt wird. Bildung ereignet sich in der „Bewegung der Selbstüberschreitung des Ich zum Anderen hin" und ist dann ganz Selbst- und Identitätsbildung, „angetrieben durch die gegenwärtig erfahrene Fragmentarität" (Boschki & Woppowa, 2006, S. 76). „Sowohl der fragmentarische Charakter allen Lernens und Lehrens in Sachen Spiritualität als auch der daraus resultierende Verweis-Charakter einer gegenwärtig fragmentarischen Spiritualität auf eine andere, neue Zukunft treten einem solchen Bildungsverständnis an die Seite" (Boschki & Woppowa, 2006, S. 77). Letztlich geht es dabei nie um eine Spiritualität um ihrer selbst willen, sondern um deren Bewährung im christlichen Glaubensvollzug und Leben. Dabei halten die Autoren fest, dass Spiritualität ein „*Vermögen* des Subjekts" ist (Boschki & Woppowa, 2006, S. 79). Dennoch darf dieses Vermögen nicht als Beherrschung missverstanden werden, sondern es bildet sich im Erschließungsprozess zwischen der subjektiven und der objektiven Seite von Spiritualität aus (Boschki & Woppowa, 2006, S. 79). Spiritualität kann dann didaktisch in den Beziehungsdimensionen der Beziehung zu sich selbst, zu anderen, zur Welt, zur Zeit und zu Gott differenziert werden (siehe den Beitrag von Boschki in diesem Band).

Für das Projekt „Spirituelle Selbstkompetenz" zeigt sich also, dass Spiritualität vor allem dann in Kategorien des Lernens verstanden werden kann, wenn Lernen nicht individualistisch enggeführt, sondern in Kategorien der Beziehung gedacht wird. Auf der Basis der hier gezeigten theoretischen Reflexionen scheint entscheidend zu sein, dass Begegnungen einen hohen Stellenwert einnehmen, um spirituelle Selbstkompetenz zu entfalten. Gleichzeitig gibt es aus der empirischen Forschung zentrale Ergebnisse, die stark machen, dass entscheidungsträchtige Situationen, krisenhafte Ereignisse und Kontexte Spiritualität befördern. Aber auch eine Schrumpfung von Spiritualität wurde schon beobachtet. Weiterhin ist es didaktisch interessant, dass die Arbeit mit Erwachsenen ein hohes Maß an intrinsischer Motivation voraussetzt. Dabei scheint vor allem wichtig zu sein, dass die Teilnehmerinnen und Teilnehmer an Erwachsenenbildungsprozessen ihre eigenen Weltdeutungen als etwas subjektiv Begrenztes erkennen und dass sie über ihre gewohnten Verhaltens-, Wissens- und Handlungsmuster hinaus Alternativen entwickeln können. Diese Unterbrechung in den eigenen Alltagsmythen ist nicht nur förderlich für Lernprozesse, sondern ein Strukturmerkmal spiritueller Lernwege. Vor diesem Hintergrund scheint es aus Sicht der Theorie ratsam, Spiritualität auch material im Medium der eigenen Biografie zu buchstabieren und aufzuzeigen, an welchen Wegmarken Spiritualität eine Form ist, an der Gott das eigene Leben berührt hat. Dabei kommt dann auch zum Ausdruck, dass Spiritualität den Bewegungen des Lebens folgt und nicht einfach nur als Hereinbrechen der Wirklichkeit Gottes verstanden werden darf.

1.4 Schluss

Ein Ausblick auf die Ergebnisse: Die hier vorliegende Forschung zur Spirituellen Selbstkompetenz zeigt eindrücklich, dass Religionslehrerinnen und Religionslehrer in ihrer Spiritualität ein Fundament für das eigene Selbstverständnis sehen. Spiritualität ist ein Geschenk Gottes, das sich nicht nur in der Gottebenbildlichkeit des Menschen ausdrückt, sondern sie ist selbst in einem Maße transzendent, dass die Befragten sie nicht vollständig erfassen können und dies auch nicht wollen. Insofern ist diese Spiritualität auch nie funktional misszuverstehen, sondern steht immer im je größeren Verweisungshorizont der Zusage Gottes an den Menschen, in einem Bund mit ihm zu stehen. Dieser Geschenk-Charakter der Spiritualität wird in den 32 Interviews, die wir im Laufe von zweieinhalb Jahren geführt haben, deutlich. Er findet sich nicht nur bei den von uns befragten Religionslehrerinnen und Religionslehrern der Kursgruppe, sondern eben auch bei den Befragten der Begleitgruppe. Ein zweiter Aspekt kommt hinzu, der im Blick auf den ersten Aspekt vielleicht überraschen mag. Spiritualität ist für alle Befragten weiter entfaltbar. Sie ist mit Blick auf die Wahrnehmung der Umwelt schulbar, indem scheinbar profane Dinge der Welt als Phänomen von Gottes Schöpfung betrachtet werden können; sie ist mit Blick auf die soziale Umwelt differenzierbar, indem im anderen ein Ebenbild Gottes gesehen wird; sie ist mit Blick auf die Zeit einübbar, indem in hektischen Phasen ein Rückzug in Ruhe und Kontemplation möglich wird; und sie ist mit Blick auf das eigene Selbst schulbar, indem klarer profiliert wird, was das eigene Selbst zum Ich, zum unveräußerlichen Kern der eigenen Person macht. An diesem Punkt der Ausdifferenzierung von Spiritualität kann also von einer spirituellen Selbstkompetenz gesprochen werden. Das Programm unserer Forschung erfüllt sich also gewissermaßen in den Ergebnissen, weil Spiritualität eben nicht Weltflucht bedeutet, sondern – jedenfalls geht dies aus den Analysen unseres Samples hervor – bildende Kraft hat: Sie stärkt das Selbstbild und den Selbstwert der Person und hilft, anderen diese Stärke zugänglich zu machen. Spiritualität bleibt im Grunde unverfügbar und unwillkürlich einerseits; zum anderen trägt Spiritualität aber Früchte, kann entfaltet und durch Übung und Bildung auch differenziert werden.

2. Darstellung der Studie

2.1 Planung und Darstellung der Studie

Das Projekt „Spirituelle Selbstkompetenz" untersuchte folgende Fragen: Was verstehen katholische Religionslehrerinnen und Religionslehrer an beruflichen Schulen unter Spiritualität? Wie ist dieser Begriff inhaltlich gefüllt? Gibt es einen Zusammenhang von Selbstwirksamkeit und Spiritualität? Welche Wirkungen des Lehrgangs lassen sich beschreiben? Welche religionsdidaktischen Möglichkeiten ergeben sich daraus für die Schulpraxis in Unterricht und Berufsalltag?

Um Antworten auf diese Fragen zu bekommen, wurde das Projekt „Spirituelle Selbstkompetenz" einerseits auf der Ebene der Intervention, andererseits auf der Ebene der Evaluation angesiedelt. Mit gemischten Methoden, teilstrukturierten Interviews und teilnehmender Beobachtung erhoben wir Daten, die nach ihrer Aufbereitung Antworten auf unsere Fragen liefern konnten.

Die Intervention, zentraler Baustein des Projekts, bestand aus einem bundesweit ausgeschriebenen Lehrgang, der in drei Kursmodulen angelegt war: „Hinführung zur Kontemplation als spiritueller Übungsweg", „Spiritualität ins Gespräch bringen" und „Spiritualität in meinem Beruf – Entwicklung und Einübung von Handlungsstrategien". In diesen Kurseinheiten wurden spirituelle Übungswege erprobt, spirituelle Haltungen reflektiert und nach Transfermöglichkeiten in den Berufsalltag gesucht.

Auf der Ebene der Evaluation wurden die Teilnehmerinnen und Teilnehmer in einem Zeitraum von ca. 1,5 Jahren empirisch begleitet.

2.1.1 Methode

Bei der Wahl unserer Methoden ist entscheidend, dass zwei Merkmale im Blick bleiben, die den gesamten Forschungsprozess durchziehen: Zum einen ging es uns darum, *explorativ* zu forschen, das heißt das Forschungsdesign zwar auf das Komponentenmodell Spiritueller Selbstkompetenz auszurichten, dessen inhaltliche Sättigung aber von den erhobenen Daten abhängig zu halten. Das Design sah also vor, formal Vorgaben zu machen, aber deren Kontextualisierung und inhaltliche Füllung erst in den Interviews erfolgen zu lassen.

Zum anderen war es für die Beantwortung der Forschungsfragen zentral, das Sample so zu generieren, dass ein möglichst großer *Kontrast* zwischen spirituell begleiteten Personen (Kursgruppe) und spirituell unbegleiteten Personen (Begleitgruppe) zustande kommt. Der gemeinsame Nenner der Grundgesamtheit der befragten Personen sollte eine wie immer gelebte und verstandene Spiritualität sein, wobei aber der Kontrast zwischen einer professionell begleiteten und im Lehrgang geschulten Spiritualität und einer aus Sozialisation und einem alltäglichem, gelebtem Glauben heraus generierten Spiritualität, die nicht durch unseren Lehrgang unterfüttert wurde, Aufschluss darüber geben sollte, ob und inwiefern Spiritualität durch den Lehrgang beeinflusst wurde und wenn ja, welche Komponenten der Selbstkompetenz dies betraf.

Diese beiden Merkmale korrespondieren mit zwei wichtigen Aspekten qualitativer Forschung: dem Kriterium der theoretischen Sättigung und der Frage nach dem Geltungsbereich der Erkenntnisse, die wir aus den Daten gewinnen konnten. Letzterer ist in unserem Falle durch das Forschungsdesign stark beschnitten. Aber gerade mit Blick auf den Fortbildungsbereich stellen sich immer wieder Fragen der eigenen Wirksamkeit und des Nutzens von spirituellen Wegweisungen angesichts des hohen Grades an Individualität in diesem Bereich. Formen gelebter Spiritualität variieren sehr stark, sodass in Fortbildungen oftmals die Frage aufkommt, ob die Fokussierung auf eine Form der Einübung die Teilnehmenden überhaupt adäquat erreicht und weiterbringen kann. Insofern unsere Untersuchung also ein vergleichsweise enges Sample beinhaltet, bietet sie doch tiefe Einblicke in die Qualitäten gelebter und eben auch erlebter Spiritualität über einen Befragungszeitraum von eineinhalb Jahren hinweg.

Der Befragungszeitraum mit drei Befragungszeitpunkten ließ zu, dass wir unsere Fragen im Forschungsprozess justieren konnten. So konnte das Konzept Spiritueller Selbstkompetenz im Verlauf der Forschung einerseits in einer hohen Variabilität inhaltlich bestimmt werden, andererseits zeigte sich aber auch, dass dem ein homologes Muster an Spiritualitätsverständnissen und gelebter Spiritualität zugrunde liegt: allen Befragten ging es letztlich um die Frage, wie ein „Mehr als Alles" den eigenen Alltag trägt und wie sie dieses Getragenwerden am besten zulassen können. Wenn wir also zum Befragungszeitpunkt t_2 gemerkt haben, dass zu bestimmten Fragen, beispielsweise der gelebten Spiritualität, keine neuen Aspekte hinzukamen, verlagerten wir die Frage in Richtung der erlebten Qualitäten, die spirituelle Übungen mit sich brachten. So konnte das Konzept spiritueller Selbstkompetenz inhaltlich gesättigt werden (Strübing, 2003).

2.1.2 Samplebildung

Die gesamte Bildung des Samples in diesem Projekt erfolgte im Kern durch die Ausschreibung des eingangs genannten Lehrgangs zur spirituellen Selbstkompetenz. Diese Ausschreibung erfolgte bundesweit in einer Zeitschrift, die sich an Mitglieder des Verbandes katholischer Religionslehrerinnen und Religionslehrer an berufsbildenden Schulen (VKR) richtet, die aber gleichwohl von Berufsschullehrern und -lehrerinnen gelesen wird, die nicht in diesem Verband sind.

Die Begleitgruppe wurde durch persönliche Ansprache generiert. Insofern die Samplebildung nicht auf einer Randomisierung beruht, ist der Geltungsbereich der Studie entsprechend eingeengt. Gleichwohl findet man durch die öffentliche Ausschreibung des Lehrgangs in der Kursgruppe eine bestimmte Typizität der Teilnehmenden: durchweg sich selbst als spirituelle Menschen bezeichnende Teilnehmerinnen und Teilnehmer, mit hohem Engagement im Religionsunterricht und teilweise auch im Bereich der Seelsorge an der Schule und sehr ausgeprägter Reflexivität mit Blick auf die eigene Spiritualität. Diese drei, die Kursteilnehmerinnen und -teilnehmer einenden Merkmale sind aus unserer Sicht durchaus auch typisch für den Bereich der Fortbildungen, die ja selten Pflichtveranstaltungen sind, sondern gerade im Bereich der Spiritualität der Freiwilligkeit unterliegen.

Eine Stütze in der Bildung der Begleitgruppe war der Einsatz von Fragebögen, die das Konzept der spirituellen Selbstkompetenz operationalisierten. Dadurch erreichten wir ca. dreißig Kolleginnen und Kollegen, von denen wir sechs Personen auswählen konnten, um die Begleitgruppe zu bilden. Diese Begleitgruppe wurde auch in qualitativen Interviews befragt. Die ursprüngliche Idee, mit Fragebögen den qualitativen Befragungen auch quantitative Daten zur Seite zu stellen, konnte auf Grund der nicht belastbaren Teilnehmendenzahlen nicht verwirklicht werden.

2.1.3 Durchführung

Untersucht wurden zwei Gruppen: eine Kursgruppe (KG) mit insgesamt sieben Teilnehmerinnen und Teilnehmern und eine Begleitgruppe (BG) mit insgesamt sechs Probandinnen und Probanden. In beiden Gruppen bezeichneten sich die Teilnehmerinnen und Teilnehmer als „spirituell".

Die Erhebung der Daten zu verschiedenen Zeitpunkten t_1, t_2, t_3 mittels leitfadengestützter Interviews, sowohl mit Teilnehmerinnen und Teilnehmern der Kurs- wie auch der Begleitgruppe, war zentrales Erhebungsinstrument dieser Forschung. Daneben trat die teilnehmende Beobachtung im Lehrgang selbst durch zwei Mitglieder des Forschungsteams.

Die Datenaufnahme in der Kursgruppe erfolgte in der Phase der Intervention mit Hilfe der aus der qualitativen Sozialforschung bekannten Methode der teilnehmenden Beobachtung (Breidenstein, Hirschauer, Kalthoff & Nieswand, 2015). D. h.: zwei Mitarbeiter des KIBOR-Teams nahmen an allen drei Kursen des Projekts teil und notierten sowohl die Beobachtungen, die sie an sich selbst, als auch jene, die sie an den Probandinnen und Probanden bzw. am organisatorischen Rahmen wahrnehmen konnten. Ziel war es, Erlebnisse und Erfahrungen in den Kursen mitempfinden zu können, um so späterhin die Antworten auf die Fragen nach den Erlebnissen und Erfahrungen bzw. die Bewertungen der Kursmodule sehr nahe an und ganz im Sinne der Teilnehmerinnen und Teilnehmer erfassen und wiedergeben zu können. Die Beobachtungen sollten auch Aufschluss darüber geben, wie die angebotenen spirituellen Impulse aufgenommen werden: Welche Reaktionen werden sich zeigen, welche Fragen auftauchen, welche Verhaltensweisen initiiert werden, welche Wirkungen beobachtbar sein? Auf dieser Grundlage einer andauernden unmittelbaren Erfahrung im Lehrgang sollte es ermöglicht werden, empirisch begründbare Aussagen zu entwickeln. Die „teilnehmende Beobachtung" erfolgte demnach offen (d. h. die Tatsache des Beobachtens war den Beobachteten bekannt), teilnehmend (d. h. die Beobachter waren selbst Bestandteil der zu untersuchenden Klientel) und unstrukturiert: Die Aufzeichnungen erfolgten nach zuvor nicht festgelegten allgemeinen Kriterien. Am

Ende eines Tages wurden die nunmehr versprachlichten Beobachtungen sortiert und systematisiert und dadurch in eine Form gebracht, die unser Erkenntnisinteresse mit Blick auf den Lehrgang befriedigte. Der hierdurch gewonnene Abstand zum Feld war zentral für die Einhaltung der beiden oben genannten Kriterien der theoretischen Sättigung (Spiritualität in ihren subjektiven Ausprägungen zu erfassen) und der Erfassung einer möglichst breiten Variabilität von Spiritualität. Die teilnehmende Beobachtung ermöglichte uns, Spiritualität durch den Forschungsprozess gerade nicht zu verobjektivieren, sondern sie in einer fruchtbaren Schwebe zwischen sprachlichem Ausdruck und intimer Erfahrung zu halten. Distanzierungsstrategien waren deshalb besonders wichtig: Zum einen die sorgfältige Analyse der Aufschriebe vor dem Hintergrund unseres Konzepts spiritueller Selbstkompetenz, das Sortieren des Materials (auch der von den Kursleitern vorgestellten Methoden und Gegenstände) und das Verfassen von Memos für die weitere Arbeit.

Die Befragungszeitpunkte der Interviews waren: t_1 nach dem ersten Modul, t_2 nach dem dritten Modul und t_3 ca. 1,5 Jahre nach Abschluss der Kursphase. Insgesamt wurden 32 Interviews geführt, 20 in der Kurs- und 12 in der Begleitgruppe. Die Interviews zu Zeitpunkt t_2 wurden ausschließlich mit der Kursgruppe geführt, da sich die Fragen speziell auf das Erleben und Bewerten der Kurserfahrungen bezog.

Die Methode zum Erstellen, Durchführen und Auswerten der Interviews orientierte sich weitgehend an Inghard Langer (2000). Das Anliegen, das für die Entscheidung sprach, den Lehrgang durch teilnehmende Beobachtung zu erforschen, nämlich Spiritualität in ihrer Subjektivität zu belassen und sie doch forschend zugänglich zu machen, war auch ausschlaggebend für die Charakterisierung der Interviews als persönliche Begegnung. Möglich wurde diese sicher auch dadurch, dass die Interviewten der Kursgruppe die Interviewenden schon beim ersten Interview aus dem Lehrgang kannten und deshalb das Interview zum Zeitpunkt t_1 auf eine vertrauensvolle Beziehung aufbauen konnte. Mit Blick auf unsere Fragestellungen war dies wichtig, denn bedeutsame Merkmale von Spiritualität sind oft, wie sich zeigen wird, mit persönlichen, biografischen Erfahrungen verknüpft. Unser Forschungsprozess bestätigte Langers These, wonach die „Verfälschungsgefahr durch unsere persönliche Beteiligung als Gesprächsleiterin, als Gesprächsleiter – wie sie in der gesamten Interviewliteratur vielfältig diskutiert wird – [...] um so geringer [ist], je persönlicher das Gespräch gelingt" (Langer, 2000, S. 33).

Die Vorstrukturierung dieser Interviews war umso wichtiger. Vor dem Hintergrund der konzeptionellen Grundlage, für die wir die Themenbereiche Spiritualität, Distanzierungsfähigkeit zum Alltag, soziales Miteinander in der Schule (Kollegium, Klasse), eigenes Kompetenzerleben, die Schilderung von Vorbildern für die persönliche Spiritualität und die Bereitschaft, Spiritualität in schulischen Kontexten einzubringen, in Fragen formulierten, bauten wir den Leitfaden so auf, dass ein sich mehr und mehr vertiefendes Gespräch möglich wurde. Am Anfang des Interviews standen vergleichsweise unpersönliche Fragen und Informationen zum Projekt als Warmup, die dann aber durch das Gespräch und seitens der Interviewten rasch in sehr persönliche Schilderungen übergingen. Eine erste Formulierung der an den Forschungsfragen ausgerichteten Leitfragen erfolgte im Zweierteam. In einem erweiterten Team von wissenschaftlichen Mitarbeitern wurden die Fragen diskutiert, verändert und spezifiziert. In einem dritten Durchgang wurden die Fragen im Entscheidungsteam noch einmal überprüft und bei Bedarf noch einmal angepasst.

Aus diesen sehr persönlichen Gesprächen entstanden Transkripte, die anonymisiert wurden. Auf Grundlage dieser Transkripte wurden Verdichtungsprotokolle angefertigt, das heißt es wurde eine lesbare, geraffte Form zur Wiedergabe der Substanz des Gesprächs angefertigt. Diese Verdichtung war keine Interpretation, sondern zielte allein auf die Informationsweitergabe ab. Dazu gab es eine erste Gesprächsbilanz, eine Zusammenfassung mit personengebundenen, inhaltlichen Aussagen über die wesentlichen Aussagen des Gesprächs. Die Gesprächsbilanz war in unserem Fall geprägt von der Beschreibung der jeweiligen spirituellen Charakteristika, die im Gespräch deutlich wurden. Die so verdichteten und anonymisierten Gespräche wurden dann den Interviewten zur Autorisierung gegeben.

Im Anschluss daran fand eine Zusammenstellung der Aussagen zu den Themenbereichen unseres Forschungsprojekts statt. Alle Interviews aus t_1, t_2 und t_3 in Kurs- und Begleitgruppe wurden in Panoramen zusammengestellt, in denen beispielsweise zum Thema „Vorbilder" die Aussagen der Interviewten übersichtlich dargestellt wurden. Dies schuf einen breiten Überblick und bildete die Varietät im Sample gut ab. Es zeigte sich so auch, in welchen Bereichen sich Wiederholungen häuften und wo nach der Befragung in t_1 noch Differenzierungsbedarf vorlag. Beispielsweise mussten wir aufgrund der Aussagen unsere Frage nach der persönlichen Spiritualität in zwei Fragen teilen: in die Frage nach dem Verständnis der eigenen Spiritualität auf der Theorieebene und die Frage nach den spezifischen, individuellen Qualitäten des Spiritualitätserlebens. Beides wurde von den Interviewten zwar in einem untrennbaren Zusammenhang geschildert, aber doch differenziert voneinander betrachtet.

Im Anschluss an diese Panoramen wurde eine zweite Gesprächsbilanz erstellt, die unter den Gesichtspunkten unserer Fragestellungen die Interviews nochmals analysierte und noch einmal die personale Struktur des Gesprächsverlaufs mit den Panoramen in Beziehung setzte. So konnten wir sicherstellen, dass sich das „Relevanzsystem der Erforschten" (Bohnsack, 2014) entfaltet und die Deutung der Ergebnisse mitbestimmt.

2.2 Der Lehrgang „Spirituelle Selbstkompetenz" und dessen Kursmodule

Im Folgenden geht es darum, Einblick in den Lehrgang zur Spirituellen Selbstkompetenz, die „Intervention", zu bekommen, die die Studie geprägt hat. Der Lehrgang gliederte sich in drei Kursmodule, die jeweils mehrtägig über ein Schuljahr verteilt stattfanden. Diese Module wurden von unterschiedlichen Experten geleitet.

Kursmodul 1 unter der Leitung von Franz Nikolaus Müller trug den Titel „Hinführung zur Kontemplation als spiritueller Übungsweg" (s. auch den Beitrag im letzten

Kapitel dieses Bandes). Der erste Kurs des bundesweit ausgeschriebenen Lehrgangs Spirituelle Selbstkompetenz für katholische Religionslehrerinnen und -lehrer fand vom 11.–14. 10. 2012 in einem katholischen Bildungshaus statt. Als Einstieg „Selbstkompetenz im Medium der eigenen Spiritualität einzuüben" (Gronover, 2012, S. 6) wurde eine „Einführung in die Praxis des kontemplativen Gebets" angeboten. Insgesamt sieben Lehrkräfte fanden sich bereit, sich auf diese Form der Spiritualitätspraxis einzulassen. Bis auf zwei Personen, für die Kontemplation „ziemlich neu" oder „ganz neu" war, hatten alle Teilnehmerinnen und Teilnehmer schon einmal Kontakt mit dieser Form der gestaltfreien Meditation.

In einer Vorstellungsrunde im einfach und achtsam umgestalteten Konferenzraum (parallel zum Stuhlkreis lagen Decken, Kissen, Sitzbänkchen, eine aus Tülltüchern gestaltete Mitte, darin eine Holzschale mit Glasvase und Kerze) äußerten die Kursteilnehmerinnen und -teilnehmer u. a. ihre Motivation für die Teilnahme am Kurs: *„Ich suche nach etwas, das trägt"* ... *„das Sinn gibt"* ... *„das Ausgleich zum Alltag bietet"* ... *„etwas, das weiterführt, wenn die Fülle zur Völle geworden ist"* ... Die wissenschaftlichen Begleiter des KIBOR stellten sich als solche vor.

Mit einleitenden Gedanken zu unterschiedlichen Gebetsweisen der christlichen Tradition eröffnete Franz Nikolaus Müller die Hinführung zum kontemplativen Beten. Weil diese theoretische Fundierung ganz am Anfang des Lehrgangs alles weitere sehr bestimmte, ist sie hier ausführlicher dargestellt.

Drei verschiedene Formen des Gebets lassen sich nach Müller unterscheiden: Das gesprochene Gebet (Dank, Klagen, Fürbitten und Anbetung), das betrachtende Gebet (die Meditation, verstanden als Meditation „über" etwas, z. B. einen Text, ein Bild, ein Bibelzitat, gemeint als die Betrachtung und Verinnerlichung bestimmter religiöser Inhalte) und schließlich die Kontemplation (das schweigende, betrachtende Beten, das auch als nichtgegenständliche Meditation oder als mystisches Gebet bezeichnet werden kann). Müller begreift Kontemplation zum einen als einen genuin „christlich mystischen Versenkungsweg" (Müller, 2005), der sich zurückverfolgen lässt bis in die Zeit der Wüstenväter und -mütter, der sich aber auch einordnen lässt in einen „größeren Zusammenhang mit spirituellen Wegen anderer Religionen" (Müller, 2005, S. 133). Versenkung ist für Müller in diesem Kontext ein Vorgang, den er in der Tradition von Eckhart und Tauler als „innere Einkehr und ein Verweilen im Seelengrund" (Müller, 2005, S. 134) versteht und der „oculus carnis" und „oculus rationis" überschreitend[1] den Menschen mit hineinnimmt in die „Erfahrung und [das] Bewusstsein der unmittelbaren Gegenwart Gottes" (Müller, 2005, S. 136). Zum anderen ist Kontemplation für Müller ein praktischer Übungsweg, der mittels konkreter

---

1   „Taulers Redeweise von drei Stufen der menschlichen Erkenntnis ist, sowohl bei Hugo und Richard von St. Viktor als auch bei Wilhelm von St. Thierry ein äußerst beliebtes Modell um den Weg des Menschen zu Gott zu beschreiben. So spricht Hugo von Sankt Viktor in seinem Werk *De sacramentis christianae fidei* von drei Augen: *oculus carnis, oculus rationalis und oculus contemplationis.* Diese drei Augen sind Taulers Differenzierung in die Sinne, die natürliche Vernunft und in das reine Wesen der Seele analog" (Mösch, 2006, S. 294).

Übungspraxis hineinführen kann in jenes transrationale Erkennen christlicher Mystik. Allerdings ist auch immer klar, dass der Mensch dies nicht von sich aus bewirken kann. Der Mensch ist Teil der ganzen Schöpfung und kann mit seiner Ich-Struktur das Ganze der göttlichen Wirklichkeit nicht erfassen und umgreifen. Im Gegenteil ist es so, dass diese Ich-Struktur ihn davon abhält, sich in der Gegenwart Gottes zu erfahren. Deshalb fordert schon Johannes Tauler: „Der Mensch lasse die Bilder der Dinge ganz und gar fahren und mache und halte seinen Tempel leer. Denn wäre der Tempel entleert und wären alle Fantasien, die den Tempel besetzt halten, draußen, so könntest du ein Gotteshaus werden und nicht eher, was du auch tust. Und so hättest du den Frieden deines Herzens und Freude und dich störte nichts mehr von dem, was dich jetzt ständig stört, dich bedrückt und dich leiden lässt." (Tauler, o. J., S. 46). Das menschliche Ich, das unentwegt Bilder und Fantasien hervorbringt, ist bei Tauler also einem Tempelhändler vergleichbar, der den Frieden und die Freude des Gotteshauses stört und der deshalb hinausgetrieben werden müsse. Dass dies kein einfaches Unterfangen ist, weiß auch Tauler: „Wenn der Mensch in der Übung der inneren Einkehr steht, hat das menschliche Ich für sich selbst nichts. Das Ich hätte gerne etwas und es wüsste gerne etwas und es wollte gerne etwas. Bis dieses dreifache ‚etwas' in ihm stirbt, kommt es den Menschen gar sauer an. Das geht nicht an einem Tag und auch nicht in kurzer Zeit, sondern man muss sich daran gewöhnen mit emsigem Fleiß. Man muss dabei aushalten, dann wird es zuletzt leicht und lustvoll" (Tauler, o. J., S. 46). Die Aktivität des menschlichen Ichs ist nicht so einfach zur Ruhe zu bringen. Tauler vergleicht es mit dem Sterbeprozess, der im Menschen negative Stimmungen hervorruft. Aber genau darum geht es in der praktischen Übung der Kontemplation: Durch das Ruhigstellen des äußeren Körpers soll auch der innere, individuelle Geist zur Ruhe kommen: weg von den ständigen Ich-Aktivitäten, der Konzentration auf die Außenwelt, der unablässigen Beschäftigung mit Gedanken und Gefühlen, dem Beurteilen und Bewerten etc., hin zu einer Lebensweise achtsamen Gewahrseins und unmittelbarer Wahrnehmung ohne „Ich-Filter". So ist Atmen noch genauso da, wenn ich mir die Urheberschaft dieser Tätigkeit („ich atme") nicht anmaße. Im Prozess der Kontemplation hört man auf, sich mit den eigenen Gedanken und Gefühlen zu identifizieren. Ein Gedanke oder ein Gefühl taucht auf, aber man ist nicht mehr selbst dieser Gedanke oder jenes Gefühl. Jemand hat Angst, ist aber nicht seine Angst; man ist gegenüber den „Bildern der Dinge" frei, kann sie annehmen oder ziehen lassen. Indem man sie ziehen lässt, so Müller, kehrt die Ruhe ein. Diesen Prozess unterstützend findet der kontemplative Übungsweg im Schweigen statt. Dabei geht es nicht um das Schweigen um des Schweigens willen. Schweigen in der Stille ist im kontemplativen Kontext immer Voraussetzung für das Wahrnehmen der Gegenwart Gottes: „Ich will sitzen und will schweigen und will hören, was Gott in mir spricht" (Meister Eckhart, 1979, S. 423). Oder mit Kierkegaard: „Beten heißt still werden und still sein und warten, bis der Betende Gott hört", so Müller in einem ausgeteilten Manuskript.

Im Anschluss an die einführenden Gedanken erläuterte Müller die konkrete Übung: Angelehnt an die Sitzpraxis des buddhistischen Za-Zen saßen die Teilnehmerinnen und Teilnehmer um eine Mitte, auf Meditationskissen oder -bänkchen bzw. auf einem Stuhl, mit den Gesichtern zueinander. Die Körperhaltung locker und aufrecht mit leicht geöffneten Augen.

Zwei konkrete Übungsweisen sollen helfen, den unablässigen Strom der Gedanken und Gefühle anzuhalten.

Die erste Weise kann als *„Bewusstseinsvereinheitlichung"* (nach W. Jäger) bezeichnet werden und zielt darauf, den Fluss der Gedanken einzudämmen, indem alles Denken auf einen kurzen Satz, ein Wort oder einen Laut fokussiert wird. Sehr bekannt ist das „Jesusgebet" aus der Tradition der Ostkirche („Herr, Jesus Christus, Du Sohn Gottes, erbarme dich meiner" oder „Kyrie eleison" oder „Herr Jesus Christus" oder nur „Jesus"). Aus der jüdischen und christlichen Tradition bieten sich Worte an wie z. B.: Shalom, Jesus (Jesus Christus, Jehoshua), Du oder auch das „Nada" des Johannes vom Kreuz. Geeignet sind auch Wörter wie: Odem, Atem, love, god oder ähnliches. Auch das einfache Zählen der Atemzüge von eins bis zehn bietet sich als Fokussierungspraxis an. Bindet der Übende auf diese Weise seine gedanklichen Ich-Aktivitäten, ist er offen für das achtsame Wahrnehmen der Gegenwart aus der Stille.

Die zweite Weise, auch als *„Bewusstseinsentleerung"* (nach W. Jäger) bezeichnet, kann als „Schauen ins nackte Sein" in der mittelalterlichen Schrift der „Wolke des Nichtwissens" gefunden werden. Diese Übung ist völlig offen auf die Welt hin. Der Übende sitzt und beobachtet seinen Atem, ohne sonst irgendetwas zu tun. Gedanken und Gefühle, die aufsteigen, werden zwar wahrgenommen und nicht verdrängt, aber der oder die Übende lässt sich nicht weiter auf diese Regungen ein. Er nimmt sie wahr als Impulse, die auftauchen und vorüberziehen „wie Wolken am Himmel" oder „Fische im Aquarium", bis der Gedankenstrom versiegt und der Übende in einer ruhigen und stillen Präsenz im gegenwärtigen Moment anwesend ist. Es bleibt jetzt nichts mehr zu tun, da sein genügt.

Das erste Sitzen in der Stille begann am späten Nachmittag. Die Abendessenspause diente dazu, miteinander in Kontakt zu kommen. Eine zweite stille Sitzeinheit mit abschließendem Abendzeremoniell beendete den offiziellen Teil des ersten Kurstages. Im gemütlichen Teil des Abends gab es noch einmal die Möglichkeit, miteinander ins Gespräch zu kommen, bevor am nächsten Morgen die zweieinhalbtägige Zeit der Stille begann, die auch in Pausen und zu den Essenszeiten eingehalten wurde. Das geforderte Schweigen und die sich über die ganze Zeit erstreckende Stille waren Bedingung der Möglichkeit, bei jeglichem Tun aufmerksam, achtsam und präsent zu sein. Das bewegungslose stille Sitzen, das achtsames Gewahrsein in stiller Präsenz ermöglichen kann, diente als Intensivübung vor allem dazu, auch in der Bewegung, in den Tätigkeiten des Alltags, Achtsamkeit und Präsenz zu bewahren.

Der Tagesablauf folgte einem strengen Rhythmus. Von 7:15 Uhr bis zum Abschlusszeremoniell des Tages um 20:30 Uhr war er gegliedert in zehn 25-minütige Sitzeinheiten mit einer jeweils 5–10-minütigen Gehmeditation, dazu ein Vortrag pro Tag, kontemplatives Gehen in der Natur, Leibarbeit und Gebärdenmeditation (Körpergebet) sowie Essenszeiten und Pausen.

In den Äußerungen der Feedbackrunde am Ende des Kurses spiegeln sich positive Eindrücke, aber auch Herausforderungen und Schwierigkeiten in der Zeit des ersten Moduls. Als schwierig wurde z. B. *„die strenge Struktur mit viel Sitzen"* genannt, die *„zu einer Überforderung ... bzw. zu enorm viel Widerstand* [geführt]" hat. Eine andere Stimme äußert sich dagegen positiv zu diesem Thema: *„Der Rhythmus hat mir sehr entsprochen – die Taktung"*. Auch war von körperlichem Unwohlsein die Rede. Eine teilnehmende Person klagte über Kopfschmerzen. Doch zumeist überwogen die positiven Äußerungen: *„Es war ein hervorragender/exzellenter Kurs, gut ausgewogen bzgl. Innen/Raum – Außen/Natur, Ruhe – Bewegung, Stille – Wort, Leere – Impuls/Inhalt, Für-sich-Sein – Mit-anderen-Sein, Einzelgespräch – Gruppengespräch, Eigenbeitrag – Bezuschussung (Kursgebühr), Kairos: genau der richtige Kurs zur richtigen Zeit am richtigen Ort"*. Teilnehmerinnen und Teilnehmer sind *„dankbar"*, fühlen sich *„beschenkt mit innerer Ruhe und Gelassenheit"* und *„angekommen in* [ihrer] *Mitte"*. Intensive Erfahrungen wie, dass *„etwas ganz Wertvolles, Innerliches ... zum Vorschein* [kam]," motivieren, *„das Erfahrene* [zu] *bewahren und weiter*[zu]*führen."* Der Kurs warf Fragen auf (*„Was ist Religion? Was macht Religion aus? Und: Wie sind Religion und Religionsunterricht miteinander verbunden, wie hängen sie zusammen?"*), ermöglichte aber zugleich *„neue Klarheit bzgl.* [des] *spirituellen Prozesses"* und enthielt *„sehr inspirierende Vorträge und Erläuterungen zur Kontemplation."* Teilnehmerinnen und Teilnehmer nahmen ihren *„Körper intensiv wahr ... auch bei der Gebärdenmeditation, beim Tönen"* und halten ihre gemachten Erfahrungen für *„wichtig, bedeutsam, hilfreich* [und] *existentiell ... für SchülerInnen"* wie *„... für LehrerInnen."*

Kursmodul 2 hieß „Spiritualität ins Gespräch bringen" und wurde von Klaus Kießling geleitet. Es fand vom 10.03. bis 13.03.2013 ebenfalls in einem katholischen Bildungs- und Kongresshaus statt. Während im Kursmodul 1 großer Wert auf Schweigen und Kontemplationsübungen gelegt wurde, wurde in Kursmodul 2 auf die Haltung der Teilnehmerinnen und Teilnehmer fokussiert und darauf, dieser Haltung im Gespräch Ausdruck zu verleihen. Das setzte voraus, dass auch Distanz zur eigenen Person hergestellt werden konnte.

Tag 1 hatte das Ziel, eine personzentrierte Haltung und einen spirituellen Habitus zu fördern. Dazu wurden Erfahrungen mit Spiritualität zur Sprache gebracht und von Kießling Hintergrundwissen zur Psychologie der Spiritualität eingebracht. Durch Praxisübungen im Plenum, in Einzel- und Gruppenarbeit wurde eine Gesprächsführung eingeübt, die den Dialog auch als spirituelles Ereignis sichtbar machte. Im gesamten Lehrgang war die Frage nach Spiritualität als Ressource für den Berufsalltag präsent. In diesem Kursmodul wurde Spiritualität als Haltung, nicht nur als Mittel zum Zweck, betont. Insofern verhält sich Spiritualität immer sperrig gegenüber Verwertungsintentionen und betont ihren Eigenwert.

Ein Element des systemischen Ansatzes, der sich durch das ganze Modul zieht, zeigt sich bereits bei der Vorstellrunde. Die Teilnehmenden sollten sich durch folgende Aufgabe vorstellen: „Wer von den Menschen in meinem Vertrauenskreis könnte mich besonders gut vorstellen?", sich selbst also zum Beispiel aus der Perspektive der eigenen Mutter oder des eigenen Mannes präsentieren. Im Erfahrungs-austausch zeigt sich, dass dieser Perspektivwechsel traditionelle Denkwege und Denkmuster durchbricht und gleich zu Beginn eine große Tiefe bewirkt. Man sieht deutlich, mit welchem Rollenverständnis man in seinem persönlichen Beziehungs-geflecht steht. Die mit zunehmendem Alter wichtiger werdende Frage: „Wer bin ich?" mit den dazugehörigen Aspekten von Zuschreibungen und Abgrenzungen, Chancen und Gefahren, kommt hier mit in den Blick. Diese Übung bietet dem-nach die Chance, etwas zum Ausdruck zu bringen, was sonst nicht zum Ausdruck gebracht werden kann. Gleichzeitig bietet sie eine Kontrollmöglichkeit durch die Auswahl der vorstellenden Personen und der Inhalte inklusive einer Einübung der Distanzierungsfähigkeit. Außerdem fördert diese Übung die Empathiefähigkeit durch kontinuierliches Einfühlen in eine andere Person.

Die Frage „Was würde Gott über mich sagen?" leitete über zur doppelten Em-pathie in spiritueller Tradition: Empathie Gott und dem Himmel und den Mit-menschen gegenüber. Mithilfe dieser vorbereitenden Fragestellungen und Ein-übungen richtete sich der Fokus auf die Frage, welche Voraussetzungen nach den Erfahrungen der Teilnehmerinnen und Teilnehmern gegeben sein müssen, damit Spi-ritualität ins Gespräch gebracht werden kann. Folgende Voraussetzungen wurden genannt:

Ein Versuch, Spiritualität ins Gespräch zu bringen, glückte, wenn ...

... die Begleitperson
- für spirituelle Fragen offen war;
- aufgrund von Krisenerfahrungen nach existenziellen grundlegenden Lösungen für ihren Lebenssinn/Lebensentwurf suchte.

... die Person, die Spiritualität ins Gespräch brachte,
- sich offen auf die spirituelle Fragestellung eingelassen hat;
- das spirituelle Anliegen und die nichtspirituellen Zusammenhänge erkennen konnte;
- selbst einen klaren Standpunkt bezüglich der eigenen Spiritualität hatte.

... sonstige Rahmenbedingungen gegeben waren,
- es also genügend Zeit und Muße für das Gespräch gab;
- die Chemie stimmte bzw. gegenseitiges Vertrauen vorhanden war.

Ein Versuch, Spiritualität ins Gespräch zu bringen, missglückte, wenn ...

... die Begleitperson
- sich bedrängt fühlte (sich missioniert vorkam);
- sich in ihrer Haltung gegenüber Spiritualität nicht respektiert vorkam;
- grundsätzlich eine ablehnende Haltung allem Geistigen/Spirituellen gegenüber verinnerlicht hatte.

... die Person, die Spiritualität ins Gespräch brachte,

– die eigene Position als die eigentliche, wirkliche Wahrheit empfunden hatte;
– keine Empathie für die Begleitperson entwickelt hatte.

... sonstige Rahmenbedingungen gegeben waren, d. h.

– wenn über spirituelle Inhalte im Rahmen von Leistungserbringung zu reden war;
– wenn andere Interessen der Gruppe im Vordergrund standen;
– wenn zu viel geredet wurde.

Es folgte eine intensive, psychologische, und spirituell theologische Reflexion im Abgleich mit spirituellen und psychologischen Zugängen zur Spiritualität.

In einer theoretischen Reflexion entwickelte Kießling daran anschließend Kriterien, Spiritualität ins Gespräch zu bringen. Zentrale Kriterien sind demnach Wertschätzung, Empathie und Authentizität. Wertschätzung profiliert sich dabei in einer aktiven Haltung im Gespräch. Sie bedeutet Akzeptanz, ist jedoch nicht gleichzusetzen mit einfachem, blindem Gutheißen, sondern beinhaltet vor allem gut zuhören können, die ganze Person im Blick zu haben, Respekt und Vertrauen.

Diese Haltung wurde durch das Lesen und Hören eines transkribierten und neu aufgenommenen Ausschnitts eines Gesprächs aus einer Ausbildungseinheit zur Supervisionsarbeit eingeübt. Die Aufgabe dazu ließ die Teilnehmenden die Rolle der Gesprächspartner im Transkript einnehmen und die Frage diskutieren, wo Wertschätzung empfunden werden könne oder wo sie vermisst würde. Es folgte ein sehr intensives, lebendiges Gespräch mit ausführlicher Diskussion zu 20–25 Verbesserungsvorschlägen, die sich an den drei oben genannten Kriterien orientierten.

Am folgenden Tag wechselte der Schwerpunkt vom psychologischen in den spirituellen Zusammenhang. Der Grundsatz „Wenn ich Spiritualität ins Gespräch bringe, bringe ich den größtmöglichen Horizont ins Gespräch – wenn ich darin lebe, bringe ich mich selbst ein" steckte den Rahmen und den damit verbundenen Anspruch ab, den das Wort Spiritualität mit sich bringt. Kießling betonte, dass eine solche Gesprächsführung nicht möglich ist, wenn man sich nicht selbst ins Gespräch einbringt, was aber auch heiße, dass man sich verletzlich mache.

Laut Meister Eckhart kommen spirituelle Impulse nicht aus der Person selbst und bleiben auch nicht bei ihr. Wenn Gott im Menschen geboren werde und zwischen uns fruchtbar werde, dann schlössen sich die Augen nicht, sondern sie öffneten sich hin zu Aufmerksamkeit und Präsenz. Spiritualität besitze in diesem Sinne nicht nur eine vertikale, sondern ebenso eine horizontale Beziehung in vielfältiger Ausprägung. Die alte Frage, wer Vorrang habe, Beziehung vor Inhalt oder umgekehrt, löst sich auf: Wenn Spiritualität alle Inhalte umfasse, dann sei Beziehung der erste Inhalt.

Mit dieser Grundlegung folgte der Einstieg in Übungen zu dritt: Dreimal kamen die Teilnehmenden in ihren Dreiergruppen zusammen, damit die drei Rollen und Perspektiven von jedem eingeübt werden können: Person A bringt aus ihrem Erfahrungsraum Spiritualität ins Gespräch, Person B gestaltet die Beziehung personenzentriert und Person C beobachtet die Handlungen. Die Übung erfolgt in der Reihenfolge 1. der Rollenzuteilung, 2. der Rahmenerklärung, 3. der eigentlichen Praxisübung mit Tonbandaufnahme, 4. einer Stille, um Eindrücke zu notieren, 5. dem Nachgespräch in der Reihenfolge Person B–A–C, 6. einem Plenumsaustausch und abschließend 7. der Klärung durch Rückmeldungen der Gesamtgruppe.

Kießling erarbeitete mit der Gruppe wesentliche Qualitäten Spirituelle Selbstkompetenz ...

... in der Qualität spiritueller Sensibilität (Ebene des Eindrucks):
– Aufmerksamkeit und Wahrnehmungskompetenz
– Emotionale Ansprechbarkeit und Offenheit für erste und letzte Fragen
– Bereitschaft zur Erschließung der Gottesbeziehung als Bildungsprozess, wobei sich Bildung als Selbstbildung in Beziehung vollzieht

... in der Qualität spirituellen Ausdrucksverhaltens (Ebene des Ausdrucks):
– Spirituell motivierte Handlungsfähigkeit, etwa in liturgischen oder diakonischen Kontexten von Barmherzigkeit und Gerechtigkeit
– Intrinsische und extrinsische Beweggründe, zudem Suchbewegungen („quest")

... in der Qualität spiritueller Inhaltlichkeit (Ebene des Inhalts):
– Auseinandersetzung mit dem Credo

... in der Qualität spiritueller Kommunikation (Ebene der Beziehung):
– *Fides quae creditur*
– Sowohl als sprachliche als auch als Interaktionskompetenzen
– Sowohl in einer Gottesbeziehung als auch in zwischenmenschlichen Beziehungen, darin sowohl als Beten zu Gott als auch als „Einander-ins-Gebet-Nehmen"
– Sowohl als Binnenkommunikation als auch als Pluralitätsfähigkeit im interreligiösen Umgang
– Beziehung als erster Inhalt!

... in der Qualität spirituell motivierter Lebensgestaltung (Ebene des Selbst):
– Entscheidungen, die ganze Lebenswege prägen, etwa gemäß eines „*ora et labora*" oder gemäß eines „*omnia ad maiorem Dei gloriam*"
– Integrative Bezugsgröße aller anderen Qualitäten – im größtmöglichen Horizont, in welchem Menschwerdung geschieht, dabei mit Wirkung nicht nur auf die je eigene Biografie, sondern mit politischer Tragweite

Anhand der Emmaus-Erzählung wurden diese Qualitäten vertieft.

Der abschließende dritte Tag bündelte die Ergebnisse. Aus den Einübungen in den Dreiergruppen ergaben sich einige offene Fragen, die zu Beginn des dritten Tages besprochen wurden. Außerdem fand eine Evaluation statt. Zum Abschluss wurde aus dem Roman „Momo" diejenige Episode vorgelesen, in der Momo zuhört.

Abb. 2 und 3: Beispiel der Biografiearbeit mit Legematerialien

Diese sollte nicht die Ansprüche an die Teilnehmenden in die Höhe heben, sondern den Wunsch beinhalten: „Wenn Sie Spiritualität ins Gespräch bringen, mögen Sie jemanden finden, der Ihnen zuhört wie die kleine Momo."

Die Rückmeldungen zu diesem Modul spiegelten die große Bedeutung der Übung in Dreiergruppen zur Profilierung der individuellen Kompetenz, die Perspektive anderer einzunehmen. Die Teilnehmenden sprechen von entscheidenden Lernschritten, Empathie und Wertschätzung einzuüben. Dabei betonen sie das hohe Maß an Authentizität, das die Kursleitung einbrachte und reflektierte. Diese Äußerungen zu diesem Kursmodul finden sich auch in einzelnen Interviews nach dem Lehrgang wieder.

Das Kursmodul 3 nannte sich „Spiritualität in meinem Beruf – Entwicklung und Einübung von Handlungsstrategien" und wurde von Jörn Hauf geleitet. Der Kurs startete am 05.03.2013 um 15:00 Uhr und endete am 07.03.2013 um 13:00 Uhr im selben Bildungshaus wie Kursmodul 1. Anliegen dieses dritten Kursteils war es, auf der Grundlage der vorausgegangenen Kurseinheiten konkrete handlungsorientierte Impulse für die Umsetzung von Spiritualität in der täglichen Unterrichtspraxis zu erhalten, zu reflektieren und weiterzuentwickeln. Wenn möglich sollten eigene Praxisbeispiele spiritueller Übungen und bzw. oder Übungen für den Berufsalltag (aus Unterricht, Schulpastoral o. ä.) vorgestellt bzw. ausprobiert und evtl. eingeübt werden.

Eine Begrüßungsrunde diente dazu, die vorgesehenen Inhalte und den geplanten Verlauf im Überblick vorzustellen. Zugleich wurden wesentliche Inhalte der vorausgegangenen Kurseinheiten erinnert und ins Gespräch gebracht. Diese emotionale und kognitive Rückschau bot dem Referenten Gelegenheit, die Perspektive der Kursteilnehmerinnen und Kursteilnehmer im Blick auf die bisher gemachten Kurserfahrungen wahrzunehmen. Deutlich zu spüren waren schon zu diesem frühen Zeitpunkt die Offenheit, die gegenseitige Sympathie sowie die Bereitschaft der Gruppenmitglieder, sich gemeinsam auf das Thema einzulassen.

Ein erstes Augenmerk richtete Hauf auf die je individuell erlebte, spirituelle Persönlichkeitsentwicklung. Mit Legematerialien (Tüchern, Knöpfen, Glasperlen und

-murmeln, Schnüren, Muscheln, Steinen etc. – siehe Abb. 2 und 3) ließ er die Kursteilnehmerinnen und -teilnehmer ihren spirituellen Werdegang als Lebenslandschaft formen: „Gestalten Sie bitte mit den vorhandenen Materialien eine Landkarte Ihrer spirituellen Landschaften." Bei dezenter, meditativer Hintergrundmusik hatten die teilnehmenden Personen ausreichend Zeit, ihren geistlichen Entwicklungen nachzuspüren und den spirituellen Knotenpunkten in ihrem Leben symbolische Gestalt zu verleihen. Der zweite Teil der Übung bestand zunächst darin, jeden Lebensweg einzeln mit allen Gruppenmitgliedern zu betrachten, zu würdigen, und gegebenenfalls Fragen zu stellen. Im Anschluss hatte die gestaltende Person die Möglichkeit, ihr Werk zu erläutern.

In den Tagen danach wurden die offiziellen Arbeitseinheiten am Morgen und am Abend ergänzt durch fakultative, spirituelle Übungen bzw. durch ein den Tag abschließendes Abendritual. Angeregt durch die Erfahrungen aus den vorangegangenen Kursen verständigten sich die Gruppenmitglieder darauf, die Übung der Kontemplation, des Körpergebets und des Qi Gong auf freiwilliger Basis auch in diesem dritten Kursteil fortzusetzen. Die Angebote wurden z. T. von Mitgliedern der Gruppe angeleitet und von allen Teilnehmenden genutzt.

Auf dem Hintergrund der Fragen „Was ist Spiritualität für mich?", „Wie zeigt sich Spiritualität in meinem Leben?", „Gibt es eine Brücke zu meinem Beruf?" sollte in einem weiteren Arbeitsschritt ein Schaubild entworfen werden, das die angesprochenen Bezüge – falls vorhanden – sichtbar machen könne. Im sich anschließenden Gespräch wurden auf Basis der entstandenen Bilder Antworten auf die eingangs gestellten Fragen gegeben: Spiritualität wurde z. B. charakterisiert als *„Durchdrungensein vom Geist Gottes"*, die als *„Glücksgefühl"* erlebt wird, *„wenn das Herz aufgeht"* und die Assoziation von *„Gold"* hervorruft. *„Liebesgefühl"* in diesem Kontext ist nicht personenabhängig, sondern ein offenes, freies, nicht mehr gerichtetes Gefühl, das nicht mehr nur von außen erwartet wird. Andere Stimmen beschrieben Spiritualität als Authentizität (*„wer authentisch ist hat immer etwas Spirituelles"*), als gegenwärtige Präsenz bzw. als einverstanden sein mit dem *„wie ich jetzt gerade bin"* und als etwas, das nicht nur eine geistige Angelegenheit, sondern immer auch eine körperliche Erfahrung ist (*„beten mit Körper und Geist"*). Dabei hilft Spiritualität gemäß den Aussagen von den Teilnehmerinnen und Teilnehmern im alltäglichen Leben z. B. dabei, dass Pflichterfüllung nicht nur als Last, sondern auch als wirkliche Erfüllung gesehen werden kann. Auch könne Spiritualität eine Ressource sein, die spüren lasse *„wie ich in der Klasse bin"*. *„Durchlässigkeit"* als Folge spirituellen Übens könne einen Eindruck von Einheit und Verbundensein mit Mensch und Natur ermöglichen. Insofern Spiritualität Empfindungen schärft und sensibilisiert, kann sie aber auch deutliche Wahrnehmungen vom Misslingen der Welt (*„Krieg im Religionsunterricht,"* der zwingt, die eigene Betroffenheit zu thematisieren) und unangenehme Gefühle hervorrufen: Eine Amsel, die während der Kurstage ans Fenster flog, ließ eine Teilnehmerin spüren, dass ein größeres Mitgefühl auch vermehrt Ängste auslösen könne. Es gelte aber, diese Spannung zwischen den Polen der Angst und des Aufgehoben-Seins im *„Göttlichen in mir"* auszuhalten. Auch andere, in der Regel negativ bewertete emotionale Zustände könnten im spirituellen Kontext auftauchen: Gefühle des Allein-Seins, des Betroffen-Seins oder aber des Nichtempfinden-Könnens: *„Manchmal kann es noch so schön sein, aber ich empfinde nichts."* Spiritualität sei schwierig im konkreten Vollzug. Im Unterricht bildeten Literatur, Kunst und Musik oder pädagogische Konzepte wie das „Kopf-Herz-Hand"-Prinzip Brücken, um Ausdrucksformen für Spiritualität zu finden. Diskutiert wurde außerdem, wie der sprachlich nicht einholbare Grund einer mystisch verstandenen Spiritualität im Unterricht thematisiert werden kann.

Als Schlussstein des personenbezogenen Einstiegs und als Überleitung für die folgenden inhaltlichen Grundüberlegungen wurden Ergebnisse aus der Spiritualitätsforschung vorgestellt. Demnach erleben viele Menschen Spiritualität als Beziehungserfahrung. Hauf charakterisierte „(christliche) Spiritualität als Beziehungsart und -weise (ars communicandi)" und fokussierte auf ihre Notwendigkeit in religiöser Erziehung und Bildung. Ausgehend von der Beobachtung, dass Schülerinnen und Schüler religionsrelevante Fragen hätten und diese auch stellten, forderte er (in Anlehnung an Biesinger), die „Schüler nicht um Gott [zu] betrügen". „Wer als (primäre) Bezugsperson seinen Schülern die Beziehungserfahrung ‚Gott' vorenthält, ‚betrügt' sie um wichtige Möglichkeiten, das eigene und das gemeinsame Leben jetzt und über den Tod hinaus zu deuten." Schüler hätten „ein Recht auf Religion" (Schweitzer, 2000). Deshalb sei eine religionssensible Erziehung vonnöten und zwar (mit Bezug auf Boschki, 2003) als Erschließung einer spezifischen Beziehungsqualität zu sich selbst, zum anderen, zur Mitwelt, zur Zeit und zu Gott. Deshalb sei es bedeutsam, dass Religionspädagogen die unterschiedlichen Glaubensebenen der Jugendlichen wahrnehmen und anerkennen, herausfordern und begleiten. Ziel sei die Kompetenz der Kinder und Jugendlichen, vertrauensvoll mit dem labilen, fragmentarischen Leben umzugehen. Anhand eines Modells religiöser Kompetenz wurden Kompetenzen und Niveaus religiöser Kompetenz differenziert sowie Chancen und Grenzen des Religionsunterrichts aufgezeigt. Hauf betonte auch dabei die Bedeutung der verschiedenen Beziehungsdimensionen. Pädagogisch, weil Erziehung immer in Beziehung erfolge und Beziehung Erziehung qualifiziere. Theologisch sei es Gottes Suche nach dem Menschen bzw. der Mensch auf der Suche nach Gott, sowie Jesus Christus, der als Existenz in Beziehung Beziehung als Leitbegriff qualifiziere. Mit der Erläuterung des Phasenmodells der Glaubensentwicklung bei Oser-Gmünder konnte gezeigt werden, dass eine religionssensible Erziehung sinnvolle Unterstützung für die Persönlichkeitsentwicklung eines jungen Menschen sein kann, im Hinblick auf seine religiöse und spirituelle Dimension bzw. seine Gottesbeziehung. Als mögliche Methode, Religiosität und Spiritualität unter Jugendlichen selbst zum Thema zu machen, wurde das Peer Group Counselling vorgestellt, eine Methode gegenseitiger Beratung, bei der Jugendliche selbst, unterstützt durch einen Moderator, Lösungen für persönliche Probleme bzw. zu bewussten Haltungen und Lebenseinstellungen finden. Die Vorstellung spiritualitätssensibler Kurzfilme (*Bob, Useless dog, Father and Daughter, Under There, Am seidenen Faden*) diente als

Impuls und Diskussionsanstoß für konkreten Unterricht. Eine von einer Teilnehmerin mitgebrachte, gemeinschaftsstärkende Übung aus der Abenteuerpädagogik mit dem Titel „Schatzsuche" beendete den dritten Kursteil.

Die Stimmen in den Äußerungen der Feedbackrunde am Ende des Kurses sprechen davon, dass sich die „Vorfreude auf den Kurs" bedingt durch die Nähe zu den Personen in eine „freudige Präsenz" verwandelt habe. Der Kurs habe „freier gemacht", „mit Freude erfüllt", „spirituelle Impulse unterschiedlichster Art" gegeben und eine Perspektive auf Spiritualität in Beziehungen ermöglicht. Einige Teilnehmerinnen und Teilnehmer hätten gerne die theoretischen Anteile des Kurses etwas verkürzt und noch mehr „in Kleingruppen einen intensiveren Austausch" gepflegt oder an konkreten Beispielen durchexerziert, wie sich z. B. der spirituelle Gehalt der religionssensiblen Kurzfilme im Unterrichtsgeschehen umsetzen lässt. Andere Gruppenmitglieder fanden den „Kurs sehr bedürfnisorientiert" und gingen „sehr beschenkt nach Hause."

2.3 Ergebnisse im Überblick

Der folgende Abschnitt soll einen kurzen und prägnanten Überblick über die Ergebnisse unserer Untersuchung bieten. Er setzt die ausführliche Analyse der oben beschriebenen und in Kapitel 3 ausführlich diskutierten Interviewanalysen voraus.

Ziel der Studie war es, empirisch zu erheben, inwiefern individuelle Spiritualität Einfluss auf Selbstwirksamkeitserwartungen und Distanzierungsfähigkeit von Religionslehrerinnen und -lehrern an berufsbildenden Schulen hat bzw. haben kann. Wir gliedern die folgenden Ergebnisse in drei Teile: Lehrerinnen und Lehrer, Unterricht und Fortbildung.

Lehrerinnen und Lehrer:

Unsere Ergebnisse deuten darauf hin, dass die wesentlichen Grundlagen für eine spirituelle Entwicklung in der religiösen Erziehung zu suchen und zu finden sind. Gleichwohl gibt es nachweisbar eine spirituelle Entwicklung in Teilkomponenten spiritueller Selbstkompetenz. Das Spiritualitätsverständnis differenzierte sich von t_1 zu t_3 deutlich, Spiritualität wurde – induziert wohl allein durch den geschützten Raum des persönlichen Interview-Gesprächs – mit Blick auf seine transzendenten Bezüge und auf das eigene Agieren in der Welt profilierter.

Sich der eigenen Spiritualität bewusst zu werden, das eigene Spiritualitätsverständnis zu reflektieren und zu artikulieren und sich mit anderen darüber auszutauschen, kam den Bedürfnissen der Teilnehmerinnen und Teilnehmern, sowohl der Kurs- wie der Begleitgruppe, sehr entgegen. Mit dem Nachspüren der eigenen spirituellen Entwicklung, dem Wahrnehmen des gegenwärtigen Standpunktes und der Aussicht, sich weiter auf dem spirituellen Weg beruflich und privat entfalten zu können, scheinen die Probandinnen und Probanden etwas Gesuchtes gefunden zu haben. Ein allgemeines Reden über Spiritualität ist so zu unterscheiden von einer persönlichen Spiritualität, die zur Sprache findet und in das Beziehungsgeschehen eingebracht werden kann.

Selbstwahrnehmung, Achtsamkeit und Selbstreflexion sind zentrale Elemente von Selbstkompetenz. Allein durch die Interviews konnten Reflexionen ausgelöst werden, die einen hohen Wert an sich haben. Dabei wurde sichtbar, dass Distanzierungsfähigkeit im Sinne eines bewussten Erlebens von Ruhe und Gelassenheit zunahm und dass das Bewusstsein für lebenshinderliche Formen im Alltag (Gehetztsein im Gespräch, Schülerinnen und Schüler nicht genügend würdigen, Präsenz in Gesprächen etc.) erhöht wurde.

Unterricht:

In der Gegenwart kann bei einem Großteil der Schülerinnen und Schüler in der Kindheit nicht mehr von einem kontinuierlichen Heranführen an religiöse Glaubensinhalte und -formen ausgegangen werden. In diesem Fall kommt der spirituellen Selbstkompetenz des Religionslehrers und der Religionslehrerin eine bedeutende Rolle zu, da seine und ihre spirituellen Fähigkeiten in dieser Situation vor allem auch religionsdidaktisch sehr bedeutsam ist. Auch Schülerinnen und Schüler lernen am Modell; in Zeiten, in denen die Religionslehrkraft als nahezu einziges religiöses Vorbild in der Biografie erscheint, wird damit deren Rolle umso bedeutsamer für die Erfahrung zukünftiger, eigener (religiöser) Selbstwirksamkeit.

Gleichwohl ist es eine Gratwanderung, eigene Spiritualität im Unterricht zu zeigen, ohne diese zu verzwecken. Die Ergebnisse aus unserer Studie weisen darauf hin, dass es den Unterrichtenden oft schwerfällt, das, was ihnen selbst „heilig" ist, dem profanen Unterrichtsgeschehen auszusetzen („Perlen vor die Säue" – Wolfgang). Wenn sie es aber wagen und z. B. in Bezug auf das erste Modul „Aufmerksamkeits- und Stilleübungen mit den Schülerinnen und Schülern praktizieren" entsteht in der Regel der Eindruck, dass dieser Versuch der Vermittlung von Spiritualität gelingt, da die Übungen gerne von den Schülerinnen und Schülern aufgenommen werden.

Fortbildung:

Dass die drei Dimensionen Selbstwahrnehmung, Achtsamkeit und Selbstreflexion „*ständig im Mittelpunkt standen*", war für einen Teilnehmer „*das Geheimrezept dieses Kurses*", „*das Besondere an diesem Lehrgang*".

Die Übung der Kontemplation scheint vor allem dafür geeignet, Selbstwahrnehmung und Achtsamkeit effektiv einzuüben. Der streng strukturierte Tagesablauf und das Einhalten durchgehenden Schweigens wurden dabei nicht als störend, sondern als wohltuend erlebt. Die Teilnehmenden beschreiben genau dieses jähe Gegenteil des Gewohnten als Bedingung für eine realistische Sicht auf sich selbst. Die Reflexion über das Erfahrene und die Einordnung in das bisherige Selbstbild schlossen sich der praktischen Übung an. Dass die Teilnehmenden auf Eigeninitiative und freiwilliger Basis die kontemplative Übung in den Kursteilen zwei und drei fortsetzen wollten, zeigt die Relevanz, die Authentizität, Achtsamkeit und Selbstreflexion für sie zu haben scheinen.

In Fortbildungen, die die spirituelle Selbstkompetenz schulen wollen, kommt den jeweiligen Leitungen besondere Bedeutung zu. Sie sind eben nicht nur für die Inhalte verantwortlich, sondern sie stehen mit ihrer Person für den Gegenstand der Fortbildung. Andererseits ist entlastend, dass eine vertrauensvolle Atmosphäre in der Gruppe beispielsweise durch die konsequente Einübung von Perspektivenübernahme gefördert werden kann, die dann ihrerseits Bedingung für gute Gespräche über Spiritualität ist. Spiritualität ist, richtig initiiert und angeleitet, ein Selbstläufer.

Zusammenfassend: zur Bedeutung neuer Erfahrungen und intensiver spiritueller Gemeinschaft

Da sind zum Beispiel völlig neue Erfahrungen, die in den Kursmodulen für die Probandinnen und Probanden möglich wurden, etwa, wenn Thea die „Hinführung zur Kontemplation" ganz *„anders als die üblichen Seminar-Abläufe"* erlebt, als *„das ganz Andere"*, das *„ohne Worte"* *„gleich in die Mitte"* führt. Schweigen und Stille lassen die Teilnehmenden zur Ruhe kommen und als Gemeinschaft *„zusammenwachsen"* (Pia), die auch in den sich anschließenden Kursen ihre Tiefe nicht verliert.

Die Möglichkeit, neue Erfahrungen zu machen, macht ein Kursthema nicht nur attraktiv, sondern ermöglicht den Teilnehmenden eine Auseinandersetzung mit und eine Entwicklung ihrer Persönlichkeit. Wird dabei der Kern der eigenen Person berührt, wächst zugleich die Offenheit den Mitmenschen gegenüber. Ein tiefes Empfinden von Verbundensein wird möglich, unter Umständen sogar ohne dass ein Wort gewechselt wird. Dieser Eindruck des Verbundenseins, sowohl mit der eigenen Mitte als auch mit den Mitmenschen und darüber hinaus mit der Welt und mit Gott, kann für Religionslehreinnen und -lehrer an beruflichen Schulen zum Dreh- und Angelpunkt ihres beruflichen wie privaten Lebens werden.

Die intensive Gemeinschaftserfahrung (*„dieses wunderbare Gefühl, in dieser Gruppe zu sein"* – Frieda) machte es in den Kursen zwei und drei möglich im offenen Austausch *„... bis in tiefste eigene Erfahrungen hinein ... Themen ansprechen zu können"* (Thomas). Sie setzte außerdem eine Eigendynamik in Gang, die die Kursteilnehmenden dazu motivierte, fakultativ eigene spirituelle Ausdruckformen (Qi Gong, Körpergebet, Psalmgesang, Meditation der Chagallfenster in Mainz, Gespräche über spirituelle Erfahrungen, Gemeinschaftserfahrungen aus dem Bereich der Erlebnispädagogik) einzubringen. *„Diese Eigendynamik, dieses selber gestalten dürfen"* das *„waren einfach tolle Erlebnisse"* (Frieda). So konnten *„in dieser Offenheit und diesem Vertrauen"* (Thea) Anregungen und Impulse für persönliche (spirituelle) Entwicklung wahr-und angenommen werden: *„Das war [eine] ganz schöne Ergänzung ... ich hab' von jeder Übung auch was mitnehmen können und also es hat das Ganze noch so ein bisschen reicher gemacht, bunter gemacht, so den ganzen Kurs, dass dann auch die einzelnen Teilnehmer ihre Erfahrungen so mit eingebracht haben"* (Wolfgang). *„Das waren Vertiefungen und Anregungen, die ich ja auch wei-*

terhin nutze vielfältig auch im Gespräch, was die Kollegen ... eingebracht haben."
(Thea)

Das Erleben von Gemeinschaft erweist sich nicht nur als Potenzial persönlicher Entwicklung (*"dieses angenommen sein, dieses so sein dürfen wie man ist und dieses wahrgenommen werden, diese Präsenz überall, egal wo wir waren, das lässt so viel Raum zum Entwickeln –"* (Frieda), sondern setzt auch die Bereitschaft frei, im Rahmen dieser Gemeinschaft, die eigenen spirituellen „Perlen" vorzustellen und zu teilen. Die interessierte, werturteilsfreie Annahme der individuellen spirituellen „Schätze" bestärkt das Vertrauen in die eigene Wirksamkeit bei der Mitteilung spiritueller Einstellungen, Haltungen und praktischer Formen.

Gut zu beobachten war, dass durch entsprechende Vorbilder spirituelle Impulse aufgenommen und weitergegeben werden können. Voraussetzung hierfür war, dass die vermittelnde Person als kompetent und authentisch erschien. Dr. Franz Nikolaus Müller, der Leiter des ersten Moduls *„war natürlich auch 'ne Person, die das, was sie da angeboten hat, selbst gelebt hat. Das war so authentisch, dass er* [einen] *auch mit hineingenommen hat."* So blieben die *„Impulse"*, die die Kursteilnehmerinnen und Kursteilnehmer *„von ihm bekommen haben"* ihnen als bleibende, Orientierung gebende, *„wertvolle Eindrücke"*, die wie *„so ein eigenes Lebensgeländer ... in der Frage der Spiritualität"* (Thea) wirkten oder zur Nachahmung motivierten (*„daraufhin* [habe ich mir] *auch eine Klangschale besorgt und bin auch schon selber gesessen"* (Thomas). Auch Prof. Dr. Klaus Kießling, der Leiter des zweiten Moduls, hat die Teilnehmerinnen und Teilnehmer der Kurse *„sehr inspiriert."* Als *„bewundernswert"* wurde hier zum Beispiel empfunden, wie er die *„theologische Forschung, ... als Diakon umsetzt"* beziehungsweise wie er *„die praktische Theologie mit der Theorie verbunden hat"* (Jutta). Als besonders wertvoll wurde hier z. B. empfunden, dass *„ich persönlich da zum ersten Mal auch in den Begriff der ‚spirituellen Begleitung' mit hineingenommen wurde und auch gespürt hab', dass das ganz nah an 'nem christlich theologischen Konzept anlehnt. Und das war für mich auch nochmal verblüffend."* (Thea) Nicht weniger überzeugte im dritten Modul die Persönlichkeit des Kursleiters Dr. Jörn Hauf (*„der hatte so 'ne freundliche Art, die Leute 'rauszulocken"* – Jutta), der die Teilnehmerinnen und Teilnehmer an konkrete Schritte für den Unterrichtsalltag heranführte: *„Und ... dann die Umsetzungen, ... ganz konkret, wie gehen Schüler damit um?"* Wie sind *„... methodisch-didaktisch ... auch die zu erreichen, die im Unterricht vor uns sind. ... Unterrichtsimpulse, um auch Schülern Gelegenheit zu geben, Spiritualität zur Sprache zu bringen. ... Was ja nicht leicht ist"* (Thea). Doch nicht nur die Kursleiter, auch die Probanden selbst konnten untereinander als gegenseitige Impulsgeber für die spirituelle Weiterentwicklung dienen: *„... was mich da stark beeinflusst hat, war glaub' ich diese große Erfahrung vom Wolfgang ... so seine Sichtweise ... da lernt man immer etwas ... die ganze andere Sichtweise ... das ist schon etwas Besonderes, find ich. Ja."* (Frieda)

Erleben von Authentizität und Kompetenz sind Grundvoraussetzungen dafür, dass eine Bereitschaft dafür entsteht, sich auf Lernprozesse einzulassen. In unseren Kursen führten diese Erfahrungen dazu, dass die Teilnehmerinnen und Teilnehmer nicht nur ihr Wissen erweiterten, indem sie sich z. B. „*mit Kontemplation auch geschichtlich beschäftigt oder Impulse . . . bekommen*" (Thea) oder „*ein bisschen Handwerkszeug*" bzw. „*eine ganze Fülle von Anregungen*" erhalten haben, sondern dadurch, dass sie sich persönlich angesprochen und „*mit hineingenommen*" fühlten, auch dazu, dass sie eine Bereitschaft dafür entwickelten, sich auf spirituelle Prozesse und Veränderungen in ihrem Leben einzulassen. Durch diese Bereitschaft wurden beispielsweise Erfahrungen von Neuorientierung (*„früher hab ich immer gedacht, ja irgendwas Großes muss noch kommen in meinem Leben. Und jetzt habe ich das so punktuell erfahren, dass eigentlich schon alles da ist*" – Jutta) und Bestärkung möglich („*also ich denke, das hat mich gestärkt so in meiner Gesamtpersönlichkeit*" – Jutta). Hier schließt sich die Frage an, ob das, was für die Gruppenmitglieder erfahrbar wurde, in ähnlicher Weise auch ins Unterrichtgeschehen übertragen fruchtbar gemacht werden kann. Zumindest gibt es im Kontext unserer Kurse konkrete Erfahrungen in diese Richtung: „*. . . also ich hab dann auch den Mut kriegt das auch mal mit den Schülern* [auszuprobieren], *also und die sind da manchmal ganz wild drauf so die Zwölfer jetzt und auch die Dreizehner, ah wann meditieren wir wieder . . .*"

3. Ergebnisse der Interviews der Kurs- und Begleitgruppe von t_1 bis t_3

Einleitung

Die halbstrukturierten, leitfadengestützten Interviews t_1 und t_3 wurden sowohl in der Kursgruppe als auch in der Begleitgruppe durchgeführt. Bis auf Fragen, die unmittelbar auf Inhalte und Prozesse der Kursmodule bezogen waren, glichen sich die Interviewleitfäden im Wortlaut (s. Kapitel 2.1).

In beiden Gruppen bezeichneten die Teilnehmerinnen und Teilnehmer sich selbst als spirituell.

Ein Anliegen des Projekts war es, herauszufinden, was der Begriff Spiritualität für die Probandinnen und Probanden der Kurs- wie der Begleitgruppe bedeutet bzw. welche Assoziationen sie mit diesem Begriff verbinden.

Nach dem ersten Modul des Lehrgangs Spirituelle Selbstkompetenz hatten Teilnehmerinnen und Teilnehmer der Kurs- wie der Begleitgruppe im Interview t_1 die Möglichkeit, sich ausführlich zum Thema Spiritualität zu äußern. Die Fragen sollten erfassen, wie die Projektbeteiligten den schillernden Begriff Spiritualität in ihrem Erleben, ihren Erfahrungen und ihren Einstellungen beschreiben.

Die Auswertung der Interviews legt nahe, den Begriff Spiritualität in drei Kategorien einzuteilen, denn die Beschreibungen von Spiritualität in der Kurs- wie in der Begleitgruppe richteten sich zum einen auf das individuelle *Erleben,* also eine je individuelle Haltung, deren spezifische spirituelle Qualität durch Beschreibungen der Verbundenheit mit dem eigenen Selbst, der Umwelt, den sozialen Beziehungsqualitäten und dem Transzendenzbezug zugänglich wird. Die Interviewten reflektieren ihre Spiritualität in den Interviews sehr intensiv, verarbeiten ihr spirituelles Erleben reflexiv und überführen es so in ein *Verständnis* der eigenen Spiritualität. Hinzu trat die Nennung unterschiedlicher *Spiritualitätsformen*, die mit dem individuellen Erleben zusammenhängen, aber als geplante Handlungen (Sitz-Meditationen, Achtsamkeitsübung, Gebet u.v.a.m.) darauf zielen, spirituelle Prozesse in Gang zu bringen.

Wir unterscheiden also drei Kategorien, um die Aussagen zur Spiritualität zu systematisieren:

Spiritualität meint in unserem Kontext eine Grundeinstellung bzw. Haltung der Teilnehmerinnen und Teilnehmer, die sich primär über Beschreibungen des Erlebens erfassen lässt.

Spiritualitätsverständnis hingegen ist das reflexive Erfassen und Begreifen der eigenen Spiritualität bzw. der damit verbundenen Assoziationen und Konnotationen.

Spiritualitätsformen beschreiben die konkrete Praxis in der Spiritualität erleb- und erfahrbar wird.

Im Erhebungszeitraum vertiefte sich die innere Differenzierung aller drei Kategorien bei jedem Teilnehmer und jeder Teilnehmerin. In den Erhebungen von t_2 und

t_3 haben wir deshalb gezielt nach Spiritualitätsverständnissen gefragt, um den Interviewten Gelegenheit zu geben, ihren Denk- und Entwicklungsweg nachzuzeichnen und ein subjektives Modell zu entwickeln.

3.1 Spiritualitätsverständnisse und Distanzierungsfähigkeit („*spirituality in reflection*")

In diesem Abschnitt werden wir zeigen, wie die Interviewten ihre Spiritualität erlebten (3.1.1) und welches Verständnis sie dazu entwickelten (3.1.2). Daran anschließend stellen wir die Analyse-Ergebnisse zur Kategorie Distanzierungsfähigkeit vor. Diese Kategorie geht der Frage nach, wie Spiritualität und Distanzierungsfähigkeit zusammenhängen und in den Alltag hineinwirken (3.1.3).

Aus der Lehrergesundheitsforschung ist bekannt, dass Distanzierungsfähigkeit ein wichtiger Faktor für das Coping und Wohlbefinden im Alltag ist. Distanzierungsfähigkeit ist dabei die Fähigkeit, sich selbst von etwas anderem zu distanzieren, Abstand zu nehmen und auch andere Perspektiven stehen lassen zu können. Besonders tritt diese Fähigkeit in Bezug auf Probleme und schwierige Situationen zu Tage. Wer über ein hohes Maß an Distanzierungsfähigkeit verfügt, ist in der Lage, einen Schritt zurückzutreten und einen anderen Blickwinkel zu gewinnen. Die handelnde Person gewinnt einen objektiveren Blick auf die Situation, da sie sich nicht mit dem Problem identifiziert, sondern Distanz wahren kann. Gerade in Konfliktsituationen kann dies zum Beispiel dazu führen, dass die Person Kritik besser annehmen und mit ihr umgehen kann. Auch die Gefahr eines Burnouts wird durch Distanzierungsfähigkeit verringert.

Distanzierungsfähigkeit beinhaltet außerdem auch die Fähigkeit, zu sich selbst in Distanz zu treten und sich zu den eigenen Gefühlen, Wertvorstellungen und Haltungen bewusst zu verhalten.

3.1.1 Aspekte des Erlebens von Spiritualität in Kurs- und Begleitgruppe – spirituelle Menschen als Übende

Wo zeigt sich eigentlich so etwas wie Spiritualität und wie wird diese erlebt? Das Erleben von Spiritualität zum Zeitpunkt t_1 konnte gut durch Schilderungen erlebter Ereignisse und der dabei empfundenen emotionalen Eindrücke eruiert werden und kann in den folgenden Unterkategorien dargestellt werden. Zur Analyse wurden sowohl die Teilnehmerinnen und Teilnehmer am Lehrgang (Kursgruppe, KG) als auch die Interviewten der Begleitgruppe (BG) herangezogen.

Spiritualität wird z. B. in Folge achtsamer Selbstbeobachtung als Selbsterfahrung erlebt, beispielsweise als „*ein wirklich inneres, existentielles [. . .] Leben*", das für Thomas (KG) „*[. . .] wirklich Praktizieren mit dem ganzen Sein ist*" oder als etwas latent Anwesendes, das in Lebenskrisen trägt: „*. . . also zum Beispiel [. . .] nach dem Abitur und Bundeswehr hatte ich einen schweren Unfall zu Beginn meines Studiums, wo man dann ganz nach unten zurückgeworfen wird, aufgrund von seinen Verlet-*

zungen, wo man dann merkt, wie diese latente Spiritualität auch trägt, ja im Sinne von Leidverarbeitung, wo es drum geht, Augenlicht zu verlieren, fast die Sprache zu verlieren, mit der Zunge, dann bestimmte Dinge, das sind schon Beeinträchtigungen, wo man dann die Spiritualität dann existentiell spürt." Waldemar hingegen konstatiert für sich selbst ein Defizit, was seine spirituellen Erfahrungen angeht: *„Ja, das sind für mich noch ganz drängende Fragen, darüber näher nachzudenken, was gibt es eigentlich auf dieser* [spirituellen] *Ebene an Erfahrungen* [. . .]*? Ich spüre das, je älter ich werde, als ein gewisses Defizit.* "

Einige Interviewte schildern spirituelle Erlebnisse als Glaubenswelterfahrung. Für Thea (KG) zum Beispiel hatte Spiritualität schon immer eine christlich-religiöse Dimension, zu der auch Jesus Christus als *„lebendiges, meinen Alltag durchdringendes Vorbild"* gehört. Und Augustinus (BG) erlebt Spiritualität im Vollzug religiöser Rituale, die er nicht kognitiv reflektiert, sondern bei denen er authentisch dabei ist. Retrospektiv schildert er: *„Früher war sie* [die Spiritualität] *sicher da und wichtig, auch immer in den Hochfesten, die man feierte, seien es Kommunion, Firmung oder auch,* [. . .] *dass man im Internat war und die Morgengottesdienste oder die Jazzmessen oder so,* [. . .] *da spürte man schon die Spiritualität, aber es ist nicht eine reflektierte, sondern eine bewusst authentisch wahrgenommene, wo man gern dabei ist, wo man mitsingt, wo man mitbetet und mittextet oder so und das fand ich schon schön."* Für Thomas (KG) ist es so, dass auf einer Pilgerreise z. B. ein oftmals nur äußerlich verrichtetes Rosenkranzgebet zu einem spirituellen Erlebnis werden kann, wenn der Pilger realisiert, dass *„das mit dem Rosenkranz,* [etwas] *... hat"* und er auf diese Weise durch die *„persönliche, individuelle Ausrichtung [seines] Glaubensvollzugs"* zu seiner Spiritualität finden kann.

Dieses *Etwas* der Spiritualität, das Thomas benennt, verweist bereits auf einen Bereich, der immer wieder auch von anderen Probandinnen und Probanden angesprochen wird. In diesem Bereich wird Spiritualität ganz unterschiedlich als Transzendenzerfahrung beschrieben.

Für Christian (BG) z. B. ist Spiritualität immer an der Gottesbeziehung orientiert. *„Ich würde sagen, also es geht in Spiritualität immer um Beziehung, also das ist das Zentrale, also für mich jetzt,* [. . .] *wie ich auch Jesus verstanden habe, immer in der Beziehung und die Frage ist, was fördert meine Beziehung zu Gott?"* Auch für Jutta, die Spiritualität als das *„Herz der Religion"* bezeichnet, erstarrt die Religion in Traditionen und wird hohl, wenn die Verbindung zum Geist fehlt. *„Ja, also der Heilige Geist, gut, der muss da sein, sonst wird nichts lebendig, sonst fließt nichts".* Spiritualität ist für sie etwas Lebendiges, denn *„da habe ich dann wieder so eigentlich den Geist gespürt* [. . .] *das Lebendige habe ich dann wieder* [. . .] *gespürt".*

Wolfgang (KG) hingegen empfindet bei der Lektüre spiritueller Autoren, vor allem aber in der Praxis der nichtgegenständlichen, kontemplativen Meditation, dem Sitzen in der Stille, ein Gespür für eine Wirklichkeit jenseits unserer Verstandeswirklichkeit: *„Über die Form der Meditation, auch der nichtgegenständlichen Meditation* [bekommt] *man ein Gespür für diese letzte Wirklichkeit.* [. . .] *Also ich glaube,* [. . .] *da schwingt etwas mit, da spürt man etwas, es betrifft dich etwas* [. . .] *das ist eher* *so etwas, was zwischen den Zeilen mitschwingt [...] dieses Unsagbare, dieses nicht Aussprechbare, [das] zwischen den Zeilen transportiert wird. [...] Man ist in eine andere Wirklichkeit mit hineingenommen, also über das Lesen entsteht schon diese andere Wirklichkeit, aber man kann sie gar nicht so genau fassen, weil man sie gar nicht versteht. Und ich weiß gar nicht, ob man es überhaupt so gedanklich klar fassen kann. Aber es schwingt da etwas mit und [...] diese Resonanz [...], das hab ich irgendwie gespürt bei mir.*"

Eine solche Schilderung von Transzendenzerfahrung scheint über traditionell biblisch-christliche Kategorien hinauszugreifen. Ganz ähnlich Pia, die in ihren Qi-Gong-Übungen *„einfach einen ganz schönen Geist"* spürt und empfindet, dass da *„einfach Spiritualität deutlich spürbar* [ist] *ohne, dass man jetzt von Gott spricht oder so."*

Weiterhin wird Spiritualität als soziale Erfahrung beschrieben. Vor allem in der Begleitgruppe wird der Zusammenhang von Spiritualität in sozialen Kontexten immer wieder deutlich. So fühlt sich Lena (BG) z. B. durch ihre spirituelle Praxis im Alltag unterstützt. Wenn sie *„mit so einem Gedanken in den Tag einfach geh*[t] *oder dass eben Gott mich begleitet, dann habe ich so das Gefühl, dass ich auch mit den Menschen anders umgehen kann, dass ich jetzt nicht an den Menschen irgendwas auslassen muss, meine Laune oder so, sondern, dass das – ja, vielleicht, dass ich ein bisschen kontrolliert bin oder einfach halt abgeben kann, meine Sorgen und weiß, okay, das kann ich jetzt an Gott weitergeben und muss das jetzt nicht irgendwo an Menschen ran tragen"*. Somit ist die spirituelle Praxis eine Stütze in ihrer Haltung dem Leben und den Menschen gegenüber und vor allem eine Erleichterung, eine Lebenserleichterung. Sie steht dann nicht unter Druck, Belastendes auszuhalten und eigenen Ansprüchen unbedingt gerecht werden zu müssen.

Christian (BG) erhofft sich durch seine Spiritualität ein bewussteres Gestalten seiner Beziehungen. *„Ich erhoffe es mir und wünsche es mir, dass ich bewusster lebe, dass ich [...] Beziehungen [...] für mich auch aus dem Glauben heraus gestalte [...]. Auch die Menschen, die dir halt nicht so passen, mit denen musst du auch irgendwie auskommen [...]. Das hat für mich auch mit Spiritualität zu tun ... Vergebungsbereitschaft ... hat für mich schon eine große spirituelle Komponente [...] oder meinen Kindern beizubringen, wertschätzend über andere Menschen zu reden und mit ihnen umzugehen [...] das sind so auch alles Auswirkungen, hoffentlich, einer bewussten Spiritualität [...]."*

Um eine adäquate Sprache für die spezifische Qualität eigener Spiritualität zu finden, spielen neben diesen erfahrungsbezogenen Beschreibungen von Spiritualität auch Handlungsvollzüge eine wichtige Rolle.

Thomas (KG) beschreibt z. B. ein wesentliches Element seiner Spiritualität als Pilgerspiritualität. Spiritualität hatte für ihn bisher immer viel mit Aktivität zu tun und musste erlebbar sein *„weil [...] bei mir Spiritualität doch sehr viel bisher mit Aktivität zu tun hatte, mit Tun, mit Tätig-Sein, mit etwas Erleben, etwas Praktizieren und weniger mit einfach sein, da sein"*. Er resümiert: *„Ich kann schon sagen, dass [...] ich auf einem Weg der Pilgerspiritualität bin."*

Für Paula (KG) ist es die Musik, die ihr in ihrer Spiritualität wichtig geworden ist. Spiritualität wird für sie als Musik im Gottesdienst erlebbar: *„Also was für mich eine große Rolle spielt, ist Musik, auch* [die] *Gestaltung von Gottesdiensten durch Musik,* [...] *wo ich lange Zeit nichts gemacht habe aber gemerkt habe: Das ist mir wichtig, Musik zu machen.*"

Außerdem werden die Mitfeier der Liturgie und die Gemeindeanbindung genannt. Obwohl für Thomas (KG) die *„Sonntagspflicht* [...] *gerade eine ganz schwierige Sache*" ist, betont er, dass der sonntägliche Kirchgang für ihn zur Spiritualität dazugehört: *„Also eigentlich gehört für mich zur Spiritualität auch der Sonntagsgottesdienst*". Ebenso steht für Paula Spiritualität *„nicht nur irgendwie in einem Kontext, sondern im kirchlichen Kontext, in Anbindung an die Gemeinde*" und *„wichtig ist ihr hier* [...] *auch wirklich die Mitfeier der Liturgie in der Gemeinde.*"

Im Weiteren wird Spiritualität als Körper- und Bewegungsübung beschrieben. Frieda (KG), die sich gern bewegt, *„weil* [sie] *ein sehr bewegungsorientierter Mensch* [ist]" und die aus der Kombination der Sportart Aikido und Stilleübungen ihr Spiritualitätserleben beschreibt (*„es war genial, einerseits die Stille und andrerseits diese Bewegung* [...]*, die sehr viel mit einer spirituellen Haltung zu tun hat*),*"* empfindet Meditation und Stille, gerade auch das Sitzen in Modul 1 als befreiend. Besonders zentral erscheint ihr dabei die innere Haltung der Achtsamkeit und *„diese Konzentration im Augenblick,*" die sie in einer Mischform von Meditation und Aikido erfährt. *„Aikido und Meditation* [ist] *für mich einfach diese Konzentration im Augenblick und das ist beides:* [...] *diese ganz starke Konzentration im Augenblick, ganz stark im Hier und Jetzt sein,* [...] *und so eine* [...] *achtsame Haltung und die hat man sowohl bei der Meditation als auch im Aikido.*"

In ähnlicher Weise ist auch für Qi-Gong-Lehrerin Pia Spiritualität eng mit körperlicher Bewegung verbunden: Sie erlebt Spiritualität als etwas Ganzheitliches, das sowohl Geist als auch Körper umfasst (*„Ich finde, Spiritualität ist nicht nur eine geistige Übung, sondern hat viel mit dem Körper zu tun*"). Ihre Qi-Gong-Übungen nennt sie *„Meditation in Bewegung.*" In ihnen findet Pia *„Spiritualität für* [sich] *optimal umgesetzt.*" Auch das *„meditative Tanzen,*" das Pia hin und wieder praktiziert, trägt zu diesem Erleben bei.

Die Probandinnen und Probanden erfassen Spiritualität im Weitern auch als kontemplative Übung. Die kontemplative Perspektive *„im ganz normalen Einfachen das große Ganze zu erleben und zu erkennen*" und *„*[...] *dieses Wachsam-Werden, diese Achtsamkeit und dieses Wachsam-Werden für die leisen Töne, für die Zwischentöne* [...]*"* (Thomas, KG).

Frieda (KG), die sich selbst als Gottsuchende empfindet, *„weil ich immer auf dem Weg war und immer gesucht habe*" und die schon als *„Jugendliche spürt,* [dass] *sie in der Stille am meisten* [in] *Kontakt ‚zu dem Göttlichen'* sein kann, ist mit ihrer Spiritualität inzwischen ebenfalls *bei der* [kontemplativen] *Meditation irgendwie angekommen.*" Sie erlebt Spiritualität als Raum, der ihr Zeit verschafft zum Reagieren, also eine kurze Atempause, die durch Achtsamkeit geprägt ist. *„Ich habe gemerkt, dass mir die Meditation und somit die Spiritualität,* [...] *einen Raum schafft,* *der mir Zeit gibt zu reagieren [...] Ich denke, das hat etwas mit Achtsamkeit zu tun."*

Im kontemplativen Kontext kann auch Juttas (KG) Spiritualitätserleben angesiedelt werden, wenn sie Spiritualität beschreibt *„als etwas Lebendiges, das in mir sein muss"* und als *„Stille, die [...] einem [...] Kraft und Präsenz"* verleiht.

Möglicherweise stehen ebenso Paulas (KG) Beschreibungen in diesem Kontext, wenn sie die Aufmerksamkeit als ein Movens ihrer Spiritualität beschreibt: *„Also, das hat sehr viel mit Aufmerksamkeit damit zu tun für die Situation, in der ich gerade bin, das hat auch was damit zu tun, mich selber immer mal wieder zu erden und zur Ruhe zu kommen und zu sagen: So, Stop! Wo stehe ich eigentlich gerade? Wo bin ich eigentlich gerade? Wie ist mein Draht nach oben? Oder wie auch immer ich die Richtung da nennen will."*

Manchen erscheint Spiritualität auch als Pflichtübung. Thomas, zu dessen Spiritualität der sonntägliche Gottesdienst gehört, reibt sich an der *„Sonntagspflicht"* (siehe oben) und auch Paula (KG) hat Spiritualität schon in anderen Zusammenhängen erlebt. Sie hatte, bis sie *„naja, so 20–25 Jahre alt war oder noch länger ein Bild von Spiritualität, das sehr von Pflicht geprägt war [...] Das hatte auch sehr stark mit dieser pietistischen Prägung zu tun, dass es verbunden war mit der Pflicht, jeden Tag in der Bibel zu lesen, jeden Tag sich mit einer Losung auseinanderzusetzen und jeden Tag zu beten [...] Das ist mir immer sehr schwer gefallen. [...]."*

Zusammenfassend kann gesagt werden: Die oben angeführten, für Kurs- und Begleitgruppe gemeinsam eruierbaren Kategorien (Selbsterfahrung, Glaubenswelterfahrung, Transzendenzerfahrung) zeigen die Übereinstimmungen in Bezug auf das Erleben der je eigenen Spiritualität.

Es lassen sich aber auch Unterschiede bestimmen. Im Unterschied zur Kursgruppe, in der das Erleben von Spiritualität oft im Kontext bestimmter Handlungsvollzüge beschrieben wird, stellen die Probanden der Begleitgruppe ihr Erleben von Spiritualität selten in diesen Kontext. In dieser Gruppe ist das Erleben von Spiritualität häufiger im Kontext sozialer Erfahrungen zu finden, was wiederum in der Kursgruppe kaum eine Rolle spielt.

Die Teilnehmerinnen und Teilnehmer der Kursgruppe beschreiben ihr Spiritualitätserleben sehr individuell und facettenreich. Die Erlebensweisen lassen sich einordnen auf einer Achse mit einem Endpunkt „enger Spiritualitätsbegriff" einerseits und einem Endpunkt „weiter Spiritualitätsbegriff" andererseits. „Eng" meint dabei die nah an die christlich theologische Tradition angelehnte Beschreibung, wonach Spiritualität „nicht zuerst den menschlichen Geist, sondern den Heiligen Geist" (Wohlmuth, 2006, S. 43) meint. Ein weiter gefasster Spiritualitätsbegriff dagegen beschränkt sich keineswegs auf die Theologie oder die religiösen Experten bzw. konfessionelle Bindungen; er ist auch nicht an bestimmte Religionen gebunden (Knoblauch & Graff, 2009).

Die Teilnehmerinnen und Teilnehmer der Begleitgruppe erleben Spiritualität als etwas, das ihr eigenes Dasein prägt und gestaltet. Sie erfahren sie z. B. als etwas, das sich in schwierigen Beziehungs- und Lebenssituationen (Brüchen) als hoffnungsvolle Lösungsstrategie erweist oder als eine Dimension, die über sie selbst hinausreicht. Dabei beschreiben sie ihr In-der-Welt-Sein v. a. aus der Perspektive christlicher Lebens- und Glaubenspraxis.

3.1.2   Spiritualitätsverständnisse in Kurs- und Begleitgruppe – spirituelle Menschen als Nachdenkende

Wie einleitend schon erwähnt, entwickeln die Befragten im Laufe der eineinhalb Jahre des Erhebungszeitraums die Deutungen der eigenen Spiritualität weiter. Die Schilderungen werden differenzierter, die individuellen Modelle weiten sich. Im Folgenden wollen wir deshalb die unterschiedlichen Messzeitpunkte betrachten, um diesen Differenzierungsprozess nachzuzeichnen. Es macht für diesen Zweck Sinn, in dieser Darstellung den Schwerpunkt auf die eruierten Spiritualitätsverständnisse zu legen und zu schauen, wie diese sich entwickeln.

Zwar wurde im Interview zum Zeitpunkt t_1 der Kursgruppe nicht explizit nach dem Verständnis des Begriffs Spiritualität gefragt, aber zur Vorbereitung der Einzelinterviews wurden die Teilnehmerinnen und Teilnehmer gebeten, sich vorab Gedanken zu machen, was Spiritualität für sie bedeutet. Im Interview haben wir dann die Frage gestellt, welchen Aspekt der eigenen Spiritualität der Gesprächspartner oder die -partnerin vertiefen möchte. Zum Zeitpunkt t_1 lassen sich in der Kursgruppe folgende Kategorien identifizieren, wonach Spiritualität wie folgt verstanden werden kann:

Spiritualität als Kern und Herz von Religion: Jutta begreift Spiritualität als das *„Herz von Religion". „Wenn [...] diese Verbindung zum Geist nicht da ist, dann wird diese hohl oder sie erstarrt in Traditionen".* Ähnlich Wolfgang, für den *„Spiritualität der Kern der Religion, also [...] der rote Faden [ist]. [...] Wenn man tiefer schaut, kommt man [...] bei dieser Spiritualität an und ich glaube, ohne Spiritualität kann man auch keine wahre Religion leben."*

Zugleich wird betont, dass Spiritualität im Verhältnis zu Religion kaum trennscharf zu halten sei. Spiritualität lebe geradezu von der (Nicht-)Unterschiedenheit von Religion. Während Wolfgang keine scharfe Unterscheidung zwischen „Religion" und „Spiritualität" vornimmt, sondern beide Begriffe als Ergänzungen beschreibt – *„Also ich kann jetzt nicht sagen: Spiritualität ist etwas anderes als Religion. Da gibt es eine Korrelation..."* –, grenzt Thomas „Religion" und „Spiritualität" voneinander ab, indem er Religion als *„ein Vollzug von Ritual, von Feiern, von Gebeten, von Hören von Texten, Singen von Liedern, Erleben von Gemeinschaft, Befolgen von Geboten oder Weisungen",* Spiritualität hingegen als *„ein wirklich inneres, existenzielles [...] Leben,"* kein Erleben oder Durchleben, sondern als wirkliches „*Praktizieren mit dem ganzen Sein*" beschreibt.

Dabei kann Spiritualität als mystische Theorie und Praxis verstanden werden. Wolfgangs Spiritualitätsverständnis zum Zeitpunkt t_1 lässt sich beschreiben als festes, durch eigenes Erleben begründetes Überzeugtsein von der Erfahrbarkeit einer *„Wirklichkeit jenseits unserer Verstandeswirklichkeit".* Jene *„göttliche Gegenwart"* ist intellektuell letztlich nicht einholbar. Deshalb bedarf es nach Wolfgangs Ansicht vor allem einer konkreten Übungspraxis, die in der Lage ist, das Ich-Bewusstsein als Konstrukt zu begreifen, das eine tiefere Erkenntnis des Wesens von Wirklichkeit verhindert und das deshalb relativiert werden muss, also einer „*Zurücknahme jeglicher Ich-Aktivität*". Für Wolfgang ist Spiritualität zum Zeitpunkt von t_1 primär eine auf der Basis des Christentums, aber auch aus östlichen Quellen gespeiste und vertiefte kontemplative Theorie und Praxis.

Auch für Thomas spielt das kontemplative Spiritualitätsverständnis eine Rolle, also „*im ganz Normalen, Einfachen, das große Ganze zu erleben und zu erkennen*" und einfach zu sein. Diese Dimension hat sich ihm im 1. Modul des Lehrganges „*ein Stück weit erschlossen*" bzw. er wurde „*angeregt, sie zu erschließen*". Zur Verdeutlichung seines Verständnisses von Spiritualität bringt er die Szene von „Elia am Horeb" in Erinnerung, die weiter oben schon zitiert wurde. Dieses biblische Zeugnis regt ihn an, sein eigenes Spiritualitätsverständnis zu überdenken. Frieda, die in Taizé als 14-jährige ihre *erste bewusste Gotteserfahrung* ansiedelt und mit dem Begriff Heimat assoziiert („*Da hab ich gemerkt,* [das] *gibt mir Heimat . . .* "), ohne dies bewusst als Spiritualität zu bezeichnen („*Ich hätt's jetzt nicht Spiritualität genannt*"), ist mit ihrem Verständnis von Spiritualität inzwischen bei der kontemplativen Praxis „*der Meditation irgendwie angekommen.*" Sie beschreibt dies mit dem Symbol des Kreuzes und deutet dabei den aufrechten Balken als „*einfach diese Verbindung zum Himmel,*" die sie „*in der Stille am meisten*" erfährt (siehe oben) und die, je stabiler sie ist, auch den Querbalken, ihr Leben in Beziehungen („*die Beziehungen, die ich so lebe*"), festigt.

Im kontemplativen Kontext kann auch Juttas Spiritualitätsverständnis gesehen werden, wenn sie Spiritualität beschreibt „*als etwas Lebendiges, das in mir sein muss*" und als „*Stille, die* [. . .] *einem* [. . .] *Kraft und Präsenz*" verleiht.

In funktionaler Hinsicht wird Spiritualität auch als Integration des geistlichen und weltlichen Lebens beschrieben. Für Paula, die in Meditation oder Kontemplation nicht die Spiritualitätsform findet, „*die* [ihrem] *Wesen so entspricht*", bedeutet Spiritualität „*so etwas wie Integration meines geistlichen und weltlichen Lebens, also das wirklich irgendwie in Verbindung miteinander zu bringen.*" Insofern ist Spiritualität immer auch etwas Ganzheitliches. Für Pia ist Spiritualität eng mit körperlicher Bewegung verbunden: Sie versteht darunter etwas, das sowohl Geist als auch Körper umfasst. „*Ich finde, Spiritualität ist nicht nur eine geistige Übung, sondern hat viel mit dem Körper zu tun.*" Ihre Qi-Gong-Übungen nennt sie „*Meditation in Bewegung.*"

Zum gleichen Zeitpunkt (t_1) sind in der Begleitgruppe folgende Kategorien für das Verständnis von Spiritualität fassbar.

Hier lässt sich Spiritualität zunächst als ein weites Feld unterschiedlicher Auffassungen des Begriffs charakterisieren. Christian erinnert ganz allgemein an das breite Bedeutungsfeld des Begriffs Spiritualität. Das sei „*ja von Körperwahrnehmung über Eins-Sein mit sich und alles Mögliche.*" Und für Augustinus spiegeln sich im Begriff Spiritualität „*verschiedene Facetten,* [. . .] *es geht manchmal um die Ästhetik, wie zum Beispiel* [bei] *Thomas Hanstein mit dieser ästhetischen Kompetenz*"

(Augustinus bezieht sich auf Hanstein, 2008). Für ihn, der auch Sportlehrer ist, ist Spiritualität aber auch *„ein Spirit* [...], *der bei uns im Sport* [...] *über das Fairplay, über das Miteinander* [geht] *und ich sage, dieser Transfer ist dann wichtig, dass man sieht, hier: die Spiritualität im Alltag."*

Enger gefasst steht die Gottesbeziehung im Zentrum von Spiritualität. Lena versteht unter Spiritualität *„mein geistliches Leben einfach, ist jetzt direkt bezogen auf Gott oder Jesus Christus oder meine Beziehung mit Gott und Jesus".* Auch für Christian ist Spiritualität in erster Linie Beziehung mit Gott und das Wissen, *„ich bin, mein Leben ist in Gottes Hand.* [...] *Das ist dieses: Ich gehöre zu ihm und er gehört zu mir. Du in mir und ich in dir. Das war so auch so ein Satz, der sich für mich ganz, ganz oft auch in meiner* [...] *jungen Erwachsenenzeit und immer wieder* [...] *eingeprägt hat. Du in mir und ich in dir."* Spiritualität als Gottesbeziehung ist auch erkennbar, wenn Ingo sein Verständnis von Spiritualität als *„die ständige Verwurzelung, Verwurzelung in Gott"* charakterisiert.

Dieser Beziehungsaspekt wird durch den subjektorientierten Aspekt einer Spiritualität als religiöses Bewusstsein und religiöse Praxis ergänzt. *„Sich ganz bewusst religiösen Inhalten zuzuwenden und dieses Bewusstsein zu nähren* [...] *durch tägliche Praxis"*, das versteht Waldemar unter dem Begriff Spiritualität. Für ihn ist es ein *„religiöser Akt* [...] *der Nächstenliebe sich sehr stark vor allem jetzt um benachteiligte Schüler"* zu kümmern.

Wie für Lena, für die *„Spiritualität* [...] [ihr] *Glaube* [...] *und* [ihr] *Glaubensleben an sich, wie* [sie] *das leb[t]"* ist, ist auch für Ingo Spiritualität das ständige Verwurzelt-Sein in Gott, sich *„festmachen* [...] *in dem, was unser christlicher Glaubensschatz ist".* Wichtig ist ihm dabei das Gebet, *„Ja, ich fühl mich selber ausgeglichener,* [...] *wenn ich mir wirklich die Ruhe am Morgen gönnen kann, wenn ich die Ruhe am Morgen finde* [...] *bevor ich in Unterricht gehe,* [...] *wie wenn ich die nicht habe,* [...] *und mir alle möglichen Aufgaben eigentlich den Kopf schon voll machen."*

Für Lotta, die Spiritualität und Gebet gleichsetzt, *„kommt's jetzt immer auch ein bisschen darauf an, in welchem Zusammenhang"* sie betet: *„Wenn ich zuhause bete, dann möcht ich da eher Erfahrung, Gotteserfahrung, Selbsterkenntnis, Entscheidungshilfen* [...] *und einfach erkennen, was ist richtig, was ist falsch. Wenn ich jetzt bete in der Kirche, sei es selber oder wenn ich selber einen Gottesdienst vorbereite, dann ist es auch immer Gemeinschaft. Und in der Schule, Spiritualität, da ist es so, dass ich sagen muss: ich möchte die Schüler eigentlich zu dem hinführen, was mir wichtig ist, also zur eigenen Selbsterkenntnis und zu einer Hinführung zur Kirche".*

Der Aspekt der Spiritualität als (Nicht-)Unterschiedenheit von Religion kommt hier wie in der Kursgruppe vor. Ingo ist sich unsicher *„ab wann fang ich an, von Spiritualität zu reden, vorher war's ja Religion und jetzt ist's Spiritualität."*

Zusammenfassend: Die Äußerungen zum Spiritualitätsverständnis können zum Zeitpunkt t_1 sowohl in der Kurs- als auch in der Begleitgruppe als Reflexion von Erlebnissen erfasst werden, die vor allem individuelle Geltung beanspruchen. Entsprechend individuell und unterschiedlich sind die einzelnen Beschreibungen. Als gemeinsame Kategorie lässt sich lediglich eruieren, dass es in beiden Gruppen Äußerungen gibt, die zwischen dem Begriff Religion und Spiritualität keine scharfe Trennlinie erkennen lassen.

Wie schon beim Erleben von Spiritualität lassen sich auch die Äußerungen zu den Spiritualitätsverständnissen auf einer Achse mit einem Endpunkt „enger Spiritualitätsbegriff" einerseits und einem Endpunkt „weiter Spiritualitätsbegriff" andererseits einordnen. Hier fällt auf, dass die Probanden und Probandinnen der Begleitgruppe mit ihren Verständnissen von Spiritualität häufig näher an der christlichen Tradition orientiert formulieren, während die Mitglieder der Kursgruppe Spiritualität für sich selbst auch über diesen Kontext hinaus beschreiben. Ein weiterer Unterschied ist, dass die Kursteilnehmerinnen und -teilnehmer Spiritualität häufig im Zusammenhang von Meditation und Kontemplation erfassen, während dieser Aspekt in der Begleitgruppe nur peripher erwähnt wird. Dies ist auch nicht verwunderlich, denn t_1 fand zeitlich und inhaltlich nah am ersten Kursmodul statt.

Unterscheiden sich die Spiritualitätsverständnisse zum Zeitpunkt t_2 davon? Befragt wurde zu diesem Zeitpunkt, nach der Durchführung der drei Lehrgangsmodule, lediglich die Kursgruppe. Der Schwerpunkt bei diesen Interviews lag auf den Aspekten der Einschätzung und Bewertung der in den drei Modulen des Lehrgangs gemachten Erfahrungen, der Wahrnehmung eventueller Veränderungen, sowie der Reflexion und Beurteilung der eigenen spirituellen Selbstkompetenz.

Die Frage zum Zeitpunkt t_2 bezogen auf das Spiritualitätsverständnis richtete sich auf eine eventuelle Veränderung im Laufe des Kurses. Sie lautete: „*Hat sich Ihr Verständnis von Spiritualität im Laufe des Kurses verändert?*"

Nicht verändert, aber bestärkt und erweitert, hat sich für Pia und Thea das Verständnis von Spiritualität (*„nein, ... nicht verändert"*). Beide beschreiben eine Wahrnehmung, die ihnen in Bezug auf ihr Spiritualitätsverständnis geblieben ist: Demnach hat sich ihr Verständnis von Spiritualität *„eher bekräftigt"* bzw. eine *„Bestätigung dessen gefunden, wo ich mir vielleicht auch manchmal unsicher war"* (Thea); für Pia hat der Kurs den Horizont dessen, was zur Spiritualität gehört, erweitert. Pia nennt hier besonders den körperlichen Aspekt der Spiritualität. *„Eigentlich hat es mir entsprochen. [...] Also es war das, was ich auch gesucht hatte. [...] Also es hat mich bereichert, mein Verständnis oder, ja, es hat den Horizont erweitert, auf jeden Fall. Und da, na, da bin ich auch weiter noch auf dem Weg, [...] also gerade eben der körperliche Aspekt, auch der ganzheitliche Aspekt von Spiritualität, der interessiert mich."*

Wolfgang, Jutta, Thomas und Frieda konstatieren dagegen Veränderungen in ihrem Verständnis von Spiritualität und dies in mehreren Hinsichten.

Zum einen nennen sie Veränderungen mit Blick auf die Gestaltung von Beziehungen als Teil von Spiritualität. Nach Abschluss der Module 2 und 3 erhält Wolfgangs Spiritualitätsverständnis einen etwas anderen Fokus, den er selbst als *„leichte Veränderung"* qualifiziert. Setzte er bisher die Zen-ähnliche, nichtgegenständliche Meditation oder Kontemplation und die eher innerlichen Erfahrungen daraus mit Spiritualität gleich, so gewinnt sein Verständnis von Spiritualität jetzt einen neuen

Aspekt, nämlich, *„dass es auch ganz stark um die Gestaltung von Beziehungen geht"*. Diese Beziehungen sind einerseits *„die Beziehungen zu mir selbst"*, aber auch *„zur Transzendenz, zu meinen Mitmenschen, zur Umwelt und so weiter"* und sie machen für ihn letztlich den *„Kern der Spiritualität"* aus.

Mehr lebenspraktische (privat und beruflich) Veränderungen durch Spiritualität zeigen Juttas Aussagen. Durch den Kurs hat sich ihr Spiritualitätsverständnis insofern verändert, dass es lebenspraktischer und insgesamt bunter geworden ist. Sie nimmt eine Verschiebung wahr, sodass nicht mehr nur ihre eigene Beziehung zu Gott, sondern auch deren konkrete Umsetzung im Unterricht im Zentrum steht. Jutta versucht, ihren Schülern biblische Geschichten durch eigenes Erleben näher zu bringen. *„Vorher habe ich immer gedacht, diese Beziehung zu Gott, das ist für mich der Einzelne vor Gott, ich vor Gott und so. Jetzt merke ich, dass diese Elemente auch praktisch im Unterricht gefeiert werden müssen."* Dabei kann sie keinen Unterschied zwischen einer Spiritualität, über die geredet wird und einer Spiritualität, die im Gespräch verwirklicht wird, ausmachen, da die Grenzen für sie fließend sind. Für sie geht es um die Aktualität und Bedeutung für das jeweils eigene Leben. *„Also wenn man so einen Bibeltext bespricht, dann kann man auch sagen: Ist das heute noch aktuell? Kann man das heute überhaupt noch erleben? Hat das überhaupt noch Zugang zu den Menschen? Und dann? Oder: An was knüpft das jetzt in euch an?"*. Sie ist überzeugt davon, dass durch diese Verbindung zum eigenen Leben die Inhalte und Texte spannender, lebendiger und fruchtbarer werden. Jutta spürt die Freude stärker als früher und ermuntert deshalb auch die Schüler, in das, was sie tun, Freude und Herzblut zu stecken, da es dann eine ganz andere Wirkung entfalten könne. *„Ich merke, wenn ich von Herzen spreche, dann kommt es auch im Herzen an, also dann kommt es da auch an"*.

Atem, Gegenwart, Achtsamkeit sind in einigen Aussagen zentrale Aspekte von Spiritualität. Auf die Frage, ob sich sein Verständnis von Spiritualität im Laufe des Kurses geändert habe, nennt Thomas drei für ihn zentrale Stichworte: Atem, Gegenwart und Achtsamkeit. Es hat für ihn an Bedeutung gewonnen, den Atem zu spüren, außerdem nennt er das Gegenwärtig-Sein (*„präsent sein, im Jetzt leben"*) und die Achtsamkeit gegenüber der Umwelt und sich selbst (*„also so Wahrnehmung [...] dessen, was geschieht, der Umgebung"*). Es sei ihm zur Erfahrung geworden, *„nicht immer schon weiter zu sein"* und dies bedeutet für ihn, Gedanken, die Vergangenheit und Zukunft betreffen, loszulassen, da sie lediglich Phantasien und nicht die Gegenwart sind. Schon vor dem Lehrgang „Spirituelle Selbstkompetenz", aber auch danach, bildeten die Erfahrungen aus seiner Yogapraxis und seinen Pilgerreisen (bei ihm verbunden mit den Signalworten *Aufbruch, Ankommen, Pause, Achtsamkeit, Innehalten, Rhythmus, Kreuzungen und Entscheidungen*) die Grundlage für sein Verständnis von Spiritualität. Sie werden mit dem Kurs ergänzt durch das *„Köpergebet, ja so diese Körperarbeit"*, das Schweigen und die Stille.

Ein geweitetes Verständnis von Spiritualität gibt Frieda auf die Frage nach der Veränderung ihres Spiritualitätsverständnisses an. Frieda berichtet davon, dass insbesondere das zweite Kursmodul mit Herrn Kießling ihr Verständnis von Spiritualität geweitet habe. Zu Beginn sei der zweite Kurs für sie eher irritierend gewesen, sodass sie sich die Frage stellte, was dies mit Spiritualität überhaupt zu tun habe („*Im zweiten Kurs, ich wusste überhaupt nicht, was hat das jetzt mit Spiritualität zu tun. Da war ich jetzt erstmal [...] irritiert, [...] irritierender Einstieg*"). Ihr sei dann bewusstgeworden, dass Kommunikation bereits eine Art der Spiritualität eröffne. Dieser Gedanke war ihr neu. „*Da hat sich erst die Frage für mich gestellt, wie äußert sich Spiritualität [...] in meinem eigenen Leben? [...] Welche Formen gibt es und dass da die Kommunikation allein schon eine Art von Spiritualität eröffnet, das war mir neu.*"

Zusammenfassend: Am Ende des Lehrgangs geben vier Teilnehmerinnen und Teilnehmer an, dass sich ihr Verständnis von Spiritualität verändert habe. Zwei Teilnehmerinnen möchten nicht von einer Veränderung sprechen. Nach ihrer Einschätzung hat sich ihr Verständnis von Spiritualität bestärkt bzw. erweitert. So wurden etwa spirituelle Überzeugungen und Haltungen bestätigt bzw. gefestigt und ergänzt. Dass sich ihr Spiritualitätsverständnis verändert hat, bedeutet für die Befragten vor allem, dass dem Verständnis von Spiritualität neue Aspekte hinzugefügt wurden. Thomas etwa werden die Aspekte Atem, Achtsamkeit und Gegenwart wichtig, Wolfgang erkennt die Relevanz von Beziehungsgeschehen und -gestaltung aus seiner nicht-gegenständlichen, kontemplativen Spiritualitätspraxis und Jutta wird bewusst, dass, wenn ihr Ausgerichtet-Sein auf Gott mit ihrem konkreten (Berufs-)Alltag korreliert, eine größere Lebensfreude die Folge ist. Frieda schließlich weitet ihr Verständnis von Spiritualität, indem sie realisiert, dass Kommunikation bereits eine Form von Spiritualität sein kann.

Die Spiritualitätsverständnisse zum Zeitpunkt t_3 wurden von uns direkt erfragt. Um die Dauerhaftigkeit bleibender Veränderungen in Bezug auf das Spiritualitätsverständnis zu eruieren wurde in Fortführung der entsprechenden Frage aus t_2 („*Hat sich Ihr Verständnis von Spiritualität im Laufe des Kurses verändert?*")" nun in t_3 gefragt: „*Was verstehen Sie heute unter Spiritualität? Haben Sie den Eindruck, dass sich Ihr Verständnis von Spiritualität in der Zeit vom Beginn des Lehrgangs bis heute verändert hat?*"

Zum Zeitpunkt t_3, also bis zu 1,5 Jahre nach Abschluss des Lehrgangs, antworten die befragten sieben Kursteilnehmerinnen und Kursteilnehmer in ähnlicher oder gleicher Weise wie zum Zeitpunkt t_2 auf die Frage nach der Veränderung ihres Spiritualitätsverständnisses in der Zeit des Lehrgangs und danach.

Einige Probanden äußern den Eindruck, ihr Verständnis von Spiritualität habe sich nicht wirklich verändert, es hätte sich eher vertieft („*ich würde nicht so sehr sagen, verändert, sondern vertieft*" [Pia], „*Es ist einfach tiefer in mir drin.*" [Jutta]) oder es sei bestätigt bzw. bestärkt worden („*... das war eine Ver-* [bzw.] *Bestärkung für mich*" [Thea]). Für Paula, die „*immer mit einem relativ offenen Verständnis auch von Spiritualität rumgelaufen*" ist, ohne sich dessen bewusst zu sein, bestätigt sich, „*dass Spiritualität sehr verschiedene Formen haben kann. [...] Also so viele Formen von Spiritualität, wie es Menschen gibt*" und dass diese Formenvielfalt ihr sowohl im Privaten, als auch im beruflichen Tätigkeitsfeld Möglichkeiten spiritueller Gestaltung bietet, die sie so bisher nicht realisiert hatte.

Veränderungen können, wie schon in t_2, konstatiert werden, wenn der Aspekt eines geweiteten Spiritualitätsverständnisses in den t_3-Antworten zu finden ist: *„Ja, ich glaube, dass ich mich einfach intensiver über den Lehrgang nochmal mit den vielfältigen Facetten von Spiritualität beschäftigt habe und daraufhin auch diesen Begriff für mich persönlich weiter geöffnet habe"* [Thea]. Auch Friedas Spiritualitätsverständnis ist weiter geworden: *„Spiritualität ist für mich nicht mehr so eng."*

Frieda ist es auch, die ursprünglich in kommunikativen Prozessen nichts Spirituelles erkennen konnte. Nun geht ihr in ihrem beruflichen Tun, in der Begegnung mit Schülerinnen und Schülern auf, *„dass da noch* [eine] *andere Ebene da ist,* [...] *das hat sich schon sehr verändert, glaube ich, in dieser Zeit und durch den Kurs."* Dieser Aspekt der Relevanz von Spiritualität in Beziehungen taucht ebenfalls als Veränderungsmerkmal sowohl in t_2 als auch in t_3 auf. Thomas versteht zum Befragungszeitpunkt t_3 unter Spiritualität das *„in Kontakt-Sein mit anderen* [...] *und zu sich selber,* [...] *und zu Gott."* Er nimmt dies als Veränderung wahr, die sich vor allem durch die im Lehrgang angestoßenen bzw. aus darauffolgenden Erfahrungen aus einem weiteren Kontemplationskurs, einer Pilgerreise und einem Selbsterfahrungskurs ergeben hätte. Ebenso kann Wolfgang *„Spiritualität auch* [...] *in dem gesamten Beziehungsgeschehen* [...] *entdecken"* und als kleine Veränderung in seinem Spiritualitätsverständnis erfassen: *„Ja, ich glaub, das ist so ein bisschen, so eine Akzentverschiebung."*

Zu beiden Zeitpunkten verändert sich auch das Verständnis von Spiritualität im Hinblick auf das Bewusstwerden für die spirituelle Dimension der Gegenwart, z. B. wenn Wolfgang die *„Alltagsdimension der Spiritualität"* als einen leichten *„Wandel"* (*„ein kleiner Shift")* in seinem Spiritualitätsverständnis bezeichnet oder Thea ihren Begriff von Spiritualität *„viel mehr von dem Geistigen auch in die Aktion oder in das Alltägliche gebracht"* sieht. Frieda begreift das Leben an sich als *„etwas Spirituelles* [...] *etwas Geistiges, was uns alle übersteigt,"* das auch ihren Berufsalltag tangiert, z. B. wenn sie eine *„andere Ebene"* in der Begegnung mit Schülerinnen und Schülern wahrnimmt.

Gibt es also eine Entwicklung im Spiritualitätsverständnis im Erhebungszeitraum? Die herausgefilterten Spiritualitätsverständnisse aus den t_1-Interviews beschreiben die individuellen Reflexionen der Kursteilnehmerinnen und Kursteilnehmer auf der Basis ihrer spirituellen Erfahrungen, die oft im Kontext der Praxis unterschiedlicher Spiritualitätsformen entstanden sind. Es sind i. d. R. Ergebnisse des Nachdenkens über Spiritualität, wenn Spiritualität als *„Kern und Herz von Religion,"* als *„Integration des geistlichen und weltlichen Lebens"* oder als *„mystische Theorie"* beschrieben werden.

Im Unterschied dazu lassen die Beschreibungen der Veränderungen der Spiritualitätsverständnisse in t_2 und t_3 die Vermutung aufkommen, dass die Teilnehmerinnen und Teilnehmer nicht nur über eine veränderte theoretische Einstellung berichten, z. B. eine erweiterte Intelligibilität, sondern dass die Veränderung ihres Spiritualitätsverständnisses ihre gesamte Persönlichkeit betrifft, beispielsweise wenn Frieda davon spricht, dass *„Spiritualität* [...] *für* [sie] *nicht mehr so eng"* sei, Jutta die

Veränderung ihres Verständnisses von Spiritualität mit den Worten *„Es ist einfach tiefer in mir drin."* beschreibt oder Paula, die für sich realisiert, *„dass Spiritualität sehr verschiedene Formen haben kann, [...] also so viele Formen von Spiritualität, wie es Menschen gibt,"* sich vornimmt, *„sicherlich das eine oder andere mal aus[zu]probieren."*

Für die Teilnehmerinnen und Teilnehmer der *Begleitgruppe* haben sich in der Zwischenzeit zum Teil kleine Veränderungen in ihrem Spiritualitätsverständnis ergeben, zum größten Teil sind sie aber gleichgeblieben. Sie beschreiben ihr Verständnis von Spiritualität z. B. als Gottesbeziehung. Für Christian und Lena hat sich z. B. das Verständnis von Spiritualität nicht verändert. Spiritualität ist für sie immer bezogen auf Gott.

Christian steht aus einem spirituellen Grund heraus in der Welt. Es ist ein Geschenk zu leben und von Gott geliebt zu werden. Dies ist der Ausgangspunkt für seine Spiritualität (*„Also du hast mich zuerst geliebt, deswegen kann ich lieben, sage ich jetzt mal so."*). Wie sensibel ein Mensch auf die von Gott ausgehende Mitteilung reagiert, das ist für Christian einerseits der Freiheit des Menschen überlassen, andererseits durch vorhandene bzw. fehlende Deutungsmuster eingegrenzt. *„Dass Gott Menschen anrührt, immer wieder, wie sie dann darauf reagieren, das ist eben unterschiedlich, das ist auch die Freiheit des Menschen. [...] Genau, also so würde ich Spiritualität sehen, grundsätzlich gehört für mich Gott immer dazu, weil Gott in dieser Welt wirkt, aber ob der Mensch das immer so für sich sehen kann?"*

Auch das Verständnis von Spiritualität, das Lena für sich selbst in Anspruch nimmt, hat sich seit dem ersten Interview nicht verändert. Für sie gehört zur Spiritualität immer das Bezogensein auf Gott. Doch sie sieht den Spiritualitätsbegriff nun etwas *„weiter gefasst"*. Sie kann nachvollziehen, dass Spiritualität auch als Meditation, Ruhe und Eins sein mit sich selbst im Kosmos verstanden werden kann: *„Für mich [...] selber [...] hat sich das Verständnis eigentlich nicht verändert, aber ich habe wahrgenommen, dass [...] dieses Wort Spiritualität sich jetzt nicht nur unbedingt auf Gott beziehen muss [...], sondern dass es halt [...] für andere auch Meditation [...] [sein kann], um selber zur Ruhe zu kommen und auf [...] [ein] höheres Wesen Bezug zu nehmen oder [...] mit sich selbst eins [zu] sein im Kosmos".*

Ingo, dessen Verständnis von Spiritualität sich nach eigenen Angaben seit dem ersten Interview ebenfalls nicht geändert hat, versteht Spiritualität als dynamisches Suchen nach einem von Gott durchdrungenen Leben. *„[...] Ich verstehe unter Spiritualität die Suche nach einem Leben aus der Kraft Gottes und ein Leben zu führen, das vom Geist und vom Wesen Gottes durchdrungen ist [...]. Ich hab nicht den Eindruck, dass sich da seit dem ersten Interview etwas verändert hat. Ja. Vielleicht das, dass ich vielleicht noch mehr, [...] irgendwo nach Ruhe suche. Vielleicht liegt das auch daran, dass ich ein bisschen älter geworden bin."*

Wie schon bei den Teilnehmerinnen und Teilnehmern zuvor ist auch bei Lotta und Waldemar keine Veränderung im Spiritualitätsverständnis eruierbar. Waldemar beschreibt sein Spiritualitätsverständnis als Sinnfrage im Kontext menschlicher Urfragen: „*Alles, was zu tun hat mit der Sinnfrage, mit den Urfragen des Menschen, also nach dem Woher, Wozu, Wohin und dann wie gesagt diese alltäglichen Erfahrungen, [...] kurze Erfahrungen, wo man das Gefühl hat, da bricht ein bisschen was von der anderen Welt rein, [...] denen ich noch nicht [...] so viel Raum gegeben habe oder geben konnte, [...] wie es sein soll.*"

Einzig für Augustinus hat sich das Verständnis des Begriffs Spiritualität „*latent*" verändert. Er begreift den Ausdruck Spiritualität jetzt mehr im christlichen Kontext als etwas zutiefst Menschliches, „*als etwas, was uns verbindet, was uns weiterhilft im Sinne von Christus*". Dieses Spiritualitätsverständnis grenzt er vom sportiven „*Spirit*" ab. Im Anschluss an Fulbert Steffensky, der das Wort Spiritualität nicht mehr hören kann (Steffensky, 2014, S. 32), geht es für Augustinus jetzt darum, „*nicht alles, was sich Spiritualität nennt, zu vereinnahmen und* [zu] *sagen, das ist auch mein Ding, sondern hinzuschauen, was ist meine Spiritualität, ist dieser Spirit auch etwas zutiefst Menschliches, Anthropologisches, hat er etwas, was uns Menschen verbindet? [...]*." Spiritualität entwickelt sich für Augustinus von einer Sache, die weit weg ist („*Das haben die Heiligen, aber ich doch nicht*") hin zu einer Spiritualität, die das alltägliche Leben begleitet: „*Wenn man im Gespräch ist mit älteren Menschen, mit Leuten in der Familie, [...] dann merkt man mit zunehmender Zeit, [...] Spiritualität* [ist] *nicht was Abgehobenes, sondern etwas, was angekommen ist im Alltag.*"

Fazit Spiritualitätsverständnis Begleitgruppe t_3: Gefragt nach den Veränderungen in ihrem Spiritualitätsverständnis antworten fünf von sechs Teilnehmern, ihr Spiritualitätsverständnis habe sich seit dem ersten Interview nicht verändert. Ein Teilnehmer gibt an, es habe sich „*latent*" verändert. Die Befragten präzisieren dabei z. T. ihr Verständnis des Spiritualitätsbegriffs. Demnach kann Spiritualität wie schon zum Zeitpunkt t_1 vor allem als Gottesbeziehung gesehen werden, z. B. als bleibende „*Suche nach einem Leben aus der Kraft Gottes,*" die durch eine „*eingeübte Form des religiösen Lebens, durch Gebet, durch die Lieder, [...] durch Gespräche*" (Ingo) das Leben des Gläubigen stärkt oder als von Gott ausgehende Mitteilung, die der Mensch als solche erkennen kann oder eben auch nicht (Christian). Auch das Verständnis von Spiritualität als „*Beschäftigung mit religiösen Inhalten*" (Waldemar, t_1) findet sich wieder, wenn Waldemar erwähnt, er verstehe „*unter Spiritualität [...] alles, was zu tun hat mit der Sinnfrage, mit den Urfragen des Menschen, also nach dem Woher, Wozu, Wohin.*"

Obwohl die meisten Befragten zunächst eine Veränderung ihres Spiritualitätsverständnisses verneinen, können doch vier explizit erwähnte Veränderungen eruiert werden:

Ingo sucht „*vielleicht noch mehr, [...] irgendwo nach Ruhe,*" Lenas Spiritualitätsverständnis ändert sich insofern, als sie nun wahrnimmt, „*dass [...]* [für andere] *dieses Wort Spiritualität sich jetzt nicht nur unbedingt auf Gott beziehen muss, [...] sondern dass es halt [...] schon weiter gefasst ist, dass es halt [...] wie gesagt [...] Natur, Kosmos oder sonst irgendwas bezogen werden kann.*" Für Augustinus, der eine latente Veränderung konstatiert, ist es wichtig geworden, „*nicht alles, was sich Spiritualität nennt, zu vereinnahmen [...] sondern hinzuschauen, was ist meine*

Spiritualität? [. . .] Ist das etwas, was uns verbindet, was uns weiterhilft [. . .] im Sinne von Christus?" und für Waldemar gehört zum Spiritualitätsverständnis nun auch das gelegentliche in Erscheinung-Treten der transzendenten Dimension, *„kurze Erfahrungen, wo man das Gefühl hat, da bricht ein bisschen was von der anderen Welt herein."*

Die Teilnehmerinnen und Teilnehmer der Begleitgruppe beschreiben ihr Verständnis des Begriffs Spiritualität primär im Kontext der christlichen Glaubenstradition. Spiritualität wird in erster Linie verstanden als Beziehung zu Gott bzw. zu Jesus dem Auferstandenen, der als Bezugspunkt, Orientierung und Kraftquelle im Leben der Einzelnen verstanden wird. Für vier von sechs teilnehmenden Personen steht dieses personale Gottesverständnis im Mittelpunkt ihres Spiritualitätsverständnisses. Für einen Teilnehmer gewinnt im Zeitraum zwischen t_1 und t_3, die Ausrichtung auf Jesus Christus in Bezug auf sein Spiritualitätsverständnis an Bedeutung. Bei einem weiteren Teilnehmer ist im Hinblick auf sein Spiritualitätsverständnis kein personales Gottesverständnis zu eruieren. Insgesamt fällt im Vergleich zur Kursgruppe auf, dass ohne einen begleitenden Kurs wohl auch die Anregung fehlt, das eigene Spiritualitätsverständnis kritisch zu durchdringen.

3.1.3 Zum Zusammenhang von Spiritualität und Distanzierungsfähigkeit

Eine Motivation dafür, ein Projekt zur „spirituellen Selbstkompetenz" zu machen, war, den Zusammenhang von individueller Spiritualität und ihrer Rolle im Alltag von Lehrerinnen und Lehrern zu beleuchten. Uns interessierte die Frage, ob Spiritualität tatsächlich nur als zweckfrei und ungebunden zu beschreiben ist oder ob es nicht auch nützliche Wirkungen im Sinne von gesteigerter Reflexionskraft und der Fähigkeit, Abstand zum Alltag zu gewinnen, gibt. Die letzten beiden Aspekte erfassten wir in der Kategorie „Distanzierungsfähigkeit". Diese Kategorie greift Ergebnisse aus der empirischen Lehrerforschung auf, wonach solch eine „Distanzierungsfähigkeit" ein wichtiger Faktor für das Wohlbefinden und die Gesundheit im Lehrerberuf ist. Unsere Vermutung war, dass spirituelle Menschen – und unser Interview-Sample umfasste laut Selbstauskunft nur spirituelle Probandinnen und Probanden – ohnehin schon ein hohes Maß an Selbst-Reflexivität mitbringen und insofern durch die Zeit des Kurses in dieser Hinsicht keine nennenswerte Steigerung zu erwarten sei. Allerdings zeigte sich, dass sich vor allem Selbstwahrnehmung und Achtsamkeit gegenüber anderen über die Zeit der Interview-Erhebung in Kurs- und Begleitgruppe steigerten, was sicherlich auch damit zusammenhängt, dass durch die Interviews eine Beschäftigung mit der Thematik angeregt wurde.

3.1.3.1 Distanzierungsfähigkeit zum Zeitpunkt t_1

Sowohl in der Kursgruppe als auch in der Begleitgruppe spielen die Themen „*Gelassenheit und Ruhe*" sowie Spiritualität als *Kraftquelle und Ressource zur Lebensbewältigung* eine große Rolle. Spiritualität wird von Jutta, Frieda, Wolfgang und Ingo als Ressource und Kraftquelle erlebt, die zu mehr Gelassenheit und innerer Ruhe führen (Wolfgang: „... *eine Kraftquelle, wo man selber dann wieder zur Ruhe kommen kann*)". Mit Bezug auf den Kurs äußert Paula das Gefühl, aus dem ersten Modul durch die darin eingeübten Kontemplationsformen Ruhe und Gelassenheit mitgenommen zu haben (Paula: „*Ja, und trotzdem habe ich eine gewisse Ruhe damit herausgenommen. Ja, eine fast körperlich spürbare Ruhe und Gelassenheit ...*"). Den Aspekt der inneren Ruhe machen auch Pia, Lotta und Christian stark. Zu wenig Spiritualität im Alltag hat nach ihren Aussagen spürbare Auswirkungen, da sie dann unruhiger oder schneller gereizt sind und sich selbst als gelassener wahrnehmen, wenn sie ihrer Spiritualität genügend Platz einräumen.

Als hilfreiche Ressource wird Spiritualität vor allem auch in Krisensituationen empfunden. Dabei wird deutlich, dass sich dies sowohl auf den Schulalltag als auch auf den privaten Alltag beziehen kann. Von einigen Teilnehmern wird Spiritualität gerade im Schulalltag als große Ressource wahrgenommen (Jutta: Spiritualität ist im Schulalltag wichtig, um in allen „*Gefährdungen*" einen festen Stand zu haben und stellt einen „*innere[n] Schutz*" dar, da sie das, was sie beschäftigt, „*im Gebet oder in der Stille*" abgeben kann; Paula: Beim Todesfall eines Schülers war Spiritualität „*schon eine Form Lebensbewältigung zu zeigen, wie kann man damit umgehen ...?*"; Pia merkt einen Unterschied, wie sie in die Klasse geht und welche Themen sie sich zumutet bzw. zutraut; Lotta empfindet Spiritualität als Ausgleich zum Job: „*Aber für mich selber, dass ich immer weiß, hier ist mein Grund und von dem ausgehend ist Unterricht für mich in der Spiritualität wichtig.*"). Andere Interviewpartner beziehen sich eher auf das Leben im Allgemeinen, wenn sie von schwierigen Lebenslagen, Stresssituationen und persönlichen Krisen sprechen (Wolfgang) oder davon, durch ihre Spiritualität die Kraft zu erhalten, sich bei sich selbst als „*Herrin im Haus*" zu fühlen (Frieda). Lena betont, dass Glaube dabei hilft, nicht so schnell aufzugeben und erinnert sich dabei beispielsweise an ihre Führerscheinprüfung, da sie in dieser Zeit den Glauben als Unterstützung erlebt hat. Auch Thomas verspürt gerade in Situationen, wo er am Schreibtisch festsitzt oder „*nichts ins Gehirn rein*" geht, immer wieder den Drang zum Pilgern. Seine „Pilgerspiritualität" und die Mischung aus Bewegung und Singen (Joggen und Chor) erlebt er als „*eigentlich das Beste*" für die „*Work-Life-Balance*".

Ein interessanter Aspekt, der in der Begleitgruppe bei zwei Teilnehmern explizit auftaucht (Augustinus, Ingo), ist der Anspruch, diese Ressource nicht nur für sich selbst zu nutzen, sondern auch den Schülern zugänglich zu machen. Als Religionslehrer gehe es nicht nur darum, Spiritualität als Ressource für sich selbst zu entdecken, sondern auch den Schülerinnen und Schülern anzubieten und sich auf die Suche danach zu machen, was die Schülerinnen und Schüler trägt.

Im Zusammenhang mit der Gelassenheit und Ruhe, die durch Spiritualität verstärkt wird, scheint auch die Wahrnehmung einer *größeren Präsenz* zu stehen, die wiederum sowohl in der Kurs- als auch in der Begleitgruppe genannt wird. Dabei fällt auf, dass Wolfgang von einer stillen Präsenz spricht, die durch eine Zurücknahme jeglicher Ich-Aktivität geprägt ist und dazu befähigt, den Gedankendialog abzuschalten und sich auf die göttliche Gegenwart einzulassen. In eine ähnliche Richtung geht auch Ingo, wenn er davon spricht, die Verbundenheit mit Gott im tiefsten Inneren des Selbst zu entdecken. Frieda und Christian dagegen stellen die veränderte Präsenz direkt in Zusammenhang mit den Beziehungen zu ihren Mitmenschen, die diese möglicherweise wahrnehmen können. So sagt Frieda: „*Wenn ich selber nicht gesund bin, dann können auch meine Beziehungen nicht gesund sein.*" und Christian sagt, „*dass ich bewusster lebe, dass ich, würde ich sagen, schon Beziehungen für mich auch aus dem Glauben heraus gestalte, also mich auch da von Jesus inspirieren lasse*". Aber auch bei Wolfgang, der die Präsenz zunächst auf die göttliche Gegenwart bezieht, taucht der positive Zusammenhang von Spiritualität und Beziehungen auf: „*Ich denke, gerade die Beziehungsgestaltung geht auch ganz anders, wenn du ganz bei dir bist und ganz mit dieser letzten Wirklichkeit verbunden bist*". Christian hingegen macht auch die Sorge für sich selbst als Teil der Nächstenliebe stark und fokussiert sich somit nicht nur auf die Mitmenschen.

Insgesamt ist *ein anderer Umgang mit Mitmenschen* ein Thema, das vor allem in der Begleitgruppe stark gemacht wird. Spiritualität scheint Auswirkungen auf zwischenmenschliche Beziehungen zu haben, da der Gedanke, von Gott bejaht zu sein, dazu führt, dass man auch mit den Mitmenschen anders umgehen kann (stark ausgeprägt ist dieser Gedanke bei Lena). Waldemar erwähnt auch die Feindesliebe als Thema, das Auswirkungen auf zwischenmenschliche Kontakte hat. Für Lotta ist die Verbundenheit zur Natur, zu sich selbst und Gott wichtig, um die Verbundenheit zu den Mitmenschen aufrechterhalten zu können.

Eine ganz eigene Kategorie bilden Aussagen, die unter die Rubrik *Selbstkritik* fallen. In den selbstkritischen Aussagen lässt sich ein gewisser Unterschied zwischen den Teilnehmerinnen und Teilnehmern aus der Kursgruppe und der Begleitgruppe erkennen. In den Antworten von drei Teilnehmenden der Kursgruppe (Thomas, Paula, Pia) kommt zum Ausdruck, dass sie eine gewisse Unvollkommenheit in ihrer eigenen Spiritualitätspraxis erkennen und mit dem aktuellen Status (noch) nicht zufrieden sind. Dabei werden einerseits Schwierigkeiten in der Umsetzung spiritueller Praktiken und die Unzufriedenheit damit direkt genannt (Thomas: „*Also ich muss sagen, ich bin nicht zufrieden* [. . .] *z. B., das ist meine Schwierigkeit, . . ., ich ringe da darum auch und diese regelmäßige Morgenzeit, Morgenzeit nenne ich es jetzt mal, die funktioniert nicht*"; „*. . . für sich diese Rituale zu verankern, auch im Alltag. Das ist für mich eine ganz große Herausforderung*"; Paula: „*. . . mit der Schwierigkeit, mich auch auf dieses Schweigen komplett einlassen zu können und ich habe das dann auch irgendwann gebrochen . . .*"; Pia merkt, dass sie aus dem Tritt kommt und nicht mehr so bei sich zu Hause ist, wenn sie zu wenig Spiritualität im Alltag hat), andererseits wird Spiritualität aber auch als Lernprozess verstanden, sodass Unvollkommenes auch eine gewisse Berechtigung hat (so etwa Thomas: *„Das ist auch ein Lernprozess* [... *wo/dass] es nicht darum geht, hier irgendwas zu beweisen, sondern es geht einfach darum, das zu leben, was ist"*; *„... meinen Weg zu finden, der ist noch steinig und wie gesagt, da funktioniert auch manches noch nicht so optimal, wie ich es mir wünsche, aber ich glaube, vielleicht bin ich doch auch schon ganz gut unterwegs"*; *„... als ein Schatz, den es zu schützen gilt, der mir da mitgegeben wurde und ich merke das bedarf einer Kultur, eines Kultivierens, damit dieser Schatz nicht verschüttet* [wird]"*).

Die selbstkritischen Aussagen der Interviewpartner aus der Begleitgruppe richten sich eher auf die Reflexion eigener Handlungen und eine kritische Selbstreflexion im Allgemeinen und nehmen weniger Bezug auf die eigene Spiritualitätspraxis. Eine Ausnahme stellt Waldemar dar, der in seiner aktuellen Spiritualitätspraxis ein Defizit sieht, das durch fehlende Zeit- und Kraftressourcen im Arbeitsalltag bedingt ist und dem er sich mit Beginn seiner Rente zuwenden will. Spiritualität ist in den Aussagen von Christian und Lena verbunden mit einer größeren Fähigkeit, den Blick von den Schattenseiten des Lebens und von Negativem zu lösen bzw. dieses zu akzeptieren und sie wird in diesem Sinne als Lebenserleichterung erfahren. Durch ihre Spiritualität erleben die Befragten, dass sie *„nicht schlussendlich verantwortlich"* (Christian) sind für alles und nicht alles perfekt machen müssen. Die Möglichkeit, Probleme auch an Gott abgeben und loslassen zu können, stellt eine Ressource zur Entlastung dar.

Besonders deutlich wird die Bedeutung von *Reflexion* bei Thomas (KG) und Ingo (BG). Thomas erzählt unter anderem, dass er in seinem Tagebuch frühere Erlebnisse nachliest und dies dann auch Auswirkungen auf seinen Alltag habe: *„Was mal früher war oder was da für Gedanken und Erfahrungen, Erlebnisse sind, das wirkt sich aus auf meinen Alltag"*. Außerdem darf Spiritualität seiner Meinung nach nichts Äußeres sein, sondern muss von innen herauskommen: *„Wenn du nur etwas Äußeres da praktizierst, das bringt dich persönlich nicht weiter. Also, das muss von innen herauskommen, das muss ein Suchen sein."*. Ingo erzählt von seiner Zeit im *„Klösterle im Allgäu"*: *„... und so aus 'nem Tagesimpuls gelebt und daraus auch überlegt hab, was des für, für mein jugendliches oder sich entwickelndes Leben auch bedeutet, ja. Also mit einem Impuls am Tag, mit einer bewussten Reflexion am Abend."* Auch Lotta hält es für wichtig, *„sich Gedanken zu den Lebensfragen zu machen* [...]. *Diese Frage stellen sich alle Menschen und ich finde es einfach gut, sich da in der Religion Hilfe zu holen."*

3.1.3.2 Distanzierungsfähigkeit zum Zeitpunkt t_2

Zum Zeitpunkt t_2 wurden nur Interviews mit den Teilnehmerinnen und Teilnehmern des Kurses Spirituelle Selbstkompetenz geführt. Interviews mit den Teilnehmerinnen und Teilnehmern der Begleitgruppe wurden zum Zeitpunkt t_2 nicht geführt.

Wie schon zum Zeitpunkt t_1 finden sich auch zum Zeitpunkt t_2 Aussagen, die sich unter den Stichworten *„Gelassenheit und Ruhe"* zusammenfassen lassen (Jutta, Pia).

Jutta erzählt, dass sie im Kurs gelernt habe, ihre Gedanken mehr zu kontrollieren und dem Negativen keine Macht mehr zu geben, wodurch sie sich entlastet und befreit fühlt: *„Weil ich merke, ich bewerte nimmer alles so, sondern ich nehm's nur wahr und das ist eigentlich was Tolles, du bist total befreit, du musst nicht sagen, das ist gut, das ist schlecht, sondern es hat eigentlich alles seinen Platz und des entlastet mich total"*. Für Pia führen die regelmäßig praktizierten Exerzitien im Alltag dazu, dass sie gelassener, aufmerksamer und ruhiger in den Unterricht geht.

Bei sogar noch mehr Teilnehmerinnen und Teilnehmern als in t_1 kommt die Wahrnehmung einer *größeren Präsenz und einer verstärkten Achtsamkeit bzw. Sensibilität* zum Ausdruck (Jutta, Thomas, Wolfgang, Frieda). Sowohl Jutta als auch Thomas sind insgesamt sensibler für sich selbst und ihren Körper geworden (Jutta: *„Also* [dann] *einfach diese lokalen Orte mehr zu spüren oder nicht und zu wissen, da zwickt es und da . . . "*; und Thomas sagt über Yoga: *„Diese Atemübungen, dann nochmal diese Achtsamkeit auf den Körper,* [. . .] *spür ich auch jetzt nachdem ich zweimal dort* [im Yoga-Kurs] *war . . . "*). Außerdem hebt Thomas besonders die Massage heraus, um Spannungen und Knoten zu lösen, die man möglicherweise schon lange mit sich rumträgt. Er gibt weiterhin an, dass er Veränderungen an sich selbst bemerkt hat, die durch verschiedene Erlebnisse im Zusammenhang mit Spiritualität hervorgerufen wurden und ihm das Gefühl geben, dass er jetzt ganz anders präsent ist: *„Ich bin jetzt völlig da, ich bin ganz da"*. Wolfgang empfindet die intensive Einübung von Wahrnehmung und Aufmerksamkeit im Lehrgang als Basis, die er als grundlegend und wesentlich beschreibt. Frieda hat den Eindruck, dass sie in schwierigen Situationen nun mehr präsent ist, da sich ihre Handlungsfähigkeit durch den intensiven Austausch mit ihrer Spiritualität erweitert hat: *„Die Konzentration steigert sich"*. Sie hat den Eindruck, dass sich der Zeitraum zwischen Aktion und Reaktion durch ihre stärkere Präsenz vergrößert und sie dadurch mehr Handlungsmöglichkeiten hat. *„[Ich] vergleiche das wirklich mal mit einer Lupe, [. . .] wenn ich im Augenblick aufmerksam bin, dann nehme ich mein Leben und nehme den Augenblick wie unter einer Lupe wahr, dann vergrößert sich da was und dann kann ich, dann bin ich die Handelnde, die zwischen Aktion und Reaktion, also so diesen Spalt erweitert . . . ich werde angegriffen und schlage zurück, so, und wenn ich präsent bin, dann kann ich mich da rausnehmen."*

Auch *selbstkritische* Aussagen fallen in t_2 wieder von einigen Teilnehmerinnen und Teilnehmern (Thomas, Wolfgang, Pia). Dabei geht es vor allem darum, dass die Begrenztheit der eigenen Person wahrgenommen (Wolfgang) und Spiritualität als Prozess verstanden wird, in dem der oder die Übende noch weit von Perfektion entfernt ist (Wolfgang, Thomas, Pia). Wolfgang betont, dass man nicht alles selbst in der Hand hat und sich dessen bewusst sein sollte. *„Also ich habe nicht mein ganzes Leben selber in der Hand [. . .], aber das Ego denkt manchmal immer noch, dass es der Hausherr sei, dabei ist es grad mal der Hausmeister. . . [dass man] diese Einordnung der eigenen Wichtigkeit oder die Begrenztheit der eigenen Wichtigkeit oder auch die Begrenztheit der eigenen Einflussnahme auf den Gesamtlebensprozess auch einfach anerkennt, im positiven Sinn."* Seiner Meinung nach gehe es immer um Entwicklung und Bewusstwerdung, was *„auf dem spirituellen Weg"* nicht leichter werde, weil man *„da halt die klassischen Verdrängungsmechanismen nicht mehr hat"*. Spiritualität führe demnach zur Konfrontation, auch mit den eigenen *„Schattenseiten"*. Wolfgang sieht sich ebenso wie Pia, die Spiritualität immer weiter praktizieren und intensivieren will, und wie Thomas, selbst in Bezug auf Achtsamkeit als Übender. Thomas merkt selbstkritisch an, dass er seine stille Zeit *„aber noch nicht ausreichend* [praktiziert]. *Also die Schwelle ist des Problem"*.

Ein Aspekt, der in den Interviews zum Zeitpunkt t_2 in der Kursgruppe neu auftaucht, der aber in t_1 in der Begleitgruppe schon genannt wurde, betrifft die *Sicht auf das Ganze und damit verbunden die Akzeptanz von Positivem und Negativem* (Jutta, Wolfgang). Besonders Jutta bringt deutlich zum Ausdruck, dass Spiritualität ihr hilft, in ihrem Leben nun einen *„roten Faden"* zu erkennen, der verschiedene Lebensbereiche miteinander verbindet. Dadurch fällt es ihr leichter, Positives und Negatives als Ganzes zu sehen. Auch für Wolfgang geht es im spirituellen Prozess darum, weniger zu bewerten, also *„sich selbst als Ausdruck dieses Lebens zu erfahren, ohne es zu bewerten, ohne da in irgendwelchen Egomustern, Egobewertungen rumzuturnen"*.

3.1.3.3 Distanzierungsfähigkeit zum Zeitpunkt t_3

In den Interviews zum Zeitpunkt t_3 finden sich eine ganze Reihe von Aussagen, die sich dem Themenbereich *Achtsamkeit, Selbstreflexion und Selbstwahrnehmung* zuordnen lassen. Bei allen Teilnehmenden der Kursgruppe finden sich Aussagen zu diesem Thema, die zeigen, dass die Teilnehmer den achtsamen Umgang mit sich selbst und mit anderen als wichtig erachten. Gleichzeitig erleben sie diese Aspekte nicht als etwas Selbstverständliches, sondern als etwas, worin man sich üben muss. So sagt Thomas: *„Ja massiv, also* [...] *das sind so die drei ganz großen Baustellen bei mir. Also da bin ich voll dran."* Und Jutta betont die Notwendigkeit, nicht alles gleich zu bewerten: *„Und da übe ich mich ja auch immer dran, zu sehen, dass was wirklich ist,* [...] *und nicht etwas zu beschönigen oder zu verteufeln"*. Pia betont, vor allem die Selbstwahrnehmung sei für sie schwer zu *„züchten"* und stelle eine dauernde Aufgabe über einen längeren Zeitraum dar. Sie hält es aber für sehr wichtig, sich selbst auch von außen betrachten zu können und aktuelle Gefühle und Antriebe bewusst wahrzunehmen. Sie erklärt, sie achte nun mehr auf ihre Selbstwahrnehmung (*„Will ich das wirklich?"*), entscheide sich bewusster und stehe dann auch zu ihrer Entscheidung. Auch Paula bemerkt Veränderungen in Bezug auf die Selbstwahrnehmung an sich selbst und bringt diese in Zusammenhang mit der Geburt ihrer Tochter: *„Insofern würde ich sagen, dass dieses authentischer werden in Emotionen, so würde ich das mal bezeichnen, so seit Geburt meiner Tochter, das hat für mich schon auch mit Spiritualität zu tun, weil es lehrt, nochmal genau zu gucken: Wie bin ich im Moment? Wie bin ich präsent? Bin ich präsent oder bin ich irgendwie gerade in Gedanken woanders?"* Sie sieht in Bezug auf Selbstwahrnehmung auch eine Gemeinsamkeit von Spiritualität und der Kampfsportart Aikido: *„Also ich merke, so dieses, auch, so bei sich zu sein, anzukommen oder eben auch* *vielleicht außer sich zu sein, das merkt man sehr schnell, wenn man eben in die-sen Übungen ist. Ob man gerade bei sich ist oder ob der andere einen irgendwie mit dem kleinen Finger umpusten kann.*" Bei Jutta wird noch mal deutlich, wie sie die beiden Begriffe Achtsamkeit und Selbstwahrnehmung voneinander abgrenzt. Achtsamkeit ist für sie *„eine Art von Postulat, gut mit* [sich] *selber umzugehen"*, die Selbstwahrnehmung könne hingegen sehr unterschiedlich sein, je nachdem *„mit welcher Brille"* sie sich selbst und die Dinge betrachtet. Wolfgang empfindet gerade die Kombination aus den drei Punkten Achtsamkeit, Selbstreflexion und Selbstwahr-nehmung als *„das ganz Besondere an dem Kurs"* und nimmt auch die Interviews als *„ganz intensive Selbstreflexion"* und damit als *„Teil des spirituellen Prozesses"* wahr.

Auch in der Begleitgruppe werden Selbstwahrnehmung, Achtsamkeit und Selbst-reflexion als wichtig erachtet. So sagt Christian: *„Also die Dinge sind auf jeden Fall* [...] *schon hoch im Kurs;"* und Augustinus meint, das habe *„große Relevanz"*. Es wird explizit das Ziel formuliert, *„Wahrnehmung und Achtsamkeit ständig neu zu entwickeln"*, so Lotta. Die Achtsamkeit, auch gegenüber dem eigenen Körper, wird also als wichtig wahrgenommen, allerdings sollte sie nicht dazu führen, dass man nur noch um sich selbst kreise. *„Genau, also das ist wichtig, gleichzeitig geht es mir schon auch so, dass* [...] *ich auch um die Grenzen dessen weiß, ich erlebe auch immer wieder Menschen, die so achtsam und so auf sich bedacht sind, dass sie nur noch um sich selber kreisen,"* sagt Christian.

Beiträge zum Themenbereich *Gelassenheit und Ruhe* (Jutta, Frieda, Paula) hängen in der Kursgruppe in t_3 oft eng zusammen mit der *Alltags- und Lebensbewältigung* (Jutta, Frieda). Spiritualität wird als große Hilfe in der Bewältigung des Schulalltags erlebt, da sie bei Problemen und in angespannten Situationen hilft, die Dinge nicht mehr so schlimm zu sehen. Jutta sagt dazu: *„Also dadurch, dass ich mit mir selber und mit eigentlich allem besser verbunden bin, hat das halt jetzt diese Auswirkungen"*. Auch Frieda hat das Gefühl, durch das Wissen um das Göttliche in allen Menschen etwas gelassener im Umgang mit anderen agieren zu können. Das *„schafft mir ganz viel Ruhe und Frieden,"* sagt sie. Dass sie *„grundsätzlich ein bisschen weiter sein* [... und] *mehr zulassen"* kann, wirkt sich sowohl auf ihr Verhältnis zur Kirche (*„... vielleicht hat sogar die Kritik ein wenig abgenommen, die ich sonst immer der Kirche gegenüber gehabt habe"*) als auch auf ihre Haltung in der Schule aus (*„... ich gehe anders in die Schule rein, ich zentriere mich besser, wenn's halt gelingt, das gelingt mir manchmal mehr und manchmal weniger, dadurch bin ich mehr bei mir und dann fallen zwischen Schülern und mir irgendwelche Projektionen eher weg oder ich kann diese Projektionen eher durchschauen und kann mich zurücknehmen"*). Auch für Paula führt das meditative Sitzen, obwohl es ihr sehr schwergefallen ist, zu einer länger anhaltenden Ruhe im Alltag. Sie nimmt für sich wahr, *„dass ich aber da sehr, also eine ganze Weile noch so eine Ruhe mit im Alltag hatte."*

In der Begleitgruppe wird die positive Wirkung von Stille-Zeiten von Christian, Waldemar und Ingo thematisiert. Christian beobachtet an sich selbst, dass er sich *„innerlich leerer, lustloser und schneller gereizt"* fühlt, wenn er länger keine Stille-

oder Gebetszeiten hatte. Für Waldemar ist die Stille in der Natur, beispielsweise auf der Schwäbischen Alb, und ohne technische Geräusche wichtig und gibt ihm ein Gefühl der Ruhe. Auch Ingo sucht immer wieder Orte der Stille auf, um sich zurückzuziehen. Gleichzeitig weist Christian aber auch auf die Gefahr hin, dass man nach intensiven Stille-Erfahrungen noch mehr genervt vom Alltag sein kann: *„Also grundsätzlich glaube ich schon, dass es mich ruhiger macht, aber was ich auch gemerkt habe, zum Beispiel als ich aus den Exerzitien gekommen bin, ich war viel schneller angespannt und das erlebe ich schon auch, also auch durch die Meditation, weil es auch was Wohltuendes ist in der Ruhe zu sein, nervt es, wenn Anfragen von außen kommen, die also aller Art sind und das kann auch wieder aggressiver machen. [...] Aber im Großen und Ganzen würde ich schon sagen, also es gibt eine Distanz und auch eine wohltuende Distanz, auch zu manchem Geschehen und zu manchem, was sich so als dringend und wichtig aufdrängt. [...] Und da es das gibt, gibt's schon auch einen inneren Frieden, würde ich schon sagen, ja.“*

Wie schon in der Kursgruppe, so wird auch in der Begleitgruppe Spiritualität allgemein als Ressource in der Schulalltags- und Lebensbewältigung empfunden. Dabei wird Spiritualität von den Teilnehmerinnen und Teilnehmern zum Teil sehr weit gefasst: Auch Musik hören, der Schulweg mit dem Fahrrad als Morgenritual oder die Fahrt mit dem Rad in eine einsame Gegend werden von Waldemar und Augustinus als spirituelle Erlebnisse gewertet, die zu einer geordneteren und gelasseneren Grundhaltung und zu mehr Distanz führen können. Aber auch explizit spirituelle Orte wie Gottesdienste oder Tage der Besinnung werden als Orte genannt, die es ermöglichen bei Stress in der Schule etwas *„abladen, Gott was hinlegen, was loswerden“* (Lena) und wieder auftanken zu können. Auch Lotta empfindet Spiritualität ganz allgemein gesprochen als Ressource, da man durch Nachdenken und Reflektieren die eigene Umwelt genauer wahrnimmt und manche Situationen mit Spiritualität besser und mit mehr Ruhe bewältigen kann.

In engem Zusammenhang damit steht der Themenkomplex *Sicht auf das Ganze* und damit verbunden die *Akzeptanz von Positivem und Negativem*. Zwei Teilnehmerinnen der Kursgruppe geben an, dass sie durch die Selbstreflexion im Kurs (Jutta) bzw. durch Meditation (Frieda) das Leben mehr als Ganzes wahrnehmen, in dem Höhen und Tiefen gleichermaßen ihren Platz haben (Jutta: *„Höhen und Tiefen, [...] Umwege und Irrwege [...] gehören?? eigentlich zum Leben dazu ...“*). Dabei werden die Dinge nicht nur oberflächlich gesehen, sondern in ihrer Ganzheit, was von Jutta als größere Freiheit erlebt wird. Frieda wählt als Motto in der Meditation, dass alles sein dürfe und versucht, gemäß dieses Grundsatzes ihr Leben anzugehen und nicht mehr zu bewerten. Auch Lena betont, dass mit dem Glauben nicht automatisch alles super läuft, sondern es durchaus auch manchmal Gegenwind gibt: *„Aber, also, für mich ist es auch nicht so, [...] dass ich halt, wenn ich jetzt an Gott glaub', dass ich dann denk', mein Leben läuft glatt und es muss alles glatt laufen und wenn es nicht glatt läuft, dann hat Gott mich verlassen. Das denke ich auf keinen Fall, sondern eher im Gegenteil, also man hat immer wieder solche Prüfungen, oder halt, was heißt Prüfungen? Auch schwere Situationen halt, [die man] bewältigen* *muss."* Waldemar weist darauf hin, dass das Ziel von Achtsamkeit und Selbstreflexion nicht immer nur Optimierung sein muss, sondern auch die Fähigkeit, Fehler anzunehmen.

Die Rubrik *Selbstkritik* taucht ebenfalls in t_3 in der Kursgruppe und der Begleitgruppe wieder auf, wie schon in t_1 mit unterschiedlichen Schwerpunkten. Auch zu diesem Zeitpunkt berichten Teilnehmende der Kursgruppe (Thomas, Paula) davon, noch Schwierigkeiten mit der Umsetzung bestimmter spiritueller Praktiken zu haben. Diese Schwierigkeiten beziehen sich sowohl auf die Spiritualitätspraxis selbst als auch auf deren Umsetzung im Alltag. So sagt Thomas: *„Jetzt das Sitzen selber,* [...] *es widerstrebt ganz vieles und so, sich aber da trotzdem die Zeit zu nehmen, was für mich ganz schwierig ist, ist morgens, das ist schwierig, weil ich wirklich ganz unregelmäßig aufwache und auch aufstehe.* [...] *Das ist so ein Problem, um da eine Routine reinzubekommen."* Und Paula: *„dass ich von diesem Wochenende Sitzen, wo ich irgendwie zwischendurch ganz oft Rückenschmerzen hatte oder so* [das] *auch gar nicht gut aushalten konnte, irgendwie so viel still zu sitzen und zwischendurch mir ganz viel Bewegung auch geholt habe ...."* Thomas bewertet seine Praxis als anfanghaft: *„Was allerdings die Umsetzung in den Alltag anbelangt, da stehe ich also tatsächlich noch am Anfang."* Paula benennt äußere Umstände, die sie diesbezüglich einschränkten: *„Ja, also es sind halt im letzten Jahr sehr viele Dinge passiert, wo dann dieser Fokus Achtsamkeit hier so ein bisschen hintenüber gekippt ist".* Bei Paula findet sich allerdings auch die Tendenz, diese extrem selbstkritische Haltung zu überwinden: *„Also ich glaube, ich bin sehr lange auch rumgelaufen mit dem Verständnis, wenn man spirituell ist, dann meditiert man ganz viel oder sucht die Stille,* [...] *und ich selber hatte dann immer das Gefühl, ich erreiche diese Norm gar nicht. Und ich glaube, ich komme jetzt eher zu dem Verständnis, dass es da auch unterschiedliche* [Formen von Spiritualität] *gibt. Und dass es ebenso viele Formen wie Menschen gibt.* [...] *Und dass ich sicherlich das eine oder andere mal ausprobieren kann oder vielleicht auch tatsächlich nochmal einen Weg für mich entdecke, der bisher nicht meiner war, aber dass es da auch eine Offenheit gibt und das auch gut ist, dass es diese Offenheit gibt."*

In der Begleitgruppe liegt der Schwerpunkt noch wesentlich stärker als in t_1 auf der kritischen Reflexion eigener Handlungen und dem daraus folgenden Umgang mit Defiziten. Selbstkritik hängt hier also immer mit Selbstreflexion zusammen: Die Teilnehmerinnen und Teilnehmer fragen in Problemen und Konflikten nach ihrem Anteil an der Situation und ob das, was sie gemacht haben, in Ordnung war (Waldemar, Lena). Wie in der Kursgruppe wird aber auch thematisiert, dass Spiritualität ein Weg ist, auf dem man sich befindet (Ingo) und dass die Spiritualitätspraxis deshalb (noch) nicht perfekt ist oder sein muss. *„Also ich gebe mir Mühe ... meine Lebensbereiche ... also auch alle anzuschauen unter einem spirituellen Blickwinkel, ob das dann immer so gelingt in der Umsetzung, das muss irgendwann mal Gott entscheiden oder sollen andere entscheiden oder so ...,"* sagt Christian. Waldemar sieht bei sich selbst in der Praxis der Spiritualität *„einen sehr hohen Nachholbedarf"* und bezeichnet dies als Defizit.

Wie schon in t_1 wird auch in t_3 von den Teilnehmerinnen und Teilnehmern der Begleitgruppe ein Zusammenhang zwischen Spiritualität und einem *anderen Umgang mit Mitmenschen* vermutet: *„Von daher ist die innere Aufmerksamkeit oder Achtsamkeit, die wirkt sich schon aus, glaub ich schon auch, auf das Verhalten, auf die Geduld auch mit den Schülern und so"* (Christian). Augustinus macht die Erfahrung, dass seit seiner Seelsorgeausbildung mehr Menschen auf ihn zukommen bzw. dass er viel schneller in einem tiefgründigeren Gespräch mit den Menschen ankommt. Das empfindet er als *„packend"*, gleichzeitig merkt er aber auch, dass er mit seinen *„seelischen Kräften haushalten muss"*. *„So nah ich manchmal an Schülern dran bin, so sehr suche ich doch manchmal die Ruhe vor den Schülern, um nicht immer total vereinnahmt zu werden"*. Auch Lotta versucht, sich in die Schüler hineinzuversetzen und gleichzeitig aber auch etwas von ihnen zu fordern.

3.1.3.4   Fazit zur Distanzierungsfähigkeit

Betrachtet man die Aussagen von Kursgruppe und Begleitgruppe zur Distanzierungsfähigkeit im Gesamten von t_1 bis t_3, so lässt sich festhalten, dass sich die Aspekte „Gelassenheit und Ruhe", „Ressource zur Lebensbewältigung" und „größere Präsenz" über den ganzen Zeitraum hinweg durchziehen. Als Gegenpol zu diesen durchweg positiven Wirkungen von Spiritualität spielt auch die Selbstkritik zu allen Befragungszeitpunkten bei einigen Teilnehmerinnen und Teilnehmern eine Rolle. Dabei geht es in der Kursgruppe auf der einen Seite um die festgestellten „Defizite" in der eigenen Spiritualität und der alltäglichen Umsetzung, auf der anderen Seite aber auch um ein Verständnis von Spiritualität als Lernweg, bei dem sich Praktizierende als Übende verstehen und insofern Perfektionismus hintanstellen. Die Vorstellung von Spiritualität als Übungsweg spielt auch in der Begleitgruppe eine Rolle, hier liegt der Schwerpunkt der selbstkritischen Aussagen insgesamt aber eher auf der Bewertung eigener Handlungen. Diese kritische Selbstreflexion nimmt sogar von t_1 zu t_3 noch zu.

Während die ersten drei Themenbereiche klar anzeigen, dass Spiritualität für die Distanzierungsfähigkeit und damit verbunden auch für das Wohlbefinden im Alltag eine sehr positive Rolle spielen kann, weisen die Aussagen zur Selbstkritik auf einen kritischen Aspekt hin, den man nicht aus den Augen verlieren sollte. Es scheint die Gefahr zu bestehen, dass Spiritualität in Richtung Leistungsdruck abrutscht, was zum Teil aber durch das Verständnis von Spiritualität als Übungsweg in Ansätzen schon überwunden werden kann. Für weitere Forschung oder praktische spirituelle Angebote wäre es sicherlich lohnend, ein Augenmerk auf diesen Bereich zu richten. Im Zusammenhang mit der kritischen Reflexion eigener Handlungen scheint außerdem auch eine Chance darin zu liegen, durch die Akzeptanz der eigenen Unvollkommenheit zu einem guten Umgang mit eigenen Fehlern und Schwächen zu kommen.

Im Laufe des Kurses nimmt die Bedeutung von Achtsamkeit und Sensibilität sowie Selbstreflexion und Selbstwahrnehmung überhaupt in den Aussagen der Kursteilnehmerinnen und Kursteilnehmer zu. Ein achtsamer Umgang mit sich selbst und anderen wird von allen Teilnehmenden als wichtig erachtet. Außerdem kommt in t_2 und t_3 ein neuer Aspekt dazu: Einige Teilnehmerinnen und Teilnehmer berichten davon, dass sie nun verstärkt das große Ganze im Blick hätten und einen roten Faden in ihrem Leben erkennen könnten. Damit verbunden fällt es ihnen leichter, sowohl Positives als auch Negatives als Teil des Ganzen besser zu akzeptieren.

Auch in der Begleitgruppe spielen die Akzeptanz von Negativem und der achtsame und positive Umgang mit Mitmenschen eine wichtige Rolle, sowohl in t_1 als auch in t_3. Aussagen, die sich auf den Umgang mit anderen und auf ein Beziehungsgeschehen richten, scheinen hier sogar noch stärker präsent zu sein als in der Kursgruppe. Gerade die Geduld und das Verständnis für andere kommen in t_3 verstärkt zum Ausdruck. Diese Beobachtung legt die Vermutung nahe, dass an dieser Stelle die Wirkung der Module des Kurses nicht so groß war, da auch in der Begleitgruppe schon ein hohes Niveau vorhanden war bzw. die Teilnehmerinnen und Teilnehmer von Kurs- und Begleitgruppe sich gleichermaßen als spirituelle Menschen verstehen. Spiritualität trägt unabhängig vom Kurs dazu bei, einen achtsamen und sensiblen Umgang mit sich selbst und anderen zu verstärken und gleichzeitig den Gesamtzusammenhang des Lebens im Blick zu behalten.

3.2 Spiritualitätsformen und Quellen der Selbstwirksamkeit („*spirituality in action*")

Die Selbstwirksamkeitserwartung speist sich nach Bandura aus der sozialen Resonanz auf das eigene Tun, der emotionalen, inneren Bereitschaft, sich bestimmten Anforderungen zu stellen, dem Nacheifern von Vorbildern und Modellen und dem eigenen Kompetenzerleben

Die Spiritualitätsformen, die wir bei den Kursteilnehmerinnen und Kursteilnehmern gefunden haben, sind zunächst sichtbare Einübungen individueller Gottesbeziehung und stehen mit der Selbstwirksamkeitserwartung Einzelner insofern in einem Zusammenhang, als beide Kategorien auf Merkmale zurückgreifen, die tief in der jeweiligen Persönlichkeit verankert sind.

Es ist interessant, diesen Zusammenhang im folgenden Schritt zu betrachten. Denn sowohl Selbstwirksamkeitserwartung als auch Spiritualitätsformen verweisen auf die Praxis der täglichen (religiös zu vermittelnden) Arbeit der Religionslehrerinnen und Religionslehrer. Wenn diese nicht erwarten würden und erfahren hätten, in ihrem Alltag durch Spiritualität getragen zu werden, würden sie diese wohl kaum auch für vermittelbar halten. Anders gesagt: in dem Maße, in dem eine Religionslehrkraft Spiritualität für lebensrelevant erachtet bzw. selbst erlernt hat und praktiziert, steigt auch ihr Zutrauen darin, dass sie vermittelbar ist.

Gerade mit Blick auf die Selbstauskünfte zur Spiritualität fällt im Sample auf, dass die Teilnehmerinnen und Teilnehmer in der Regel über den von uns erfassten Zeitraum von t_1 bis t_3 mehr Zutrauen in die eigene Spiritualität bekommen. Das zeigt die folgende Darstellung der Spiritualitätsformen. Die Teilnehmerinnen und

Teilnehmer berichten von einem deutlichen Lerneffekt, weil sie zwar immer wieder auf die im Kursmodul 1 erlernten Kontemplationsübungen rekurrieren, dann aber über die Kontemplation hinaus in t_2 und t_3 weitere Übungen ausprobieren und teilweise auch etablieren. Bei den Quellen der Selbstwirksamkeit fällt korrespondierend dazu anhand der Interviewanalysen auf, dass sich die (teilweise durch den Kurs angeregte) spirituelle Weite auf die Selbstwahrnehmung überträgt und ermutigt, vormals enge Kategorien eigener Wirksamkeit zu weiten.

Im Folgenden wird es darum gehen, die von den Teilnehmerinnen und Teilnehmern erzählten Spiritualitätsformen darzustellen (1). Daran anschließend werden die Quellen dargestellt, aus denen sich das Selbstbild der Befragten speist (2).

3.2.1 Spiritualitätsformen

Grundlage für die folgenden Ausführungen sind die Antworten auf die expliziten Fragen nach den Spiritualitätsformen in den Interviews zum Zeitpunkt t_1 und t_3. Für t_1 fragten wir: *Gibt es Spiritualitätsformen, die Sie schwerpunktmäßig und/oder kontinuierlich praktizieren? Mit unserem ersten Modul „Einführung in die Kontemplation" haben wir ja eine spezielle Form von Spiritualität eingeübt: War Ihnen diese Form schon bekannt? Hatte Spiritualität in irgendeiner Form in Ihrem bisherigen Lehrerdasein/Schulalltag eine Bedeutung? Wenn ja: Welche Form von Spiritualität ist das? Gibt es spezielle Spiritualitätsformen, die Sie schwerpunktmäßig und/oder kontinuierlich im Berufsalltag praktizieren?* Zu den Zeitpunkten t_1 und t_3 erhoben wir eine Selbsteinschätzung: *Gibt es im Alltag oder im Beruf spezielle Spiritualitätsformen, die Sie schwerpunktmäßig und oder kontinuierlich praktizieren?* Darüber hinaus haben wir für diesen Abschnitt Aussagen zum Thema Spiritualitätsformen aus den Interviews zum Zeitpunkt t_2 herangezogen.

Unser Anliegen ist es herauszufinden, ob und wenn ja, wie spirituelle Haltungen und Einstellungen im Leben der Teilnehmerinnen und Teilnehmer ihren konkreten Ausdruck finden. Außerdem interessiert uns, ob sich durch den Kurs Veränderungen bei den Spiritualitätsformen ergeben haben und ob sich die Spiritualitätsformen der Kursgruppe von jener der Begleitgruppe unterscheiden lassen.

In t_1 lässt sich feststellen, dass die Teilnehmerinnen und Teilnehmer vielfältige, unterschiedliche Spiritualitätsformen praktizieren.

Diese Spiritualitätsformen lassen zum einen ihre Verortung in der christlichen Glaubenspraxis erkennen (Laudes, Rosenkranz, Vater unser, Glaubensbekenntnis etc.), es finden sich zum anderen aber auch ganz modern interpretierte Spiritualitätsformen wie z. B. Tagebuch schreiben.

Im Folgenden werden Wolfgang, Thomas, Pia, Jutta und Paula sowie Frieda und Thea im Blick auf ihre praktizierte Spiritualität vorgestellt. Dabei kommt auch zur Sprache, wie sich diese Formen im Laufe der Untersuchung von t_1 bis t_3 verändert haben.

Wolfgang war schon vor dem Lehrgang in der Praxis der Kontemplation beheimatet. Er praktiziert zum Zeitpunkt t_1 in der Regel täglich ca. eine halbe Stunde das

„Sitzen in der Stille" und besucht zwei bis dreimal im Jahr einen Kontemplationskurs. Außerdem praktiziert er *„ein bisschen … Qi Gong noch, aber so spirituelle Technik im engeren Sinne ist eher so das Sitzen."* Er bekommt über diese *„Form … der nichtgegenständlichen Meditation … ein Gespür für diese letzte Wirklichkeit,"* die er als kognitiv nur schwer zu fassende *„Wirklichkeit jenseits unserer Verstandeswirklichkeit"* beschreibt. Wenn er auch schon bei der intellektuellen Auseinandersetzung mit diesem Thema – Wolfgang nennt hier die Lektüre der Autoren Capra und Castañeda – merkt *„man ist in eine andere Wirklichkeit mit hineingenommen, also über das Lesen entsteht schon diese andere Wirklichkeit,"* so bleibt für ihn doch ein Unterschied zur konkreten Praxis: *„die konkrete Praxis, ja also meines Erachtens, ohne Praxis kommt man da nicht rein."* Und eben die Praxis der nichtgegenständlichen Meditation war es, die ihn schon beim ersten Kontemplationskurs das Gespür für jene *„letzte Wirklichkeit"* bleibend erfahren ließ: *„Und das habe ich beim ersten Kurs, da habe ich das ganz klar gehabt und seitdem hat mich das auch nicht mehr losgelassen."* Wolfgang lebt eine *„achtsame Grundhaltung",* die ihm jeden Augenblick immer auch als spirituelle Übung erscheinen lässt. Die Kontemplation im Sinne einer Sitzmeditation ist für ihn spirituelle Hauptform, daneben betreibt er ein wenig das Körpergebet.

Thomas berichtet von seinen Erfahrungen mit unterschiedlichsten Spiritualitätsformen, die sich aber im Unterschied zu Wolfgang meist aus der christlichen Tradition ergeben: Er nennt Rosenkranz und Gebet, *„auch z. B. unterwegs, also auf der Straße mit dem Fahrrad, auch zur Schule fahrend, bete* [ich] *das Vater unser, aber auch das Glaubensbekenntnis."* Diese Gebetsformen sind für ihn eine Vergegenwärtigung dessen, *„was wir irgendwie mit Gott bezeichnen."* Im Gebet macht er sich bewusst, dass ihm dieser Gott *„im Gegenüber, im Nächsten, insofern ganz konkret auch in Schülerinnen, Schülern, Kolleginnen und Kollegen"* begegnet. Entsprechend versucht er *„Begegnungen auch zu gestalten und Menschen zu begegnen …"* Thomas hatte schon vor dem Lehrgang in einem Workshop erste Erfahrungen mit der kontemplativen Übung gesammelt, sie war ihm in der im Kurs angebotenen Form jedoch *„relativ neu."* Nach dem ersten Modul besorgte er sich *„eine Klangschale zu Hause und … versuch*[te] *… morgens … also wirklich um sechs Uhr eben mit einer Zeit der Stille und der Klangschale zu beginnen …"* Auch *„das Jesusgebet ist* [für ihn] *gerade* [zum Zeitpunkt t_1] *sehr wichtig, also auch im Schreiten und auch im Fahrrad fahren oder eben gerade beim Joggen gibt es diese unterschiedlichen Formen."* Dazu kommen Tageslesungen *„eben mit Lesung und Evangelium"* sowie Rezitationen z. B. des Te deum oder des Magnificat. Am Abend, wenn auch nicht kontinuierlich praktiziert, *„der Tagesrückblick, also dieses Gebet der liebenden Aufmerksamkeit"* und – schon etwas zurückliegend – gehörte die tägliche Eucharistiefeier dazu. Als zentrale Spiritualitätsform hat sich für Thomas das Pilgern herauskristallisiert: *„… ich kann schon sagen, dass … ich auf einem Weg der Pilgerspiritualität bin … Pilgern hat mich erfasst".* Bisher führte ihn sein beinahe jährlich beschrittener Pilgerweg immer näher an Santiago di Compostela heran. Die Pilgerreise ist für ihn zum Lebenssymbol geworden: *„Ich übertrage das, was ich auf dem Jakobsweg erlebe auf mein* *ganzes Leben, also ich sehe mich als Pilger ...*" So werden seine zahlreichen Wohnungswechsel zu Pilgerstationen: *„Biografisch bin ich jetzt in meiner sechzehnten Pilgerherberge ...*". In seinem Berufsalltag verwirklicht Thomas, der sich als *„ganz stark geprägt auch so von dem Einen-Welt-Gedanken"* erlebt, Spiritualität, indem er Kunst und Religion miteinander verbindet: *„In der Form dann, dass ich Betrachtungen, Bild-Betrachtungen mache, Hungertücher, Misereor-Hungertücher anschaue und daraus dann einfach ganz viel erhoben werden kann, an Inhalten ....*" Motiviert durch das erste Kursmodul probiert Thomas auch andere Spiritualitätsformen aus: Er setzt einen Stille-Impuls zum Stundenbeginn: *„Also, die Klangschale, damit habe ich kürzlich erstmals, das war Premiere, die Klassenarbeit begonnen... das war so eine Zeit der Stille ...*". Auch das im Kurs erlernte Körpergebet wurde für ihn zu Unterrichtspraxis: *„Das Thema Gebet, Meditation, Kontemplation ... ist sozusagen ein erster Versuch, dieses Körpergebet ... das habe ich auch recht spontan ziemlich, unmittelbar nach der Rückkehr aus der Fortbildung eingebracht ... ich will das ausbauen ... will, ... eben auch vom Lehrplan her ... Übungen, wie Atemübungen, Klangschale, solche Dinge ... mal als Thema auch in den Unterricht einbring*[en], *solche Formen."*

Obwohl er selbst im Unterricht nicht mit den Schülerinnen und Schülern betet, fände er es wichtig, wenn die Schülerinnen und Schüler auch die klassischen Formen des Gebets, Vater unser, Rosenkranz etc. kennenlernen könnten. Hier fehlt ihm nach seiner Einschätzung die Berufserfahrung. Er sieht es als eine religionsdidaktische Herausforderung an, die in der christlichen Tradition geronnene spirituelle Erfahrung weiterzugeben, ist sich aber gleichzeitig bewusst, dass diese Weitergabe in der Schule feingliedrig und behutsam geschehen muss, um die Schülerinnen und Schüler auch zu erreichen. Für ihn persönlich ist es auch eine auf den Berufsalltag bezogene Herausforderung, weil ihm die Integration von Spiritualität in seinen Alltag gut tut, zugleich aber nicht immer gelingen will, vor allem mit Blick auf den Zeitdruck. Er weiß *„nicht, wie kann man das machen ... da bin ich noch so auf der Suche ...*". Denn *„anstrengend wird* [es], *wenn das Sitzen länger als eine halbe Stunde andauert."* Das Problem liege darin, *„diese Schwelle zu überschreiten und sich wirklich die Zeit zu nehmen."* Das Sitzen als Ritual in den persönlichen Alltag zu übernehmen sieht Thomas als Herausforderung. In der Gruppe dagegen fällt es ihm leichter. In einem anderen Kurs hat er die Motivation gefunden, die Praxis der Kontemplation wirklich *„auch in den Alltag zu übernehmen."*

Zum Zeitpunkt t₃ berichtet Thomas, dass er Yoga sowie Meditation und Gebet praktiziere. Zudem erwähnt er die Familienaufstellungen, die für ihn auch eine spirituelle Seite haben, weil *„etwas Verborgenes* [...] *ans Licht"* und man *„auch mit sich selber und mit seiner eigenen Geschichte"* in Kontakt kommt. Bezüglich des im Lehrgang eingeübten Sitzens widerstrebt ihm jedoch Vieles und es fällt ihm schwer, sich morgens die Zeit zu nehmen, auch weil er ganz unregelmäßig aufwache und aufstehe. Thomas tut sich deshalb schwer damit, *„da 'ne Routine reinzubekommen"*. Daneben nennt er das Stundengebet anhand des *„Te Deum – Büchlein*[s]". Aber es gebe eine *„grundlegende Schwierigkeit"*, dass er sich einerseits als spirituellen Menschen wahrnehme, andererseits von ganz großen Enttäuschungen geprägt sei, *„die so stark sind, dass* [er sich] *immer wieder, wenn es eben um Spiritualität geht, im selben Moment frag*[t]: *Bringt's das überhaupt? Oder was bringt das?"*

Eine weitere von ihm praktizierte Spiritualitätsform ist das Bekreuzigen im Gang, während er durch das Schulgebäude geht, beim Treppensteigen *„wirklich jede Stufe bewusst zu gehen,"* um zu sich selbst zu kommen und sich in dem Moment in einen neuen Raum zu stellen. Gleichzeitig mache er sich damit seine Gottesbeziehung und sein Dasein als Person bzw. als Mensch bewusst. Zum Zeitpunkt t_3 ist ihm die wichtigste spirituelle Übung, den Atem zu spüren.

Pia nennt die chinesische Heilgymnastik Qi Gong als Spiritualitätsform, die sie regelmäßig praktiziert und die sie inzwischen auch als Lehrerin unterrichtet. Für sie ist in dieser Übung Spiritualität *„optimal umgesetzt,"* denn da *„spürt sie einfach einen ganz schönen Geist ... ohne, dass man jetzt von Gott spricht."* Hin und wieder verbindet sie ihre Übung auch mit *„christlichen Elementen."* Neben dem Qi Gong übt sie sich gerne im „Meditativen Tanz". Diese Bewegungsübungen liegen ihr mehr als z. B. die eher bewegungslose ZEN-Meditation, mit der sie auch Erfahrungen gemacht hat. In der Bewegung fühlt sie sich *„irgendwie eins mit mir selber und einfach präsent im Hier und Jetzt und – ja,* [ich] *kann mich erfahren und das ist für mich dann eben auch in der Tiefe eine Gotteserfahrung."* Entsprechend ist für sie Spiritualität nicht exklusiv auf ein Handlungsfeld festgelegt, sondern *„das ist sowohl der Gottesdienst oder die Exerzitien oder ein Klosteraufenthalt, Meditation, das sind verschiedene Formen. Auch ein Aufenthalt in der Natur oder Sport ist für mich eine Form von Spiritualität."* Das Sitzen aus dem ersten Modul (Einführung in die Kontemplation) war Pia schon bekannt. Sie hat relativ kurz vor dem Kurs mit der Meditation in einer Gruppe angefangen, es aber nicht täglich praktiziert. Auch nach dem Modul hat sie das Sitzen einige Zeit praktiziert und sich dazu sogar einen eigenen Platz hergerichtet: *„... mit der Kerze und so, ja, ich habe diesen Stuhl, der ist optimal dafür ...".* Im Zusammenhang mit den schon erwähnten Exerzitien wurde das Sitzen etwas vom *„am Tisch sitzen mit inhaltlichen Impulsen"* abgelöst. Nach Ende der Exerzitien in der Weihnachtszeit hat sich beides durch familiären und beruflichen Stress *„etwas verloren".* Pia hat aber fest vor, diese spirituelle Praxis in naher Zukunft (Aschermittwoch) wieder aufzunehmen. Durch den Lehrgang wurden bei Pia keine neuen Interessen geweckt, da das Motiv, die eigene Spiritualität zu pflegen, bereits vor der Fortbildung bestand. (*„Ich mein', gut, das Motiv war natürlich* [da] *...".*)

In der von ihr eingerichteten Ecke zum Meditieren praktiziert sie die im ersten Kursmodul eingeübte Sitzmeditation regelmäßig – was sie auch nicht mehr aufgeben möchte. Weiterhin hat Pia nach dem Kurs das Körpergebet, dem sie *„auf der Spur bleiben"* möchte, weitergeführt, zu welchem sie schon über das Qi Gong eine Affinität hatte. Zum Thema „Körpergebet" besuchte sie nach dem Lehrgang noch ein Wochenendseminar bei Beatrice Grimm, die mit Willigis Jäger in Holzkirchen zusammenarbeitet. Außerdem hat Pia nach dem Lehrgang „Spirituelle Selbstkompetenz" noch eine Fortbildung „Qi Gong in der Schule" besucht. *„Also für mich hat* *eben auch Qi Gong durchaus spirituellen Charakter und da verbindet sich dieses asiatische Qi Gong mit dem Christlichen, also über das Körpergebet so.*" Pia erzählt, dass sie vor dem Lehrgang keine Zeit fand, sich *„hinzusetzen"*, da sie alles davon abgehalten bzw. abgelenkt habe (*„da hat mich immer alles davon abgehalten oder abgelenkt oder ja irgendwie war das so für mich kein Ort"*). Jetzt hat sie einen festen Platz gefunden und praktiziert ihre Spiritualität regelmäßig.

Diesbezüglich bezieht sie sich insbesondere auf die Kontemplation, neben der sie aber zusätzlich noch angeleitete Meditation praktiziert. Angeleitet bedeutet dabei, die Meditation mit Hilfe einer CD zu unterstützen. Diese Form der Spiritualität ist für sie eine gute Hilfe, da man sich einfach leiten lassen kann. Zudem hat das von ihr zuvor schon praktizierte Qi Gong nun eine neue Qualität erhalten. Die Konsequenz des Lehrgangs war für Pia folglich, dass sie zu Hause die Praxis weiter vertieft und gepflegt hat und auch weiter *„dran geblieben"* ist. Mittlerweile praktiziert Pia nicht nur Qi Gong, sondern auch Tai Chi, das dann *„eben auch manchmal so in Körpergebet über"* geht. Dabei verspürt sie ein *„tieferes ganzheitliches Erleben."* Sie stellt heraus, dass sie das Sitzen in der Stille und die geführte Meditation zuhause weiter vertieft habe und Gottesdienste bewusster erlebe. In der Schule praktiziert sie keine spirituellen Übungen.

Jutta kennt das „Sitzen in der Stille" schon seit ihrer Zeit als Oberstufenschülerin und hielt Kontakt zu dieser Übung durch den gelegentlichen Besuch von Kontemplationskursen. Dazu komme heute ein wöchentlicher Yogakurs, in dem *„auch immer Meditation dabei"* sei. Auch habe sie sich das Körpergebet beibehalten, das sie nun jeden Morgen praktiziere. Als weitere Spiritualitätsform, die ihr *„das Herz öffne"* führt Jutta das Orgelspiel an. Sie findet dabei Ähnlichkeiten und Unterschiede zum „Sitzen in der Stille": Bei beidem müsse *„man gerade sitzen"* um zur notwendigen Ruhe zu gelangen. Man müsse außerdem *„... total präsent sein"* und beides sei *„praktisch so etwas wie eine Bewusstseinserweiterung."* Diese erfahre sie beim „Sitzen in der Stille" durch Empfindungen wie: *„dann ist plötzlich Zeit, da ... könnt ich eigentlich ewig so sitzen, so ohne Wünsche und ohne Bedürfnisse, so einfach das wahre Sein."* Beim Orgelspielen hingegen habe sie manchmal das Gefühl: *„Du bist im ganzen Kirchenraum ... du bist so weit, dass der ganze Kirchenraum erfüllt ist mit Musik und du bist eigentlich eins mit der Musik."* Allerdings müsse sie dann aufpassen, dass sie nicht anfange zu denken, denn *„wenn ich dann wieder denke, dann verliere ich den Faden und dann ist das Spiel im Eimer. Wenn man den Zustand halten kann, dann spielt es automatisch, es spielt in dir, dann kann ich mir zuschauen, wie ich spiele."* Konkrete Stilleübungen aus dem Kurs seien ihr oft präsent: *„Ich versuch das immer ein bisschen einzubauen, auch in der Schule oder wenn ich zur Ruhe komme."* Nach dem ersten Modul traue sie sich sogar Stille- und Wahrnehmungsübungen in Klassen durchzuführen und sie selbst habe gemerkt, dass sie z. B. in einer Klasse, in der sie eine Klassenarbeit beaufsichtige, sich *„einfach gerade hinsetze und dann ganz präsent da sei."*

Für Jutta spielen persönliches Gebet, Meditation und Gottesdienstbesuch eine wichtige Rolle. Dabei berichtet sie, dass der Gottesdienstbesuch im Vergleich zu

Gebet und Meditation mit der Zeit weniger wichtig geworden sei. Das persönliche Gebet hingegen erlebt sie als Konkretion, wenn es um bestimmte Anliegen oder Probleme geht oder man für andere Menschen beten kann.

Jutta wurde durch die Übungen während des Kurses inspiriert und praktiziert diese auch heute noch, ja, sie hat sich sogar extra einen Meditationshocker und ein Kissen gekauft. Auch die Bücher und Unterlagen des Lehrgangs schaut sie immer wieder durch. Das Buch von Emmanuel Jungclaussen „Aufrichtige Erzählungen eines russischen Pilgers" habe sie sich gekauft und bereits mehrmals verschenkt und auch aus der „Wolke des Nichtwissens", einer mittelalterlichen mystischen Schrift, habe sie Impulse erhalten.

Jutta erzählt, dass ihr das lange Sitzen beim Lehrgang „Spirituelle Selbstkompetenz" im Vergleich mit früheren Erfahrungen leichtgefallen sei. Nach dem Lehrgang empfindet sie den strengen Tagesrhythmus zwar als wichtig, in ihrem Alltag kann sie diesen aber nur sehr bedingt umsetzen („... *das Strenge ist wichtig, dass man da mal in den Rhythmus reinkommt, aber im Alltag kann ich nicht jeden Tag so verbringen, sondern ich kann einzelne Ruhepunkte rausnehmen*"). Wie in den vorigen Interviews bereits erwähnt nimmt Jutta oft an Yoga- und Entspannungskursen teil und besucht „Stille-Gottesdienste", an denen sie neben der Stille besonders die Musik und die Lesungen schätzt. Außerdem ist sie in einer tanztherapeutischen Gruppe, wo sie ihren Körper bewusst wahrnehmen und sich auf diesem Wege ausdrücken kann und dies als heilsam empfindet.

Eine weitere Form der Umsetzung von Spiritualität im Alltag ist für Jutta, sich einfach für einen Moment in den Garten zu setzen, diesen zu betrachten und zu beten. An manchen Tagen hat sie zwar zu viel zu tun, aber es ist ihr wichtig, dran zu bleiben und die Stille immer wieder in ihrem Alltag unterzubringen. („*Manche Tage, da hab ich immer so viel zu tun und zu machen. Ich muss mich dann einfach ganz still in den Garten setzen oder ins Bett legen, dass wieder alles so unterkommen kann*").

Durch den Kurs konnte Jutta ihr spirituelles Repertoire erweitern. Sie ist der Meinung, dass jeder Einzelne bei den verschiedenen Spiritualitätsformen unterschiedliche Vorlieben hat und man schauen müsse, was einem selbst gut tut. Für sich selbst hat sie vor allem „*die Stille*" und das „*Sitzen in Stille*" entdeckt. Als Beispiele für Elemente, die sie aus den Lehrgängen in den Alltag übernommen hat, nennt sie das Körpergebet, das sie zur Vorbereitung auf den neuen Tag praktiziert, sowie bestimmte Sätze aus der Lektüre von Franz Nikolaus Müller, die ihr gut tun.

Frieda praktiziert das „Sitzen in der Stille" ca. dreimal in der Woche. Dabei nimmt sie „*das Jesusgebet mit rein in* [ihre] *Meditation.*" Sie hat den Eindruck, sie gehe, wenn sie „*in der Früh*" gesessen habe, „*anders in den Tag rein* [in die Schule]." Sie kann dann „*diese vielen Sachen einfach über sich kommen lassen*" und bleibt dann doch „*die Herrin im Haus.*"

Neben der kontemplativen Meditation übt Frieda Aikido aus. Diese japanische Kampfsportart, die sie zunächst in „*der Haltung des Kämpfens*" begonnen hatte, ordnet sie inzwischen ihrer spirituellen Seite zu. Das Miteinander von Meditation und Aikido war für sie „*genial, einerseits die Stille und andererseits diese Bewegung, die sehr viel mit einer spirituellen Haltung zu tun hat.*" Das Verbindende zwischen Aikido und Meditation liegt für sie in der *„achtsamen Haltung"*, in dieser *„Konzentration im Augenblick."*

Frieda hat wahrgenommen, dass *„Meditation und somit die Spiritualität"* ihr *„Raum schafft, der [ihr] Zeit gibt zu reagieren"*, d. h. vor Reaktionen ihre Gefühle wahrzunehmen. Konkret übt sie in der Schule *„wenn ich merke, ich bin jetzt wieder sehr aufgeregt, sehr angespannt, dass ich bewusst gehe, dass ich mir … bestimmte Anker im Schulhaus setze, wenn ich eine Tür* [öffne]. *Oder wenn ich mich vor die Klasse stelle und es ist noch laut, dass ich mich einfach hinstelle und bei mir, einfach für mich atme und bei mir mal ankomme …".*

In der Adventszeit hat sie mit Kolleginnen und Kollegen eine adventliche Meditation angeboten, die aber nicht so ganz in ihrem Sinne gestaltet wurde: Für sie wäre es die *„stimmigste Form"* gewesen, *„einfach zu sitzen … vielleicht mit ein paar Taizé-Gesängen … wenig Text …"* aber da war sie mit ihren Religionskolleginnen und Religionskollegen *„zu weit auseinander".*

In Bezug auf praktizierte Spiritualitätsformen spielt für Paula Musik, und hier besonders die Gestaltung von Gottesdiensten durch Musik, eine entscheidende Rolle: *„Das ist mir wichtig Musik zu machen und nicht nur irgendwie in einem Kontext, sondern im kirchlichen Kontext in Anbindung an die Gemeinde."* Die zweite ihr wichtige Spiritualitätsform *„ist auch wirklich die Mitfeier der Liturgie in der Gemeinde".* Mit der im Kursmodul angebotenen, speziellen Spiritualitätsform der Kontemplation, die sie zuvor so nicht kannte, hatte Paula eher Schwierigkeiten. Aus Ihrem Berufsalltag kennt sie keine praktizierten Spiritualitätsformen. Praktisch habe sie die Kombination aus Aikido und Meditation für sich entdeckt und festgestellt, dass das genau das Richtige für sie sei. Insbesondere die freie, christliche Haltung, die sie in den Meditations- und Aikido-Seminaren spürt, sage ihr sehr zu. Aikido bedeute eine ganz starke Konzentration auf den Augenblick, eine *„entspannte Spannung"*, eine achtsame Haltung, die sie ebenfalls als gemeinsames Element von Aikido und Meditation erlebt.

Frieda berichtet zum Zeitpunkt t$_2$ davon, dass sie bereits vor dem Kurs das Sitzen in der Stille übte. Sie sitze zwei bis dreimal die Woche und besuche seit sieben Jahren einmal pro Woche einen Meditationskurs. Zum Zeitpunkt t$_3$ erzählt Frieda, dass seit dem letzten Kursmodul (währenddessen sie für längere Zeit meditiert hat) die Meditation als Form der Spiritualität in ihrem Alltag intensiver geworden sei. Sie versuche, langsam zu gehen, nicht mehr zu rennen, sondern im Gehen vom einen zum anderen Klassenzimmer in der Ruhe zu bleiben und sich auf ihren Atem zu konzentrieren.

Für Paula sind der Gottesdienstbesuch und die Feier der Liturgie das spirituelle Zentrum. Von hier aus nimmt sie auch die alltäglichen Begegnungen und Verrichtungen in einer gewissen spirituellen Tiefe wahr, ohne dass sie von sich sagen würde, dadurch eine alltägliche Spiritualität zu leben. Sie lebe Spiritualität nicht *„im Sinne von Meditation oder Kontemplation. Das war auch im ersten Modul für mich eine Schwierigkeit zu merken, das ist jetzt nicht die Form, die meinem Wesen so ent-*

spricht. *Also, was für mich eine große Rolle spielt, ist Musik, auch Gestaltung von Gottesdiensten durch Musik, da ist, wo ich lange Zeit nichts gemacht habe, aber gemerkt hab', das ist mir wichtig Musik zu machen und nicht nur irgendwie in einem Kontext, sondern im kirchlichen Kontext in Anbindung an die Gemeinde.*" Paulas spirituelles Zentrum weitet sich im Laufe der Untersuchung merklich. Zum Zeitpunkt t_1 gibt es Spiritualität für sie, "*wenn ich die Tageszeitung lese oder Radio höre, dann sind das kurze Momente, in denen ich mich bereit mache, den Menschen zu begegnen oder den Gedanken habe für die Menschen, denen was Schlimmes widerfahren ist. Also wo Gebet und Leben stärker zusammenrückten.*" Spiritualität geschieht dann, wenn sie "*integriert ist in das, was ich sowieso mache und was ich tue.*" Für Paula ist die Suche nach diesen für sie seltenen, spirituellen Momenten ein zentrales Moment ihrer Spiritualität und insofern auch eine Form von Spiritualität. Sie formuliert dies für sich als Aufgabe: "*Ich habe da für mich noch nicht so die Brücke geschlagen zwischen dem Sonntagsgottesdienst und dem beruflichen Alltag.*"

Wie Paula kannte auch Thea die Kontemplation in der Form, wie sie im ersten Modul vermittelt wurde, noch nicht. Sie hatte zwar darüber gelesen oder wurde von Referenten darauf hingeführt, aber sie erkannte, dass es etwas anderes ist, "*ob man es liest oder ob man es macht.*" Und obwohl für sie das "*Sitzen als solches auch körperlich ... total anstrengend*" war, fand sie die Kontemplation, die sie als "*eine Form, ein*[en] *Weg*" bezeichnet, als persönliche Bereicherung. Sie nennt zwar keine speziellen Formen von Spiritualität, die sie praktiziert, ist aber spontan "*oft in Dialog mit oben*". In ihrem Berufsalltag als Lehrerin hat sie verschiedene spirituelle Formen eingesetzt. "*Nicht nur, wie man mit Menschen umgeht,*" ist für sie eine Form christlicher Spiritualität, sondern auch Riten wie Schulgottesdienste und Gebete und Formen wie das Vortragen von Gedichten, "*wo ich dem Schüler die Möglichkeit gebe innezuhalten, bevor der Unterricht losgeht.*"

Zusammenfassend kann gesagt werden, dass die Befragten über eine sehr große Bandbreite spiritueller Handlungsformen berichten. Genannt werden Pilgern, Jogging, Yoga, Chorgesang, Qi Gong, Gottesdienste sowie das Körpergebet, persönliche und vorgeformte Gebete, Tagebuch schreiben, Atem- und Bewusstseinsübungen, meditativer Tanz, Aikido, sowie das Musizieren. Auffällig ist, dass von fünf der insgesamt sieben Teilnehmerinnen und Teilnehmern das "Sitzen in der Stille" sowohl zum Zeitpunkt t_1 als auch zum Zeitpunkt t_2 als Spiritualitätspraxis genannt wird. Das kann ein Hinweis darauf sein, dass das erste Modul dazu motiviert hat, diese bestimmte Spiritualitätspraxis anzunehmen oder beizubehalten.

Spirituelle Übungen, die von den Teilnehmerinnen und Teilnehmern zum Zeitpunkt t_1 bereits gepflegt wurden, wurden auch in t_3 beibehalten.

Andererseits wurden in der letzten Befragungsrunde auch einige neue Formen von den Teilnehmenden genannt, die diese sich im Laufe der eineinhalb Jahre angeeignet hatten: Körpergebet, im Garten einfach Da-Sein und bewusstes Treppenstufen-Gehen gehören in diese Kategorie, genauso wie spirituelle Lektüren oder das Körpergebet. Auch wenn die Befragten sich nach eigener Auskunft schwertaten, bestimmte spirituelle Praktiken auch aufrecht zu erhalten, so zeugen die Interviews doch von einer großen Bereitschaft, im Kurs erfahrene Praktiken auszuprobieren und sich, zum Teil auch über den Lehrgang hinaus, auf sie einzulassen. Dies auch auf die Gefahr hin, dass sie wieder verworfen werden, wenn sie sich nicht in den eigenen Alltag integrieren lassen. Es scheint, als hätten Formen der Spiritualität eine eigene Gesetzmäßigkeit, die sich vor allem daran bemisst, wie kohärent bestimmte Praktiken im Alltag sind.

3.2.2 Selbstwirksamkeit und Spiritualität

Die Teilnehmerinnen und Teilnehmer berichten über ihre Spiritualität immer wieder auch im Horizont ihrer Biografie. Erlebnisse aus der Kindheit und der frühen Jugend werden Jahrzehnte später als Anstoß wahrgenommen, eigene Formen der Spiritualität zu erproben und zu leben. Das Vollziehen der Rituale, die Feier der Riten und die Teilnahme am kirchlichen Leben führten offenbar zu bleibenden Eindrücken. „*Der Gott Vater und Marienkrönung und so weiter ... schon im Kindergarten haben wir ja auch so Rollenspiele gemacht und Theaterstücke. Und da habe ich immer mitgespielt und das hat mir also eine, also eine Sehnsucht erweckt, da einfach näher ranzukommen ... und dieser Spur bin ich eigentlich dann immer in meinem ganzen Leben nachgegangen.*" Eine andere Teilnehmerin berichtet, Religion sei ihr im Elternhaus bewusst geworden, „*und dann hat in der Schule der Religionsunterricht gut gefallen, also ich fand das spannend und auch die Jugendarbeit hat eine Rolle gespielt. ... Dann, um das Abitur herum Taizé mit dem Religionsunterricht ... Das waren so die wesentlichen Spuren.*" Erlebnisse in Kindheit und Jugend werden als spirituelle Erfahrungen geschildert, die vor allem dadurch gekennzeichnet sind, dass sie nicht in der Innerlichkeit der Person verhaftet bleiben, sondern zum eigenen Handeln anregen. So wird berichtet, dass „*es selbstverständlich* [war], *dass gebetet wird, vor dem Essen, dann das Segenskreuz auf die Stirn von der Mutter, wenn ich morgens in den Kindergarten marschiert bin und das sind auch Dinge, die ich beibehalten habe bei meinen eigenen Kindern.*" Diese in der religiösen Sozialisation praktizierten Glaubensformen können, müssen aber nicht als spirituelle Formen verstanden werden. So berichtet eine Teilnehmerin, dass „*Taizé mit dem Religionsunterricht ... schon eine Art Offenbarung*" gewesen sei, während eine andere sagt, ihre Erfahrung in Taizé würde sie „*jetzt nicht Spiritualität*" nennen.

Es kommt also immer auf die angewandte Perspektive an und darauf, ob bestimmte Erlebnisse mit Blick auf Spiritualität als relevant erfahren wurden oder nicht. Dies gilt es zu beachten, wenn im Folgenden die Quellen der Selbstwirksamkeit beleuchtet werden. Der Zusammenhang von eigener Spiritualität als innerer Kraftquelle und den Quellen des eigenen Selbstbildes besteht dabei zum einen in der Perspektive auf die eigene Person: Wie beschreiben die Interviewten ihre inneren (volitiven und motivationalen) Quellen, als Religionslehrkräfte tätig zu sein? Und zum anderen aus der Wahrnehmung des Umfelds der Teilnehmerinnen und Teilnehmer, das professionelle Handlungsfelder genauso umfasst wie private und damit immer wieder die

Frage aufkommen lässt, wie Spiritualität sich in diesen unterschiedlichen Kontexten bewähren kann. Wolfgang hatte das eine *„achtsame Grundhaltung"* genannt und im Folgenden wird es darum gehen, den Quellen dieses Selbstbildes nachzugehen.

Wir haben die Interviews anhand der von Bandura empirisch gewonnenen Quellen der Selbstwirksamkeit strukturiert. Banduras Selbstwirksamkeitsmodell geht davon aus, dass Menschen sich dann als selbstwirksam erfahren, wenn sie sich in fachlicher Hinsicht als kompetent erleben (3.2.2.1), wenn sie eine innere, emotionale Bereitschaft für ihr eigenes Tun zeigen (3.2.2.2), sich an Modellen und Vorbildern orientieren (3.2.2.3) und – für Lehrerinnen und Lehrer zentral – soziale Resonanz erfahren (3.2.2.4).

Die Interviews wurden nach dem ersten Kursmodul (t_1), nach dem dritten Modul (t_2) und ca. ein Jahr nachdem der Kurs vergangen war (t_3) durchgeführt: Gab es Veränderungen? Welche spirituellen Praktiken haben sich bewährt? Diesen Fragen gehen die jeweils letzten Absätze der einzelnen Abschnitte nach.

Wir wollten auch wissen, welche Entwicklungen aufgrund des Kurses stattfanden und nicht etwa nur der Tatsache zu verdanken sind, dass Interviews zum Thema „Spiritualität" geführt wurden. Deswegen haben wir parallel zu den Interviews mit den Teilnehmerinnen und Teilnehmern des Kurses Kolleginnen und Kollegen, die nicht am Kurs teilgenommen haben, sich aber ebenfalls als spirituell bezeichnen, mit denselben Interviewleitfäden befragt. Was erbringt dieser Vergleich? Abschnitt 3.2.2.5 weist einige Beobachtungen aus.

3.2.2.1 Kompetenzerleben

Kompetenzerleben meint zunächst die Selbstauskunft von Probandinnen und Probanden über ihr professionelles Handeln. Indem die Interviewten über ihre Spiritualität befragt werden und über sie berichten, wird ihnen diese auf besondere Weise bewusst. Kompetenzerleben ist daher immer reflektiertes Kompetenzerleben, weil wir uns auf Selbstauskünfte unserer Teilnehmerinnen und Teilnehmer stützen. Außerdem ist Kompetenzerleben in unserem Zusammenhang an das Spiritualitätsverständnis der Teilnehmerinnen und Teilnehmer gebunden, nicht zuletzt deshalb, weil alle Befragten im Erstinterview mit dem Spiritualitäts-Modell von Bucher in Kontakt kamen. Es ist also zu erwarten, dass das Modell zumindest im Hintergrund präsent ist und die Ich-bezogene Dimension von Spiritualität mitgedacht wird.

Der Befund der Interviews spannt sich zwischen zwei Polen auf, die wie folgt zu benennen sind: der Pol Privatheit (die Referenz des Kompetenzerlebens ist eine intime, innere Spiritualitätserfahrung, ein persönlicher Schatz) und der Pol Öffentlichkeit (die Referenz des Kompetenzerlebens ist letztlich der soziale Raum, in dem sich die eigenen Bemühungen um eine spirituelle Selbstkompetenz bewähren.

Privatheit meint ein auf die jeweilige Person bezogenes Kompetenzerleben, das das eigene Ich als Basis von Kompetenzerleben betrachtet (Jutta sagt in t_1, sie fühle sich *„getragen in einer großen Einheit"*; Thomas sagt in t_1: *„Achtsam werden für sich selber und dann achtsam werden für das, was um einen herum ist und für die*

Menschen, die um einen herum sind, [...]"; Pia sagt in t_1: *„Es liegt viel daran, dass ich alleine bin und Gemeinschaft suche.*")

Pia, die Spiritualität immer wieder auf die Ganzheit ihrer Person bezieht, sagt gleichzeitig, dass Spiritualität in alle Beziehungen sowohl in die *Öffentlichkeit* der Familie als auch in die im Freundeskreis mit einfließe. Paula betont in t_1, dass sie Spiritualität vor allem durch ein *„rationales Daraufschauen"* entbergen könne und gerade diese Kompetenz ihr ermögliche, den Schülerinnen und Schülern *„niedrigschwellige Angebote"* zu bieten, um Spiritualität für sie erfahrbar zu machen. Dazu gehört für sie die Gestaltung des Klassenraumes oder einfach schönes Material bereitzustellen. Ihr Kompetenzerleben ist eng verwoben mit allgemeinpädagogischen professionellen Standards, wobei der Bereich Spiritualität bei ihr eben immer in edukativ bedeutsamen Zusammenhängen und damit in der Teilöffentlichkeit des Klassenzimmers betrachtet wird. Für Wolfgang ist Spiritualität vor allem eine Sache der inneren, persönlichen Haltung. Zum Zeitpunkt t_1 ist diese, zum Beispiel in der Öffentlichkeit des Klassenzimmers, immer mit einem gewissen Risiko behaftet (*„das, was einem kostbar ist und heilig ist und die Leute können das gar nicht wertschätzen"*). Im Verlauf bis t_3 findet er mehr Gelassenheit in seinem Umgang mit Spiritualität und setzt diese seinem sozialen Umfeld aus. Denn nach der zurückhaltenden Einordnung in t_1 kommt der entscheidende Schritt nach außen, wenn er betont, *„mindestens einmal im Jahr so eine Doppelstunde über Spiritualität, Meditation zu machen"* – auch hier ist die Öffentlichkeit des Klassenzimmers die Folie für Kompetenzerleben.

Die Aussagen zum Kompetenzerleben spielen sich gewissermaßen in der Schnittmenge dieser beiden Pole ab, die Pole lassen sich also nicht voneinander trennen, wohl aber durch die Aussagen differenzieren. Quer zu diesen Polen haben wir zwei Aspekte gefunden, die Kompetenzerleben gewissermaßen als Lernweg beschreiben: Neben den Referenzen im eigenen Ich und der Bewährung einer spirituellen Haltung in der eigenen Praxis geht es immer auch darum, Unsicherheit auszuhalten und sich dann doch auf einem guten Weg zu wissen.

Diese beiden Aspekte spielen eine wichtige Rolle für das Kompetenzerleben: eine existenzielle Unsicherheit und eine als stabiles Ungleichgewicht erfahrene Prozesshaftigkeit.

Unsicherheit wird bei manchen Teilnehmenden sichtbar. Sowohl in Lebenssituationen, die schwierig waren, als auch im Klassenzimmer, wenn der Teilnehmer oder die Teilnehmerin seine eigene Ich-Perspektive aufgibt (sich entsichert) und in die Perspektive der Schülerinnen und Schüler geht, um diese einnehmen zu können. Außerdem betonen die Kolleginnen und Kollegen auch Stresssituationen, in denen Spiritualität Kraftquelle sei. Allerdings scheuen sie eine Funktionalisierung des Spiritualitätsbegriffs.

Wie wir bereits bei den Spiritualitätsformen gesehen haben, charakterisiert Thomas seine Spiritualität als **Prozess**, als *Pilgerweg*. Dadurch nimmt er eine Perspektive ein, die einen Gesamtüberblick beansprucht und die eigene Spiritualität ganz verobjektiviert: Er sieht sich und seine Person aus der Dritte-Person-Perspektive und kann so die Klammer zwischen Privatheit und Öffentlichkeit benennen. Es wird ihm möglich, innerstes Empfinden auch von außen zu beschreiben. Er beschreibt seine spirituelle Kompetenz als *„ganz extremen Schub hin dazu, dass Glaube, Religion, Spiritualität, dass das was Intrinsisches sein muss, um überhaupt zu sein und es nicht um ein äußeres Vollziehen von irgendwelchen Dingen* [geht], *sondern gelebt sein will"*. Er nennt es Pilger-Spiritualität und betont, dass sich diese Einsicht erst nach den regelmäßigen Übungen eingestellt habe – daraus folgt für ihn also ein besonderes Engagement für Themen wie Eine-Welt, Soziale Gerechtigkeit und die Werke der Barmherzigkeit. Da Spiritualität für ihn wie für die anderen eine innere Haltung ist, die geradezu dadurch zu charakterisieren ist, dass sie nach außen drängt, gestaltet er den Unterricht mit Elementen, die dies sichtbar machen: Zeiten der Stille, Rituale mit der Klangschale, spirituelle Stunden-Impulse.

Gab es Veränderungen zwischen t_1 und t_3? Zum Zeitpunkt t_2 zeigen sich wichtige Verschiebungen und Akzentuierungen im Kompetenzerleben. So berichtet Jutta, dass sie im Unterricht sehr viel mehr praktische Elemente einbaue, um zu Ruhe und Gelassenheit anzuleiten. Dazu benutzt sie meditative Elemente. Interessant ist, dass sie nicht nur nach außen hin von einem erhöhten Kompetenzerleben berichtet, sondern auch nach innen. Durch den Kurs könne sie in Glaubensfragen sicherer vor der Klasse stehen. Ihr zunächst fremde, äußerliche Texte werden durch die Verbindung zum eigenen Leben spannender und lebendiger, was sich auch in ihrem Auftreten spiegele.

Thomas schildert ergänzend, er habe erkannt, dass vor allem die Beziehung zu anderen Menschen gestaltet werden müsse. Durch eine erhöhte Achtsamkeit in Begegnungen und Beziehungen wird für ihn Spiritualität lebendig, er erfährt in ihnen seinen kompetenten Umgang damit. Für Wolfgang gilt dies ebenso: Beziehungen sind zentral, durch den Kurs sei er in seiner Wahrnehmung von Beziehungen zu Kolleginnen und Kollegen *„so 'ne leichte Nuance, so 'ne kleine, leichte Spur"* aufmerksamer und sensibler geworden. Um Spiritualität zu vermitteln, bedarf es daneben unbedingt der eigenen, persönlichen Erfahrung mit spirituellen Übungen. Sonst könne man sie auch nicht vermitteln, sei es im Unterricht oder in Begegnungen.

Kompetenzerleben ist ganz entscheidend abhängig von eigener spiritueller Erfahrung. Ein Teilaspekt davon kann die Erfahrung sein, dass Spiritualität hilft, eigene Ängste zu überwinden. Wer diese Erfahrung gemacht habe, könne dann auch einen tiefen, inneren Frieden ausstrahlen, der auch den Schülerinnen und Schülern helfen könne, so Pia. Kompetenzerleben wird für sie dann sehr plastisch, wenn es ums *professionelle Zuhören* geht. Aktiv zuzuhören und sich in Schülerinnen und Schüler hineinzuversetzen ist für sie eine Form von Kompetenzerleben, die letztlich in Spiritualität gründet.

Zum Zeitpunkt t_3 wird deutlich, dass sich Kompetenzerleben auf klare Referenzpunkte bezieht: Bei Jutta sind dies *Übungen in der Klasse*, die sie auch mit Kolleginnen und Kollegen vorbereitet; bei Thomas geht es um die *eigenen, biografischen Wurzeln* und auch darum, sich des eigenen *Grundvertrauens* gewahr zu werden; bei Wolfgang ist zum einen eine größere *Gelassenheit und Lockerheit* im

Umgang mit Spiritualität sichtbar, zum anderen sieht er eine Referenz in spirituellen „*Kraftquellen*" (achtsam erlebte Beziehungen, seine eigenen Meditationsübungen und die Fähigkeit zum Perspektivwechsel: „*Einerseits noch stärker bei den Dingen zu sein, aber andererseits zur gleichen Zeit auch das von außen anzuschauen*"). Frieda geht gelassener in den Unterricht, weil sie die Schülerinnen und Schüler „*auch sein*" lässt; Paula betont ihre „*Selbstwahrnehmung*" und, dass sie „*auf einem guten Weg*" sei. Pia ist „*sensibler gegenüber Mitmenschen*" geworden.

3.2.2.2   Emotionale Bereitschaft

Die emotionale und physiologische Bereitschaft bezeichnet die innere personale Disposition der Befragten, mit der sie sich auf spirituelle Erfahrungen und Lernwege einlassen. Darüber hinaus zeigen die Interviews (v. a. mit Blick auf t_3), dass auch die Emotionen der Schülerinnen und Schüler als entscheidend wichtig erachtet werden, spirituelle Angebote zu machen.

Die Interviews fragten nur nach Gefühlen und Emotionen. Die physiologische Bereitschaft, bestimmte Anforderungen anzunehmen und zu bearbeiten, die Bandura anführt, konnten methodengemäß nicht erhoben werden.

Auffallend ist zunächst, dass t_1 und t_2 einen Lernprozess abbilden: Von t_1 zu t_2 werden die Teilnehmerinnen und Teilnehmer achtsamer gegenüber ihrem Körper und ihren Gefühlen. Sie haben gelernt, dass die soziale Resonanz im Kollegium oder in der Schulklasse entscheidende Bedingung für ihre Bereitschaft ist, selbst spirituelle Prozesse und Übungen einzubringen. Deutlich davon abgehoben sind die Ergebnisse für t_3, die eine pädagogische Reflexion dieses Lernprozesses zeigen. Spirituelle Übungen werden hierbei zum einen zu einer Sollens-Forderung (die Teilnehmenden berichten dann von ausgebliebenen spirituellen Elementen im Unterricht und von unterlassenen (Meditations-)Übungen) oder aber es werden präzise Grenzen benannt, warum spirituelle Übungen oder Lernformen nicht angeboten werden: „*Na, ich hatte dann irgendwie keine Gelegenheit oder habe keine Gelegenheit gesucht*".

Die Aussagen von t_1 und t_2 oszillieren zwischen der Selbstauskunft, durch Spiritualität „*auf den Boden der Tatsachen*" zu gelangen, auf der einen Seite und einer Spiritualität als zum Alltag konträres Geschehen auf der anderen Seite: „*Wenn ich aus Taizè zurückkomme oder wenn ich aus irgendeinem spirituellen Kurs zurückkomme, dass ich da so vollgefüllt bin und dann reinplumpse in den Alltag, der ganz anders ist*".

Der erste Pol (*Boden der Tatsachen*) ist gekennzeichnet durch eine hohe Präsenz in der eigenen Gefühlswelt, die gleichwohl keinesfalls konstant ist, sondern von einem Auf und Ab gekennzeichnet ist und so einer Sinuskurve ähnelt. Kennzeichen ist aber ein Gefühl des Daseins in Fülle, das positive wie negative Erfahrungen einschließt. Auch Anfechtungen im Glauben und mit Blick auf die eigene Person werden durch diese Form emotionaler Bereitschaft sichtbar. In pädagogischen Kontexten wollen diejenigen, die ihren Gefühlshaushalt derart als Bedingung gelebter und gelingender Spiritualität verstehen, diese Form der Präsenz auch bei den Schülerinnen und Schülern bewirken. Die Schülerinnen und Schüler sollen dann existenziell angesprochen werden und der Unterricht soll nicht nur als eine Vermittlung, die von außen kommt, wahrgenommen werden (so beispielsweise Thomas in t_1). Der *„Boden der Tatsachen"* wird als spirituelle Präsenz (oder als der Bereich, in dem sich die spirituelle Präsenz beweisen muss) beschrieben, die die Teilnehmerinnen und Teilnehmer ganz bei sich, achtsam gegenüber sich selbst, wenig gestresst, ruhig, konzentriert und zielstrebig sein lässt: *„Aber so erlebe ich mich selber, wenn ich ordentlich morgens sitze und abends, dann merke ich, bin ich ganz bei mir und ganz anders in der Ruhe und in der Kraft, als wenn ich jetzt grad nicht so viel Zeit dafür habe, weil andere Sachen dringender sind".* Diese Präsenz führt dann auch dazu, Konflikte gelassener zu meistern und auch dazu, dass Schülerinnen und Schüler bemerken, dass die Lehrkraft den *„Unterricht anders"* und *„Beziehungen anders"* gestaltet. Diese Art von spiritueller Präsenz nährt sich aus der Fülle des Alltags und macht diese zugleich sichtbar.

Emotionale Bereitschaft zur Spiritualität kann aber auch gegen den Alltag abgegrenzt werden und als Weltflucht gedeutet werden, die gerade als Flucht aus dem Alltag und als Gegenwelt zum Alltag Kraft gibt, um den Alltag bewältigen zu können. Auch hier wird das Augenmerk auf den Augenblick gelenkt. Die Dynamik der Achtsamkeit auf den Augenblick liegt dann aber nach innen gewendet und bleibt auf die eigene Person und die eigene Wahrnehmung bezogen. Didaktische Bemühungen münden auch darin, bei den Schülerinnen und Schülern eine Achtsamkeit gegenüber dem Erleben von Augenblicken zu schulen. Die Gefahr beider Konturen von Spiritualität besteht darin, dass sie von der Wirklichkeit (genannt werden Konfliktsituationen zwischen Schülerinnen und Schülern, Streitigkeiten im Kollegium und in der Klasse, aber auch die großen religiös genährten Konflikte in der Welt) gebrochen werden, dass also die Haltung der Achtsamkeit und die Sehnsucht nach einer harmonischen Ganzheit, die aus den Interviews als Bedingung von Spiritualität deutlich hervortreten, von den Unebenheiten und Rohheiten der Welt zertreten werden.

t_2 reflektiert die beiden genannten Pole der Weltflucht und des Kraftspendens durch Spiritualität mit Blick auf den Lernprozess in den drei Modulen. Neben der Bedeutung des 1. Moduls, das Erfahrungen der gestaltfreien Meditation (Kontemplation) initiierte, tritt hier prominent das 3. Modul auf. Die Teilnehmerinnen und Teilnehmer verweisen immer wieder darauf, dass hier die Vermittlung von Spiritualität angeregt wurde, aber doch auch die Grenzen dieser Vermittlung deutlich geworden sind. Grenzen sind zum einen volle Stundendeputate, die kaum Zeit für Neues lassen, zum anderen werden aber auch Kolleginnen und Kollegen mit anderen Haltungen und Einstellungen (Widerstände gegen neue religiöse Formen) genannt und die Schwierigkeit, dass sich nicht jede Klasse auf spirituelle Lernwege einlassen könne: *„Aber ich merke, ich tue mir da schwer als Einzelkämpfer, also da tut's mir gut, wenn ich mit jemandem kooperieren kann, ja".*

Mit dieser Beobachtung geht einher, dass gerade Religionslehrerinnen und Religionslehrer ein besonderes Gespür für die Schülerinnen und Schüler haben sollten, um Spiritualität einzuüben. Die Wertschätzung gegenüber den Schülerinnen und Schülern müsse im Vordergrund stehen, was eben auch heißt, offen zu sein für bereits vorhandene Kompetenzen. Kleine Wahrnehmungsübungen sind hier genauso hilfreich wie die grundsätzliche Haltung, in jedem Schüler und in jeder Schülerin eine Bereicherung zu sehen: *„Also, ich glaub, in jeder Interaktion, in jedem Kommunikationsprozess kann Spiritualität erlebbar werden, ob es jetzt in der Partnerschaft ist, in der Familie, ob jetzt im schulischen Bereich, im Klassenzimmer, also im Verein, in der Gruppe, der Peergroup, in der Clique, egal, wo"*.

Gerade in t_2 wird aber auch eine zögerliche Haltung gegenüber einer pädagogisierten Spiritualität sichtbar. Eine Kollegin hat sich eine Klangschale besorgt, deren Einsatz allerdings auf sich warten lässt. Die Gründe hierfür können nur vermutet werden. Aber es könnte sein, dass die emotionale Bereitschaft der Lehrerin eben auch die emotionale Bereitschaft der Schülerinnen und Schüler voraussetzt, sich auf Spiritualität einzulassen und andersherum.

Diese Beobachtung und Deutung kann zum Befragungszeitraum t_3 überleiten. Denn hier – ca. ein dreiviertel bis volles Jahr nach dem letzten Modul – ist zweierlei passiert. Zum einen haben sich Spiritualitätsübungen, die sich die Teilnehmerinnen und Teilnehmer vorgenommen haben, etabliert oder auch wieder verflüchtigt; zum anderen wurden erste Erfahrungen dazu gesammelt, wie Gespür als emotionale Bereitschaft bei sich selbst und bei den Schülerinnen und Schülern geweckt werden kann.

Sehr deutlich ist die Bedeutung der körperlichen Bereitschaft für Spiritualität geworden: *„Bei dem Körpergebet"* oder wenn zu *„schöner Musik getanzt"* werde, sei sie ganz *„in ihrer Mitte"*, berichtet eine Teilnehmerin. Durch diese Art von Selbstzentrierung können Kolleginnen und Kollegen auch mit schwierigen Situationen gelassen umgehen. Beschrieben wird in t_3 diese Gelassenheit auch als sich selbst verstärkender Lernprozess, der sich gleichsam selbst immer mehr vertieft und dadurch die eigene emotionale Bereitschaft für spirituelle Prozesse verstärkt und auch den Umgang mit stressigen Situationen vereinfacht.

Dies setzt freilich eine hohe Investition an Übungen voraus. Spiritualität sei *„einfach so eine Übungsgeschichte"*.

Die Gefahr, die gerade mit Blick auf den Gefühlshaushalt der Teilnehmerinnen und Teilnehmer sichtbar wird, ist die der sich häufig mit spirituellen Übungen und Erfahrungen aufbauenden und damit immer höher werdenden Anspruchs- und Erwartungshaltung: *„Jetzt das Sitzen selber, [...] es widerstrebt ganz vieles und so, sich aber da trotzdem die Zeit zu nehmen, was für mich ganz schwierig ist"*. *„[Spiritualität] muss aber auch gestaltet und gepflegt und kultiviert sein und da merke ich einfach, gibt's bei mir auch noch Defizite. [...] Weil das Problem ist, in mir steckt biografisch irgendwie veranlagt dieses ‚Ich schaff' es nicht'."*

Wenn auch Anspruch- und Erwartungshaltung möglicherweise der Persönlichkeitsstruktur Einzelner geschuldet sind, stimmt dieses Ergebnis doch nachdenklich, denn die im Kurs kommunizierte Spiritualität griff ohne Forderungscharakter auf die Lebensfülle des Alltags aus und stellte dafür Möglichkeiten spiritueller Übungen und Impulse vor. Dass diese Angebote mit Blick auf die eigene Person und durch

Nachfrage nach den Gefühlen, die dabei eine Rolle spielten, doch auch als Forderungen wahrgenommen wurden, müsste bei der Umsetzung kommender spiritueller Angebote stark berücksichtigt werden.

3.2.2.3 Modelllernen

Modelle sind Vorbilder, die für die eigene spirituelle Entwicklung bedeutsam geworden sind. Außerdem sind sich einige Teilnehmerinnen und Teilnehmer bewusst, dass sie den Schülerinnen und Schülern ebenso als Vorbilder dienen. So ist es *„natürlich diese achtsame Grundhaltung, ... dass man so grundsätzlich jeden Augenblick als Gebet nimmt und als Übung"*, die dann auf die Schülerinnen und Schüler übergreift.

In den ersten Interviews zum Messzeitpunkt t_1 findet sich eine klare *Begrenzung des Modellverständnisses*, d. h. nach dem ersten Kursmodul orientieren sich die Teilnehmerinnen und Teilnehmer an einem begrenzten Bereich von Personen, die sie als spirituell bedeutsam erfahren haben.

Die Aussagen in t_1 lassen sich auf drei Bereiche konzentrieren, die für die Teilnehmerinnen und Teilnehmer besonders wichtig geworden sind:

– Religiosität in der Familie, vorgelebt von den Eltern,
– außerfamiliäre Vorbilder, zum Beispiel der Pfarrer oder auch Mönche,
– Vorbilder aus der Literatur oder anderen Medien, mit denen keine Begegnung stattfand und zu denen zunächst keine persönliche Beziehung besteht, die aber trotzdem als eindrücklich genannt werden.

Außerfamiliäre Vorbilder scheinen für die Entwicklung von Spiritualität hoch bedeutsam zu sein. So nennt ein Teilnehmer, dass er viel von seinem Pfarrer gelernt habe, besonders mit Blick auf die Gestaltung des eigenen Lebensweges. Der Pfarrer hat den Teilnehmer wohl längere Zeit begleitet. Interessant ist hier, dass das Vorbild nicht vorbehaltlos als ein Modell für Spiritualität wahrgenommen wurde: *„Es ist gut gemeint vermute ich, aber gut gemeint ist nicht gut genug, [...] ich kann auch selber nicht wirklich sagen, ob er vielleicht doch Recht hat, etwas sieht, was ich nicht sehe und trotzdem, ich kann meinen Weg nur selber finden, also das kann er mir auch nicht abnehmen und auch nicht vorzeichnen."* Dieses Zitat ist insofern aufschlussreich, weil es implizit einen Reifungsprozess abbildet und explizit als Ergebnis dieses Reifungsprozesses gelesen werden kann. Zunächst scheint für die Person des Pfarrers zu gelten, dass er sehr nett und zugänglich gewesen ist und, das ist dem Teilnehmer wichtig zu betonen, dass er guten Willens gewesen ist. Im Zusammenhang von Modelllernen und Spiritualität ist also zunächst die persönliche Begegnung wichtig und hier besonders, dass die Begegnung vertrauensvoll und auf Augenhöhe stattfindet (der Pfarrer könnte dann doch etwas gesehen haben, das der Teilnehmer nicht gesehen hat). Der Interviewte zweifelt nämlich, *„ob er vielleicht doch Recht hat"*. Die Beziehung zum Modell ist in jedem Fall sehr reflektiert, was besonders wichtig für die Wahrnehmung des Modells als Vorbild ist. Dies kommt auch durch die Betonung der Eigenverantwortlichkeit zum Ausdruck:

„Ich kann meinen Weg nur selber finden". Dieselbe Person findet aber auch Modelle wichtig, die ihm nicht personal begegnet sind. Er nennt Mutter Theresa und Johannes vom Kreuz und dessen Mystik. Allerdings verbleiben die Äußerungen zu diesen beiden auf der Ebene einer rationalen Wahrnehmung, ein Anverwandeln eigener Haltungen mit denen von Mutter Theresa oder Johannes vom Kreuz wird nicht angesprochen.

Im Verlauf dieses Gesprächs kommt der Teilnehmer auf Glaubenskrisen zu sprechen, die ihn schon länger begleiten. Die Orientierung an Vorbildern gebe ihm Halt, weil deren Lebensformen durch die Entschiedenheit, mit der sie ihr Leben gestalten, eine klare Kontur haben. Vielleicht auch deswegen nennt er noch die Geschwister Scholl als seine großen Vorbilder, weil *„nicht das Dogmatische wichtig ist, sondern das Zeugnis und, und, dass die Widerstandskämpfer, also nehmen wir jetzt mal die Geschwister Scholl oder die Weiße Rose insgesamt, gerade durch ihr Sterben, ja quasi nachhaltige Wirkung erzeugt haben, also es geht um Lebenshingabe"*.

Zu den außerfamiliären Modellen gehören auch spirituelle Lehrerinnen und Lehrer, die Ansprechpartner sein können (*„Und da gehe ich dann zu* [meinem Meditationsmeister] *hin und sage: ‚Mensch Du, ich weiß auch nicht, eigentlich ist es so viel Kampf' und dann, klar, und dann sagt er: ‚Nimm's einfach als Herausforderung, anscheinend bist du noch zu nahe beteiligt daran'"*). Solche Vorbilder werden mehrfach genannt. Der Rahmen ist oft ein (Meditations-)Kurs, an dem die Teilnehmerinnen und Teilnehmer teilgenommen haben, und der über einige Tage auch persönliche Beziehungen entstehen lässt. Solche Kurse sind für die Teilnehmerinnen und Teilnehmer unseres Samples sehr wichtig.

Darüber hinaus spielen biografische Erfahrungen eine Rolle, wie zum Beispiel Aufenthalte bei spirituellen Lehrern im Ausland, die in jungen Jahren besucht wurden und die allein schon wegen ihres exotischen Charakters im Gedächtnis blieben.

Immer wieder wird als Basis der spirituellen Reifung die *eigene Familie* genannt. Hier spielen besonders die Mütter eine wichtige Rolle, weil deren Religiosität als sehr selbstverständlich und tief erfahren wurde.

Die *Literatur* wurde oben schon genannt. Eine besondere Stärke von Vorbildern aus der Literatur ist zum einen ihre Präsenz genau dann, wenn sie benötigt werden. Man kann sich entsprechende Literatur zur Hand nehmen, wenn die Gemütslage dies verlangt. Zum anderen ist es ihre Gleichgültigkeit gegenüber dem Befinden der Rezipienten. So kann Johannes vom Kreuz sowohl als Vertiefung der eigenen Spiritualität dienen als auch zur Suche nach Halt in einer Glaubenskrise.

Zum Zeitpunkt t_2 finden wir eine *Entgrenzung des Modellverständnisses*. Die Teilnehmerinnen und Teilnehmer berichten nicht nur quantitativ mehr über Modelle für ihre eigene Spiritualität, sondern beziehen sich auch auf zuvor nicht genannte Personen, die mit Blick auf Spiritualität für sie bedeutsam und zum Vorbild geworden sind. So treten neben Franziskus (*„Dieser pastorale Akzent, eben nicht mehr* [...] *der Lehrmeister, sondern wirklich jetzt der Menschenfreund und damit steht eben Franziskus als Heiliger oder als Vorbild im* [...] *Zentrum"*) Beispiele aus dem täglichen Leben: Kolleginnen und Kollegen an Beruflichen Schulen seien nicht direkt Vorbilder, aber doch mit Blick auf die Unterrichtspraxis bereichernd. Jeder Mensch habe „*Fehler und Schwächen*", könne aber in bestimmten Bereichen punktuell auch Vorbild sein. Die Meister der Meditation sind Vorbilder und treten neben die Menschen, die aus ihrer „*mystischen oder spirituellen Gesinnung heraus*" politisch aktiv werden und auf das „*Wesentliche*" hinweisen – so könne jeder gute Religionslehrer oder jede gute Religionslehrerin ein Vorbild sein, weil man von ihnen lernen könne. Auch wenn an dieser Stelle selbstkritisch betont wird, dass dies mit einem engen Spiritualitätsbegriff nicht vereinbar sei, wird doch das Verständnis von Vorbild und Modell differenziert. An die Stelle einer ganzheitlichen, holistischen Vorstellung eines Vorbilds tritt die Idee, dass einzelne Menschen durch ihr Handeln in bestimmten Lebensbereichen und somit partiell zum Vorbild werden können. Ein solches spirituelles Vorbild schließt auch Menschen ein, die im Glauben alles auf eine Karte gesetzt haben (Märtyrer werden genannt); aber eben auch Menschen, die „*gute Kollegen*" sind und insofern ein Handeln an den Tag legen, das beeindruckt.

3.2.2.4 Soziale Resonanz

Das Bild des Klanges beschreibt es ganz passend: Ein Klang entsteht, Wellen werden ausgesendet und etwas schwingt wieder zurück. Soziale Resonanz meint in unserem Zusammenhang die Wirkungen der Interviewten auf ihre soziale Umwelt. Damit bezieht sich diese Kategorie auf die professionellen und privaten Beziehungen und wie die Interviewten diese erleben. Auch hier ist zu erwarten, dass das von Bucher vorgeschlagene Spiritualitätsmodell im Hintergrund präsent ist, der soziale Bereich also sehr präzise unter dem Aspekt der Spiritualität reflektiert ist.

3.2.2.4.1 Wirkungen einer spirituellen Haltung können nicht benannt werden

Die von Wolfgang erlebte Spiritualität führt einerseits zu einer „*Grundakzeptanz zu dem, was halt im Augenblick ist*". Es ist eine – wie schon weiter oben beschrieben – Grunddimension der Spiritualität, achtsam gegenüber der Umwelt zu sein. Diese Achtsamkeit verharrt nicht an den Oberflächen der Wahrnehmungen, sondern wird von den Interviewten als tiefergehend beschrieben. Das wird deutlich, weil bei der Beschreibung der Wirkungen der eigenen Person auf die Umwelt oft Gefühle benannt werden, die dabei eine Rolle spielen. „*Also das Leiden, man empfindet es stärker, habe ich manchmal so das Gefühl.*" Diese grundlegende Empathie sei aber nun auch kein Selbstzweck und führe zu rein passivem Aushalten, sondern im Gegenteil: Sie befähigt zu solidarischem Handeln.

Die Interviewten sind gleichzeitig aber unsicher, woran sie Wirkungen ihrer Spiritualität festmachen können. Die große Unterscheidung zwischen Sichtbarem und Nicht-Sichtbarem markiert eine wesentliche Grenzlinie im Themenfeld Spiritualität. Dies zeigt sich auch bei den Kursteilnehmern: Ein Kursteilnehmer glaubt, dass seine praktizierte Spiritualität von außen, durch Kolleginnen und Kollegen bzw. von Schülerinnen und Schülern durch den öffentlichen Umgang mit den Meditations-utensilien (z. B. dem Auspacken von Klangschalen) bemerkt und seine spirituelle Grundhaltung von anderen Menschen bewusst wahrgenommen werden könne. Er zweifelt aber daran, ob die Außenstehenden hinter jener Grundhaltung eine spiri-tuelle Praxis vermuten. Innere Ruhe, innere Gelassenheit oder ähnliches sind für ihn jedenfalls Nebeneffekte, angenehme Begleiterscheinungen, die er nicht bewusst inszeniert und von denen er folgerichtig auch nicht annimmt, sie hätten Wirkungen auf seine Umwelt.

Ebenso diskutiert eine Kursteilnehmerin diese Frage. Sie weiß nicht, ob man ihr von außen anmerken kann, dass sie ihre Spiritualität praktiziert: *„Weiß ich nicht! Also ich würde mir manchmal wünschen man könnte mir das anmerken, an einer gewissen Gelassenheit … die ich mir in manchen Situationen selber wünsche,* [oder] *dass ich mich nicht immer so schnell aufrege. Aber ich bin nicht sicher, ob man mir das tatsächlich ansehen oder anmerken kann."* Eine andere Teilnehmerin meint, ihr inneres Bedürfnis nach Spiritualität wirkt sich in einer Präsenz aus, von der sie denkt, ihr Umfeld könne sie wahrnehmen. Wieder ein anderer Teilnehmer ist überzeugt, dass Spiritualität überall erlebt und ins Gespräch gebracht werden kann. Ein Kriterium dafür sieht er darin, dass das Gespräch nicht nur an der Oberfläche kratzt, *„son-dern so in der Tiefe verortet ist, dass das eigentliche Wesen zum Ausdruck kommt"*. Wichtig für den Gesprächsprozess sind *„Offenheit"* und *„Authentizität sich selbst gegenüber"*, sodass sich die Gesprächspartner gegenseitig bereichern. Er ist sogar der Meinung, dass ein Lehrer, der mit seinen Schülerinnen und Schülern überhaupt keine Spiritualität praktiziert, den Schülerinnen und Schülern viele Erfahrungsräume nimmt. Wenn man Religionsunterricht nur *„problemorientiert philosophisch-theolo-gisch betrachtet,* [...] *nimmt man eben so die Tiefe, die eigene Erfahrungstiefe, die Unmittelbarkeit, die Sinnlichkeit, das Erleben."* Seiner Meinung nach ist es etwas ganz Elementares, den Schülerinnen und Schülern Erlebensräume in geschütztem Rahmen zu bieten.

3.2.2.4.2 Negative Resonanz

Wir unterscheiden Wirkungen, die nicht im Sinne einer Kausalität benannt werden können, von der Resonanz, die jemand bekommt, wenn er mit einer bestimmten Haltung anderen gegenübertritt. Spiritualität ruft in der Schilderung der Kursteilneh-merinnen und Kursteilnehmer ohne Frage positive Resonanz hervor. Es wäre aber eine unzulässige Vereinfachung, die negativen Anteile der Resonanz außer Acht zu lassen.

Interessant ist hierbei die Beobachtung, dass manche Teilnehmerinnen und Teil-nehmer auf die direkte Frage des Items konkret negative Folgen der spirituellen Erfahrung berichten können, während andere dies klar bestreiten, aber teilweise in anderen Interviewzusammenhängen von negativen Folgen berichten.

Zunächst der Blick auf die negative Seite der positiven Folgen: Erfahrungen aus Mystik und Spiritualität können sehr wohl zerredet werden, aber gerade der Erfahrungsaustauch über spirituelle Erlebnisse sei *„gegenseitige Bestärkung, Stärkung und Begleitung"*.

Eine Teilnehmerin fühlt sich zum Teil umgeben von *„sehr konservativen Kräften"*. Sie sagt: *„Also ich bin jetzt da, ich würde mich jetzt, da würde ich jetzt links außen zu mir sagen, obwohl ich das so nicht empfinde. Und da ist es sehr schwierig und da bin ich schon drauf und dran zu sagen, ich mag das nicht mehr machen."* Weil ihre Spiritualität auch die kirchliche Formensprache in Frage stellt, eckt sie bei Kolleginnen und Kollegen an. Diese eher negative Resonanz führte oft schon zu dem Gefühl, ihr Amt niederlegen zu wollen.

Ein anderer Teilnehmer berichtet von der schwierigen Situation, die entsteht, wenn er von einem spirituellen Wochenendseminar wieder in die Schule kommt: *„Ja, dieser Schock des Alltags, also wie wenn man (...) aus Exerzitien zurückkehrt und man kommt (...) in den Alltag rein und muss dann aufpassen, dass man dieses Pflänzchen schützt oder diesen (...) kostbaren Schatz, dass der nicht verschüttet, sondern ja, er ist dann durch den Alltag zu tragen und das ist eine Herausforderung (...) das dann einzubringen und zu leben."*

3.2.2.4.3 Positive Resonanz als eine Form der Perspektivenübernahme

Positive Resonanz wird als Gefühl des Einvernehmens beschrieben. Die Interviewten beschreiben es als eine spezifische Begegnungsqualität, die darin zum Ausdruck kommt, dass man sich angenommen fühlt und dabei selbst ganz beim Anderen ist. Diese doppelte Aufmerksamkeit beschreiben die Teilnehmerinnen und Teilnehmer anschaulich: *„Wie reagier' ich jetzt auf die Schüler, dass man da einfach präsent ist ... Oder bei Kollegen: Bin ich da jetzt gleich beleidigt? – Ich bin vielleicht gelassener. (...) Es kann mich nicht mehr so schnell alles umwerfen. Oder ich werde nicht gleich so böse oder ärger' mich sehr über die Schüler."* Ein anderer Teilnehmer erlebt seine Spiritualität als *„eine Kraftquelle, bei der man selber dann wieder zur Ruhe kommen kann"* und seine Beziehungen lassen sich aus dem spirituellen Grund heraus besser gestalten: *„Also ich denke, gerade die Beziehungsgestaltung geht auch ganz anders, wenn du ganz bei dir bist und ganz mit dieser letzten Wirklichkeit verbunden bist; [dann] gestaltest du natürlich auch Unterricht anders und Beziehungen anders, und die Schüler merken das auch"*.

Eine Teilnehmerin hat in Modul 2 gelernt, was es bedeutet, ein *„seelsorgerlicher Mensch"* zu sein. Wenn sie dieses Seelsorgerliche auch in der Schule umzusetzen versuche, komme es oft plötzlich zu besonderen Gesprächen zwischen ihr und ihren Schülern. Sie nennt als wichtigstes Kriterium für eine gute Religionslehrerin und einen guten Religionslehrer, die Fragen der Schülerinnen und Schüler ernst zu nehmen, wahrhaftig und ehrlich zu sein und ein passendes Verhältnis von Nähe und Distanz zu pflegen. Sie ist Schülerinnen und Schülern und Kolleginnen und Kollegen gegenüber aufmerksamer und sensibler geworden. Sie sieht die Menschen ganzheitlicher: *„Also ich denk, im Menschen ist alles drinnen und ich bin vielleicht barmherziger geworden"*. Dadurch, dass sie weniger mit sich selbst beschäftigt ist, sei sie aufmerksamer für andere Menschen geworden.

Als Wirkung der drei Module nennt ein Teilnehmer eine Erhöhung der *„Lebensintensität"*. Auch das *„Gemeinsam-auf-dem-Weg-Sein"* hebt er positiv heraus. Dies erwirke auch *„tiefe Kommunikation, tiefen Austausch beim tiefen Miteinander"*. Auf Nachfrage bezeichnet er das als *„emotionale Wirkung"*. *„Wenn man gut mit sich selbst in Kontakt ist,* [kann] *man natürlich mit einer ganz anderen Sensibilität und Aufmerksamkeit auch in Kommunikation gehen und in Beziehung treten"*. Die *„Intensität von Beziehungen"* profitiere von der neu gewonnenen Gelassenheit. Man könne auch *„Dinge besser stehen lassen"*, meint er. *„Es geht bei der Spiritualität auch ganz stark darum: Wie gestalten sich die Beziehungen zu mir selbst, zu der Transzendenz, zu meinen Mitmenschen, zu Umwelt und so weiter? Das ist so der Kern der Spiritualität."* *„Also Spiritualität ist nicht diese egoistische Nabelschau, ganz stark ist dieses Beziehungsnetz, einfach da immer im Fokus zu haben."*

Authentizität und Wahrhaftigkeit, die von den Mitmenschen wahrgenommen werden, werden als Grund beschrieben, warum Schülerinnen und Schüler eine Person als verlässlich und vertrauenswürdig ansehen. Eine Interviewte berichtet, sie sei mit einer Schülerin mit psychischen Problemen im Gespräch. Die Praxis der Spiritualität mache – im Unterschied zu einer Art Nabelschau – den Blick frei für die Bedürfnisse der Anderen. Sowohl das Leben wird intensiver empfunden als auch das Leiden wird intensiver empfunden.

3.2.2.5 Beobachtungen aus der Begleitgruppe

3.2.2.5.1 Querschnittsanalyse der Begleitgruppe zum Bereich Kompetenzerleben

Das Bild der Begleitgruppe zeichnet einen direkteren und im Vergleich zur Kursgruppe unverstellteren Blick auf Spiritualität. Denn die Begleitgruppe hatte weder die Gruppenerfahrung des Kurses gemacht, noch wurden die Kolleginnen und Kollegen angeregt, sich in pädagogischen Zusammenhängen (Religionsdidaktik, kollegiales Miteinander, spirituelle Elemente im Schulalltag u.ä.) über Spiritualität Gedanken zu machen.

Spiritualität erscheint als biografisch klar verortet und nicht abstrakt. Das bildet sich auch im Bereich Kompetenzerleben ab, weil Kompetenzerleben in t_1 sehr auffällig zunächst auf die eigene Spiritualität bezogen bleibt und gar nicht so sehr das Agieren im Unterricht betrifft (jedenfalls im Verständnis der Begleitgruppe). Zum Zeitpunkt t_3 findet hier eine Wende statt, weil Kompetenzerleben nun sehr deutlich auf den Einsatz von Spiritualität bzw. das Suchen nach dem eigenen Selbst im Horizont der Spiritualität in den Vordergrund rückt. Kompetenzerleben wird als Frage einer gelingenden Spiritualität behandelt, was wiederum heißt, dass Spiritualität in einer sehr engen Beziehung zum Kompetenzerleben verstanden wird.

Zum Zeitpunkt t_1 kann Kompetenzerleben in den Augen der Befragten wie folgt umrissen werden: Kompetenzerleben bezieht sich vor allem auf praktizierte innere und äußere Formen der Spiritualität und fragt nach deren Gelingen. Zwei Positionen können hier markiert werden. Die eine lebt von einer tiefen Privatheit von Spiritualität. Diese Spiritualität ist stark in der jeweiligen Biografie verortet. Ein Befragter berichtet von einer Jugend-Beziehung, die für ihn eine neue Form von Spiritualität aufbrechen ließ. Spiritualität als inneres Goldstück meint das Ineinander von Gottes-, Nächsten- und Eigenliebe, wobei es letztlich immer um einen selbst gehe: *„Ich sehe es halt mehr in diesem Dreieck, also von Nächstenliebe, Gottesliebe und Eigenliebe, dass das alles drei auch zusammenfließt. Und, dass es auch zusammengehört und nicht irgendwo, auch getrennt oder gewertet gehört. Ja, ich brauche meine Zeiten für mich, das ist so, damit ich ein ausgeglichener Mensch bin, für andere; die Beziehung zu anderen ist manchmal auch wichtig, um ein ausgeglichener Mensch zu sein, also mit anderen Worten: Es geht im Endeffekt doch nur um einen selbst"*. Diese Kompetenz, sich selbst in den Horizont der Gottesfrage zu stellen und gleichzeitig sozial zu verorten, heißt noch nicht, dass andere davon etwas merken oder davon profitieren. Es geht in diesem Fall vor allem um das Verständnis der eigenen Person und des eigenen Lebens.

Auf der anderen Seite – und dies ist quantitativ viel stärker ausgeprägt – wird Spiritualität in der Begleitgruppe sehr stark als Ressource thematisiert, die einen professionellen Umgang mit Schülerinnen und Schülern in schwierigen Situationen ermöglicht und insofern Quelle von Kompetenzerleben ist. Diese Form von Spiritualität als Ressource nährt sich aus Kontemplation, Gebet, Gottesdienst und dem Wachrufen der Gottesfrage, wenn schwierige Situationen zu bewältigen sind. Auf jeden Fall ist Spiritualität aber nicht nur Quelle der eigenen Kompetenz, sondern zugleich auch die eigene Kompetenz Quelle der Spiritualität.

Kompetenzerleben geht einher mit dem Erleben von innerer Ruhe, die zweierlei Wirkungen zeigt: Zum einen ist diese innere Ruhe spirituell konnotiert, sie ist Ausdruck der persönlichen Sinnsuche und von spirituellen Erfahrungen. Zum anderen bleibt diese Ruhe nicht innerlich, sondern drängt nach außen.

Wie bereits angesprochen ändert sich das Kompetenzerleben der Begleitgruppe zum Zeitpunkt t_3 insofern, als der Alltags- und Praxisbezug von Spiritualität stärker betont wird. *„Die Stärke auch des Glaubenden, dass er sich mit einer gewissen Distanzierung zu den ganz akuten emotionalen Dingen auch wieder der Welt zuwenden kann und sich den wichtigen Dingen zuwenden kann, also er muss sich nicht in jedes Gefühl auch reinstürzen. Ob mir das wirklich gelingt, das ist die Frage [...] Die* [kontemplative Übung] *unterstützt das auf jeden Fall"*. Auch hier bleibt Kompetenzerleben am Spiritualitätsverständnis haften, zugleich wird aber intensiv die Frage nach dem Gelingen gestellt. Wie gelingt Spiritualität? Wie kann sie gelingen? Genau dies sind auch die Fragen nach dem Kompetenzerleben, wobei Antworten darauf im Horizont einer Suchbewegung bleiben. Gerade ein Befragter, der seine Spiritualität stark als private Dimension wahrnimmt, erfährt Kompetenz vor allem, weil er sich als Suchender begreift. Eine direkte Übersetzung in den Alltag scheint ihm konträr zum eigenen Spiritualitätsverständnis zu liegen.

Auf der anderen Seite ist zum Zeitpunkt t_3 deutlich zu sehen, wie Kompetenzerleben als erfolgreicher Einsatz von Spiritualität und ein erfolgreiches Zurückgreifen auf Spiritualität als Ressource wahrgenommen wird. Kompetenzerleben wird dann als Achtsamkeit für die Welt und die Belange der Schülerinnen und Schüler chiffriert oder auch als innere Freiheit, die aufgerufen wird, wenn es um die eigenen Gefühle geht (mit Blick auf die eigenen Schwächen etwa zu sagen, *„so bin ich jetzt grad"*). Spiritualität ist für die Befragten eine Ressource, die Kraft gibt und sich letztlich aus dem Glauben speist. *„Also ja, wenn jetzt in der Schule, wenn ich Stress hab oder so, ist natürlich für mich die Spiritualität oder Glaube auch etwas, also, wo ich was abladen kann, wo ich Gott was hinlegen kann, wo ich was loswerden kann, wo ich irgendwie sagen kann: Jetzt gebe ich's ab und jetzt brauch ich nicht mehr drüber nachdenken"*. Diese Ressource muss durch Meditation, Gebet und spezielle Übung gepflegt werden, sodass sie dann auch für Schülerinnen und Schüler erlebbar wird. Dies äußert sich in der schon vorhandenen inneren Ruhe, aber auch in einer in der Wahrnehmung der Befragten gewonnenen Standfestigkeit mit Blick auf Spiritualität. *„Ich hab grad das andere gelernt, nämlich, dass ich meinen Schülern ganz deutlich sagen muss, so nicht. Ich hab die Klasse mit Migrationshintergrund, mit denen komm ich ganz gut zurecht, aber die müssen lernen, dass sie pünktlich in der Schule sind [. . .]. Und das verändert mich durchaus. Nicht meine grundsätzliche Spiritualität, sondern mein Berufsalltag, wo ich merke, ich muss was in meinem Verhalten verändern und mehr fordern"*.

Die hier geschilderten Formen der Spiritualität hängen eng mit der jeweiligen Persönlichkeit der Befragten zusammen. Selbstwirksamkeit und gelebte Spiritualität stehen in einer Wechselbeziehung, ohne ineinander aufzugehen. Das „Potenzial" der Spiritualität ist gewissermaßen unerschöpflich, weil sie als Geschenk Gottes wahrgenommen wird. Dieses Potenzial kann sich deswegen im Berufsalltag nicht voll entfalten und soll dies auch nicht. Was im einen Pol ein Charakteristikum ist, nämlich Spiritualität als persönlichen Schatz und Geschenk zu betrachten, bleibt inkommensurabel mit dem anderen Pol, wo Spiritualität stark in der Achtsamkeit und wertschätzenden Wahrnehmung der Schülerinnen und Schüler aufgeht. Idealerweise sollten sich beide Pole ergänzen; hierzu wäre aber eine Anleitung von außen sinnvoll und wohl auch nötig.

3.2.2.5.2 Emotionale Bereitschaft

Ein Befragter äußert seine Motivation, ganz bei sich und anderen zu sein, folgendermaßen: *„Viele Motivationen sind so gemischt in meinem Leben, da ist so viel an verschiedenen Motivationen drin, dass ich nicht ausschließe, dass ein ganz großer Teil dessen auch ist: Wie gucke ich, dass es mir möglichst richtig gut geht?"* Was zunächst sehr egozentrisch aufgefasst werden kann, spiegelt doch ein menschliches Bedürfnis nach Zufriedenheit wider. Dieses Bedürfnis nach Zufriedenheit ist ein zentraler Aspekt, der in der Begleitgruppe stark betont wird und zu den vor allem spirituellen Sichtweisen und Praktiken beitragen.

Emotionale und physiologische Bereitschaft zeigt sich in zwei Modi: einmal direkt, das heißt, die Interviewten geben Auskunft über ihre Gefühle und Bereitschaft. Im Interview werden hier z. B. konkrete Übungen im Unterricht benannt und wie es den Kolleginnen und Kollegen dabei ergeht: *„Also dooferweise traue ich mich das* [Stilleübungen] *nicht wirklich, ja, weil ich eben merke, es ist sehr heterogen und ja, also gut, da ist vielleicht auch zu wenig Erfahrung jetzt, habe jetzt jeweils ganz andere Klassentypen auch gehabt, merke ich fehlt mir noch auch noch so ein bisschen die Routine vielleicht."* Gegenüber diesem Zögern, spirituelle Elemente im Unterricht einzubringen, erscheint die eigene Gedankenwelt als spirituelle Ressource, die dem Befragten allein gehört und unverzweckt ist: *„Die Verbundenheit zu einem höheren Wesen geschieht zur Zeit nicht durch Rituale, sondern durch Nachdenken".* Aus dieser Verbundenheit kann dann eine Hermeneutik der Anwendung spiritueller Praktiken erwachsen, die religionsdidaktische Probleme aufnimmt: *„Immer wieder der Baustein, was nehme ich von draußen rein, was bringt der Zeitgeist mit sich und wie kann ich das koordinieren, wie krieg ich's authentisch in eine Schnittstelle, die Leben zulässt, die aber auch nicht abgehoben ist. Weil bei spirituellen Erfahrungen bei den Schülern haben wir manchmal die Situation – man darf ja nicht sofort mit etwas kommen, sondern muss erst mal mit was […] Einfachem in eine Ebene kommen, wo sie sagen, hier kann ich spirituell was annehmen. Ja. Weil zunächst mal sind ja viele skeptisch. ,Was ist denn Religion?' ,Das hatte ich noch nie!' Und: ,Wieso bin ich immer ausgetreten?' ,Jetzt bin ich bei dem!' […] Deswegen muss man sehr vorsichtig sein, dass man nicht sagt, jetzt schütte ich euch gleich was in die Hand, sondern man sagt, lass uns mal marschieren und schauen und dann ist es mir wichtig […] einfach 'ne Situation schaffen, wo man diese Offenheit spürt".* Bedingungen dieser Offenheit sind also gemeinsame Zeit, die Vertrauen schafft und die eigene Bereitschaft, sich auf spirituelle Lernwege einzulassen. Eine andere Befragte sagt das so: *„Was mir gerade, wenn wir uns hier über Spiritualität unterhalten, ganz wichtig ist, dass ich zu mir selber gut komme, ja, jetzt im Gebet zum Beispiel. Oder in der Ruhe oder in einem gelungenen Tagesabschluss, wo ich einfach auch die Ruhe habe, auch mal über einen Tag nachzudenken".* Bei sich selbst zu sein, um bei anderen sein zu können, ist zentrale Bedingung für gelebte Spiritualität im Schulalltag. Daneben werden aber auch schulorganisatorische Bedingungen genannt, wie der Stundenplan, der längere Einheiten zulassen müsse oder auch die Bereitschaft der Klasse, *„Experimentierphasen"* zuzulassen.

3.2.2.5.3 Modelllernen

Aussagen zu spirituellen Vorbildern konnten in der Begleitgruppe nicht gefunden werden.

3.2.2.5.4 Soziale Resonanz

In der Begleitgruppe wird ein Aspekt sozialer Resonanz sichtbar, der in der Kursgruppe nicht aufgetaucht ist. Eine spirituelle Haltung ermöglicht es, in der Schule dennoch eine Außenperspektive aufrecht zu erhalten, die sich nicht an Kriterien der Schule orientiert.

Lotta sieht folgende Auswirkungen ihrer Spiritualität, die jeweils das wertende System der Schule verlassen: *„In dem Moment, wo Schüler mit persönlichen Fragen auf mich zu kommen, die jetzt nicht normalerweise einem Lehrern gestellt werden, [...] dann heißt das für mich, die Schüler merken, dass ich jetzt nicht des wertende System anwende. ‚Das ist ein guter Schüler, der die Leistung erbringt‘. ‚Und das ist ein schlechter Schüler, der die Leistung nicht erbringt‘. Sondern, dass mir der Schüler [...] wichtig ist, letztlich als Kind Gottes, egal zu welcher Religion er tatsächlich gehört"*.

Für Christian spielen Vergebungsbereitschaft und die Bereitschaft, neu anzufangen, eine wichtige Rolle und haben für ihn eine *„große spirituelle Komponente"*. Spiritualität hat deshalb Einfluss auf den Umgang mit Brüchen. *„Wenn du weißt, dass dein Leben Gnade ist und dass das Geschenk ist und dass eigentlich alles Geschenk ist, wie kannst du sagen: Ich verweigere es dir."* Christian kennt auch die Situation, dass nach einer spirituellen Erfahrung Schwierigkeiten auftreten. Er kann *„richtig unzufrieden"* und *„richtig bockig"* werden und aus einer Gebetszeit *„ungeduldiger [...] und unzufriedener"* rauskommen, weil er sich über Gott ärgert. *„Es macht mich, kann mich auch brutal unzufrieden machen, weil ich denke, was für einen Scheiß, Gott, richtest du auf dieser Welt an und warum kannst du nicht mehr von dem zeigen, was du verheißen hast, was du Himmel nennst?"* Dabei geht es im Prinzip um die Theodizee-Frage, allerdings bezeichnet Christian es nicht als *„die große Theodizee-Frage"*, sondern *„eher runtergebrochen immer für meine kleinen/großen Situationen"*. Es geht also um die vielen kleinen Fragen nach Leid, Ungerechtigkeit und Boshaftigkeit, die im Alltag immer wieder auftauchen. Manchmal ist er auch frustriert darüber, dass er von Gottes Handeln so wenig merkt. *„Ja, oder du hängst dich rein und du denkst, bist hier Arbeiter am Weinberg Gottes und denkst dir: Jetzt könntest du, Gott, auch mal deinen Teil dazu beitragen, wenn ich mich hier so abracker' und du hast das Gefühl, es tut sich gerade mal gar nichts."*

Persönliche Schwierigkeiten hatte ein anderer Interviewpartner bereits zu Beginn seiner Lehrerlaufbahn zu meistern. Er stand anfangs einem Schulleiter gegenüber, der ihm unmissverständlich klarmachte, dass er bereits zwei Religionslehrer hinausgeworfen hatte, da deren Einstellungen und Verhalten mit Blick auf Spiritualität als unpassend wahrgenommen wurden. Man sollte sich aus diesem Grund bewusst sein, *„dass spirituelle Erfahrungen, wenn sie nicht von der Obrigkeit [der Schulleitung] [...] sehr anstößig empfunden werden – und – wo man manchmal Acht geben muss, wieviel Spiritualität und Herzblut man hier reinbringt, also deswegen ist es immer schwierig zu sehen, was kann man hier bringen"*. Laut ihm entstehen

Schwierigkeiten durch die Spiritualität im Kontext der Schule dadurch, dass manche Kolleginnen und Kollegen die Spiritualität nicht akzeptieren. Da komme *„eher manchmal ein zynischer Ton rüber"*. Er beschreibt solche Reaktionen als Ausdruck von Neid, da diesen Kolleginnen und Kollegen möglicherweise die spirituelle Dimension im Schulalltag fehle. Die Schwierigkeit liege in der mangelnden Toleranz mancher Kolleginnen und Kollegen: *„Ich sehe es als Schwierigkeit, die sie haben im Umgang mit jemand, der eine andere Denkperspektive hat"*. Folgerichtig blickt der Befragte auf sich selbst und stellt fest, *„dass in diesen Schwierigkeiten ich nicht die Schwierigkeit bin"*.

3.3 Diskussion der Ergebnisse

Das Forschungsdesign sah vor, dass die Kursteilnehmerinnen und Kursteilnehmer am Lehrgang spirituelle Selbstkompetenz zu drei Messzeitpunkten befragt werden. Es ist für den Fortbildungsbereich wichtig, bestimmte Effekte zu evaluieren. Dies konnten wir durch das Forschungsdesign sehr präzise erfragen. Der folgende Abschnitt stellt die Veränderungen dar, die sich von t_1 zu t_3 ergeben haben. Diese Veränderungen sind nicht in einem Kausalzusammenhang mit dem Kurs zu betrachten. Gleichwohl bestehen bestimmte Korrelationen zwischen den Ereignissen im Kurs und den Erfahrungen von denen die Kursteilnehmerinnen und Kursteilnehmer berichten. Gleichzeitig hat die Begleitgruppe ebenso eine Entwicklung durchgemacht, die allerdings nicht auf eine Intervention zurückzuführen ist, sondern sehr stark auf der Dynamik der Interviews beruht. Uns ist im Analyseprozess deutlich geworden, dass die Befragung bzw. die Interviewsituation eine sehr intensive Situation für alle Beteiligten darstellt. Deswegen gehen wir davon aus, dass durch die Befragungen Gedankengänge vertieft und differenziert wurden, die ohne Befragung latent geblieben wären. In den Sozialwissenschaften ist dies ein bekanntes Phänomen. Mit Blick auf Spiritualität liegen in diesem Phänomen wohl die breitesten Effekte. Das intensive Gespräch führt zu einer Profilierung eigener Spiritualität, die sich im Prozess des Befragens selbst verstärkt.

Der Lehrgang gliederte sich in drei Teile. In einem ersten Teil ging es um die „Hinführung zur Kontemplation als spiritueller Übungsweg", angeleitet durch Franz Nikolaus Müller. Der zweite Teil hatte den Titel „Spiritualität ins Gespräch bringen" und wurde von Klaus Kießling angeleitet. Der dritte und letzte Teil mit dem Titel „Spiritualität in meinem Beruf – Entwicklung und Einübung von Handlungsstrategien" stand unter der Leitung von Jörn Peter Hauf (siehe deren Beiträge in diesem Band). Die Teilnehmerinnen und Teilnehmer wurden zu drei Zeitpunkten befragt, wobei die t_2-Interviews direkt nach dem letzten Kursmodul, die t_3-Befragungen ca. ein Jahr später durchgeführt wurden. Außerdem wurden in einer Begleitgruppe sechs Kolleginnen und Kollegen (ebenfalls Religionslehrerinnen und Religionslehrer an beruflichen Schulen, die aber nicht am Lehrgang teilgenommen haben) parallel dazu befragt. Die Datenaufbereitung und Auswertung wurde in diesem Band ausführlich beschrieben (s. Kapitel 2). Neben der Transkription und Verdichtung der Transkripte stand hier die hermeneutische Analyse der qualitativen Daten im Mittelpunkt, wie sie oben vorgestellt wurde.

Die folgenden Veränderungen geben einen Überblick über unsere Ergebnisse und münden in darauf basierende Empfehlungen für den Fortbildungsbereich.

3.3.1 Veränderungen: Wahrnehmungen der Befragten

Die Beschreibungen zum Spiritualitätserleben zum Zeitpunkt t_3 wurden aus den Antworten auf die Interviewfragen eruiert: *Haben sich eventuell mit bzw. nach dem Lehrgang Veränderungen in Ihrer Spiritualität ergeben? Wenn ja, wodurch, wie? Haben Sie eventuell neue spirituelle Erfahrungen gemacht?* Alle Kursteilnehmerinnen und Kursteilnehmer berichten von Veränderungen im Modul 1 „Hinführung zur Kontemplation als spiritueller Übungsweg" mit Franz Nikolaus Müller.

Die Vorerfahrungen mit der Übung der Kontemplation waren bei den Kursteilnehmerinnen und Kursteilnehmern sehr unterschiedlich und reichten von „gänzlich unerfahren" bis „sehr erfahren" im Sinne einer langjährigen und täglich geübten Kontemplationspraxis. Die Kursteilnehmerinnen und Kursteilnehmer erwähnen zum Zeitpunkt t_3 vor allem, dass Achtsamkeit und Aufmerksamkeit in der Gegenwart in ihrem Leben einen größeren Stellenwert einnehmen würden. Aber auch schon zum Zeitpunkt t_2 nennt Thomas drei zentrale Stichworte, die seine Veränderung beschreiben: „*Atem, Gegenwart, Achtsamkeit*". Angeregt durch das erste Kursmodul belegt Thomas einen Kontemplationskurs und führt den im Jahr zuvor begonnenen Pilgerweg nach Santiago di Compostela fort. Ein verändertes Element in seinem Erleben von Spiritualität ist, dass er seine Achtsamkeitsübung in seine Pilgerspiritualität auf dem Jakobsweg integriert hat. Hierbei spielte vor allem die Achtsamkeit gegenüber dem eigenen Körper eine große Rolle. Zum Zeitpunkt t_3 hat Thomas den Eindruck, er habe durch den Lehrgang eine stärkere Verbindung zum Alltag erhalten. Ganz gegenwärtig zu leben und im gegenwärtigen Tun präsent zu sein und außerdem mit der Wirklichkeit in Kontakt zu kommen, das sind Aspekte, die sich für Thomas durch den Lehrgang neu erschlossen haben. Erreicht wird dieses Präsentsein in der Gegenwart durch die Übung des Loslassens der Gedanken, die sich in die Vergangenheit zurück oder nach vorne in die Zukunft richten. Thomas beschreibt „*in Verbindung mit diesem Kontemplationskurs … dieses wirklich, ganz im Jetzt sein: Also wenn Gedanken aufsteigen, aus der Vergangenheit, ziehen lassen. Das sind Phantasien, das ist vorbei, das ist nicht mehr. Gegenwart. Was zukünftig ist, wissen wir letztlich nicht, ja, das sind auch Phantasien … Also, im Jetzt.*" Seine im Alltag angekommene Spiritualität bringt er beispielsweise in Zusammenhang mit dem ganz bewussten Tun von einfachen Arbeiten wie Unkraut jäten, Toiletten putzen oder Geschirr spülen.

Andere Kursteilnehmende äußern sich in ähnlicher Weise: Wolfgang, der zum Zeitpunkt t_1 Spiritualität mit Kontemplation gleichsetzte, hat das Gefühl, „*dass so das Thema Spiritualität bei mir noch mal 'ne andere Lebensrelevanz bekommen hat, noch mal 'ne andere Erdung bekommen hat. Also das auf alle Fälle. Ich glaube, davor war bei mir schon so in meinem Bewusstsein so Spiritualität gleich Kontemplation gleich Meditation . . . dass Spiritualität viel viel mehr ist, dass es so dieses Bewusstwerden des ganzen Lebensflusses ist, der sich in jedem Augenblick neu ereignet, in jeder Beziehung, in jedem Kontakt, in jeder Kommunikation ist für mich was noch mal Neues gewesen, ja.*" Den Veränderungsprozess hin zu diesen neuen spirituellen Erfahrungen sieht er im „*weg von dieser Spiritualität im engeren Sinne hin zu einer, so sagen wir mal, Alltagsspiritualität . . . Würde ich mal sagen oder Schulalltagsspiritualität.*"

Frieda glaubt, das erste Kursmodul sei für sie „*das Allerwichtigste*" gewesen, weil sie, die schon zuvor ein wenig mit gestaltfreier Meditation in Berührung gekommen war, „*so richtig ein Wochenende . . . oder halt mal längere Zeit . . . meditieren*" konnte. In „*dieser Intensität . . . war das . . . für* [sie] *sehr neu, also sehr einschneidend*". Die Kontemplationspraxis bestärkt sie darin, einer Spur zu folgen („*also das hat sich eher . . . so positiv . . . bestätigt, dass es mein Weg ist*"), die sie schon vor dem Kurs entdeckt hatte und der sie nach dem Lehrgang weiter nachspürte. In ihr wächst die Überzeugung, ihr Leben sei nun „*durchdrungener von Spiritualität*" und sie erlebt auf ihrem fortgesetzten Weg so „*absolute Gotteserfahrungen*", dass frühere, gelegentliche Zweifel an der Existenz Gottes zunichtewurden („*das war so 'ne intensive Erfahrung, wo's für mich jetzt überhaupt keine Frage mehr ist . . . also dieser Zweifel, gibt's Gott oder nicht, was ich ja sonst schon gehabt habe, ist weg*").

Auch bei Jutta wirkt das erste Kursmodul zum Zeitpunkt t₃ „*einfach bis heute noch nach*". Sie hatte vom Kurs erwartet, dass sich ihr eigenes spirituelles Erleben vertieft. Diese Erwartung hat sich für sie erfüllt und sie hat aus dem spirituellen Angebot der Kurse sowohl verschiedene Übungen (Körpergebet) als auch Haltungen („*ich versuch langsam zu machen und mich dann einfach auf den neuen Tag einzustellen und vorzubereiten*") für ihr berufliches wie für ihr privates Leben übernommen. Außerdem hat sie im Rahmen der Kurse spirituelle Literatur für sich entdeckt, die sie trägt, z. B. die „*Aufrichtigen Erzählungen eines russischen Pilgers*" von Emanuel Jungclaussen und auch dessen „*Vertrauen, was der in dieses Jesusgebet setzt . . . das wirkt irgendwie nach*".

Pia vertieft ihre Erfahrungen aus dem Lehrgang durch einen zusätzlichen Kontemplationskurs und einen Kurs im Körpergebet. Sie erweitert vor allem ihre Spiritualitätsformen. Zum Qi Gong gesellt sich Tai-Chi, das dann „*eben auch manchmal so ins Körpergebet*" übergeht und das regelmäßigere „*Sitzen in der Stille*". Dabei verspürt sie „*ein tieferes ganzheitliches Erleben*".

Selbst Teilnehmerinnen, die „*Schwierigkeiten hatte*[n] [s]*ich da einzufinden*", in die konkrete Praxis der Kontemplation, weil diese Übung „*jetzt nicht die Form* [ist], *die meinem Wesen so entspricht*" oder die erkannt haben, „*Kontemplation, . . . interessant auch, ist es gar nicht für mich, sehr konkret,*" konstatieren Veränderungen in ihrer Spiritualität. Ihnen fällt zum Beispiel auf, „*dass ich mich selber anders wahrnehme, authentischer wahrnehme in vielen Situationen, auch was Emotionen, Emotionalität angeht. Und ja, also das bring ich doch in Verbindung mit diesem kontemplativen Gedanken, also ja, das hat mich doch auch noch nachhaltig beschäftigt. . .*". Für Thea „*ist übriggeblieben aus diesem Seminar die Achtsamkeit, mir selber gegenüber, mich bewusster wahrzunehmen und auch nach mir zu schauen, auch nach eigenen Bedürfnissen zu schauen, wie ich die in Zusammenhang bringe mit dem, was alltäglich auf mich zukommt an Herausforderungen, an Beziehungen und so weiter.“*

Der zweite Kursteil, „Spiritualität ins Gespräch bringen" bringt vor allem für Thea eine bleibende Veränderung ihrer Spiritualität. Sie erinnert sich noch nach 1,5 Jahren spontan sehr genau daran, wie mit der Erzählung der Emmausjünger für sie Wesentliches spiritueller Begleitung offenkundig wurde: *„Die Begleitung der Emmausjünger, ... das hab ich zwar schon oft im Blick gehabt und das war für mich auch immer 'n ganz starkes Bild, hier ist es mir nochmal ganz deutlich geworden, was es eigentlich heißt: Präsenz Jesu, Auferstehung in der Begleitung jedes Einzelnen und zwar in einer Unaufdringlichkeit, in einem sich anbietenden Charakter, ... ich erwarte auch nichts von dir, du bist frei in deinen Entscheidungen und das ist eine unglaubliche Stärke, ... oder ein starkmachendes Moment, was ich auch in guten Beziehungen wiederfinde, ob das die Eltern waren oder gute Freunde oder auch in der eigenen Ehe, ... da wird Spiritualität lebendig, dieses, ich lass dich, wie du bist, auch mit deinen Freiheiten zu entscheiden, aber egal was du macht und wie du bist, ich gehe mit dir. Und bleibe auch bei dir, wenn du's möchtest ... Also diese spirituelle Begleitung, das war für mich ein ganz wichtiger Ansatz ...".*

Ausnahmslos alle Teilnehmerinnen und Teilnehmer der Kursgruppe berichten, dass sich mit bzw. nach dem Lehrgang Veränderungen in ihrer Spiritualität ergeben hätten. Die von ihnen benannten Veränderungen beziehen sich vor allem auf die intensiven Erfahrungen im ersten Modul. Dies blieb den Probandinnen und Probanden in lebendiger Erinnerung. So werden Veränderungen vorwiegend im Bereich der Selbstwahrnehmung konstatiert. Diese hat sich sowohl vertieft als auch auf ein achtsames Erleben der Gegenwart ausgeweitet. Zugleich wird diese achtsame Präsenz als spirituelles Erleben erfahren. In diesem kontemplativen Kontext verändert sich auch die Perspektive auf Beziehungen und ganz konkret berufliche und private Lebenspraxis. Angebotene praktische Übungen werden übernommen, z. T. vertieft und ergänzt. Eine Teilnehmerin findet in der kontemplativen Praxis einen spirituellen Weg für sich, bei anderen entsteht Interesse am kontemplativen Gedankengut.

Die Begleitgruppe wurde auch dazu befragt, ob es im Laufe der Zeit Änderungen in ihrer Spiritualität gegeben habe. Für Lena haben sich in dieser Zeit keine Veränderungen in ihrer Spiritualität ergeben (*„Also mir wär jetzt nichts (.) konkret bekannt, dass sich was groß verändert hätte"*). Wallfahrtsliebhaber Ingo, der sich immer wieder neu auf den Weg macht, *„damit der Glaube auch Füße bekommt,"* hofft sehr, dass sich seine Spiritualität zwar verändert habe, sagt aber auch, dass es keine großartigen, einschneidenden Veränderungen gegeben hat. Christians Erleben von Spiritualität hat sich seit dem ersten Interview nicht wesentlich verändert. Er macht zwar *„immer neue Erfahrungen"*, jedoch eher in dem Sinne, dass *„jede Erfahrung ... eine neue Erfahrung"* ist. Er war in der Zwischenzeit zwar *„in Exerzitien, das ist natürlich immer 'ne gute Erfahrung, aber es ist jetzt auch nicht so, dass jetzt fundamental irgendwie wirklich was Neues passiert wäre."* Waldemar antwortet zunächst auf die Frage nach

Veränderungen seiner Spiritualität, er könne keine bedeutenden Veränderungen bei sich feststellen. Allerdings bewirkten die eigene, nicht mehr so optimale Gesundheit und verschiedene Todesfälle im Verwandten- und Bekanntenkreis, dass er mehr über die Endlichkeit nachdenke. „*Aber von der Praxis her, von der alltäglichen Praxis her, kann ich jetzt nicht sagen, dass sich da etwas groß verändert hat.*" Lotta gibt zunächst an, seit dem ersten Interview keine grundlegenden Änderungen hinsichtlich ihrer eigenen Spiritualität wahrgenommen zu haben, denn „*wenn man spirituell, ein spiritueller Mensch ist, macht man ja eigentlich schon immer neue Erfahrungen.*" Sie empfindet nicht, dass sich in der Tiefe etwas geändert hätte, „*aber innerhalb eines Jahres seit dem letzten Interview, da ändert sich schon die Lebenssituation, die Sicht ...*" und bringt jeweils „*eine andere Art von Spiritualität*" mit sich, denn „*es gibt natürlich Zeiten, wo ich meine Spiritualität noch intensiver lebe ....*" Als Beispiele nennt sie die Fastenzeit, Weihnachten, Ostern und Pfingsten. Augustinus konstatiert zunächst ebenfalls keine großen Veränderungen: „*Neue Erfahrungen, spirituelle Erfahrungen würde ich sagen: nein.*" Im Laufe seiner Antwort wird ihm aber bewusst, dass es doch zwei neue Aspekte im Hinblick auf das Erleben von Spiritualität gibt. Zum einen erfordert seine Arbeit und sein Umgang mit Traumatisierten „*eine ganz klare Veränderung hin zu mehr Ruhe, mehr spirituellen Orten*", denn „*man braucht spirituell einen anderen Ausgleich ... wo man mehr manchmal die Stille sucht, mehr auch die Orte der Stille in Kirchen, in Kapellen oder so, wo man für sich auch einen Ort sucht, der einem Mut macht ... der einen stark macht in der Situation ... Hilfe zu erfahren, weniger für mich, sondern für den Betroffenen ... wo man sich auftankt*", zum anderen realisiert er aber auch manchmal eine Spiritualität im Gespräch mit Therapeuten, wenn ihm bewusst wird, „*die sind ja auch ganz eng dran ... wenn man dann mit denen drüber spricht, merkt man, welche Spiritualität im Hintergrund da ist*" und er merkt, „*dass ... im Gesprächspartner, den man um Rat bittet, eine spirituelle Energie zieht.*"

Zusammenfassend heißt das, dass sich Spiritualität in der Wahrnehmung der befragten Teilnehmerinnen und Teilnehmer der Begleitgruppe nicht einschneidend und fundamental verändert hat. Zugleich verweisen einige von ihnen auf Veränderungen ihrer Spiritualität. Christian konstatiert z. B., dass „*jede Erfahrung ... eine neue Erfahrung*" sei, Ingo hofft, dass sich in seiner Spiritualität etwas verändert habe, Waldemar denkt mehr über die menschliche Endlichkeit nach, für Lotta ändert sich Spiritualität mit den Kirchenfesten im Jahr und für Augustinus erfordert seine Arbeit und sein Umgang mit Traumatisierten „*eine ganz klare Veränderung hin zu mehr Ruhe, mehr spirituellen Orten*".

Im Vergleich von Kursgruppe und Begleitgruppe fällt auf, dass die Teilnehmerinnen und Teilnehmer der Kursgruppe lebendig und anschaulich von Veränderungen ihrer Spiritualität in der Zeit des Lehrgangs berichten. Die Veränderungen betreffen dabei sowohl die individuelle, persönliche, spirituelle Haltung als auch bestimmte Handlungsvollzüge. Auch in der Begleitgruppe lassen sich Veränderungen feststellen. Diese werden aber eher peripher wahrgenommen und haben in der Wahrnehmung der Teilnehmerinnen und Teilnehmer keine zentrale Bedeutung.

3.3.2 Veränderungen: Distanzierungsfähigkeit und Selbstwirksamkeit

Die Ausführungen oben zeigen, dass sich gemäß den Wahrnehmungen der Kursgruppenteilnehmerinnen und Kursgruppenteilnehmer mit bzw. nach dem Lehrgang Veränderungen ihrer Spiritualität ergeben haben. Auch wurde das Spiritualitätsverständnis, das sie im Laufe des Lehrgangs bzw. im Laufe der Forschung zur Sprache brachten, deutlich erweitert. Von vergleichsweise engen Vorstellungen, die Spiritualität an bestimmte (kontemplative) Übungen gebunden sahen, wurde Spiritualität in den Alltag hinein ausgedehnt. Hierbei spielte die Beziehungsebene eine wichtige Rolle, die eben vor allem die Transzendenz zwischenmenschlicher Beziehungen hervorhob. Gleichzeitig wurde das Verständnis von Spiritualität auch differenziert. Körpergebet, die Achtsamkeit gegenüber Schülerinnen und Schülern und das Gottesbild seien hier als Beispiele genannt. Mit Blick auf die gelebten Formen der Spiritualität zeigte sich auch, dass konkrete Übungen wie zum Beispiel die Kontemplation bis zum Zeitpunkt t_3 intensiviert wurden. Hier hatte der Lehrgang einen Impuls gesetzt, der zur Vertiefung einlud. Gleichzeitig muss festgehalten werden, dass die zum Teil von den Teilnehmerinnen und Teilnehmern selbst gesteckten Ziele, bestimmte Formen regelmäßig zu praktizieren, häufig nicht erreicht wurden. Didaktisch ist bemerkenswert, dass der Lehrgang die Motivation, bestimmte, einfachere Übungen in Klassen bzw. in der Schule durchzuführen und damit sich selbst und Schülerinnen und Schüler spirituell zu bilden, erhöht hat. In der Begleitgruppe konnten diese Effekte nicht beobachtet werden, was auch damit zu tun hat, dass die Kolleginnen und Kollegen dort weder konkrete Übungsimpulse noch religionsdidaktische Hinweise bekamen, die zu Umsetzungen in der Schule einluden. Es bleibt aber festzuhalten, dass in der Begleitgruppe diese Übungen weiter praktiziert und in der Selbstwahrnehmung differenziert wurden.

In der Kursgruppe kann festgestellt werden, dass bei den Teilnehmerinnen und Teilnehmern am Kurs die Bedeutung von Achtsamkeit und Sensibilität sowie Selbstreflexion und Selbstwahrnehmung zunehmen. Die *Distanzierungsfähigkeit* zur eigenen Person wird also erhöht. Gelassenheit und Ruhe werden als wichtige Quelle der eigenen Wirksamkeit genannt, genauso wie eine größere Präsenz im Augenblick, die auch als Ressource zur Lebensbewältigung und Alltagsbewältigung wahrgenommen wird. Außerdem spielt Selbstkritik eine größere Rolle: Spiritualität wird als Übungsweg wahrgenommen und dennoch werden immer wieder Defizite in der eigenen spirituellen Praxis benannt. Selbst bei unserem als hoch reflexiv zu beschreibenden Sample spielt also ein gewisses Leistungsdenken mit Blick auf Spiritualität immer wieder eine Rolle. Demgegenüber steht aber auch die Kompetenz der Teilnehmerinnen und Teilnehmer, immer wieder das große Ganze in den Blick zu nehmen und damit auch Positives wie Negatives zu integrieren und zu akzeptieren.

Neben die Distanzierungsfähigkeit als Quelle der Selbstwirksamkeit tritt auch die *soziale Resonanz* als Merkmal dafür, wie die Befragten sich in ihrer Umwelt wahrnehmen und wie sie die Harmonie zwischen sich und ihrer Umwelt beschreiben.

Dabei wurde deutlich, dass die Achtsamkeit der Befragten gegenüber ihren Mitmenschen überwiegend positiv von Schülerinnen und Schülern und im Kollegium wahrgenommen wird, es aber auch negative Reaktionen gab. Grundsätzlich ging Spiritualität einher mit einer Grundakzeptanz der jeweiligen Situation und einer hohen Kompetenz, Mitgefühl zu zeigen und solidarisch zu handeln. Insofern ereignet sich die berichtete Spiritualität nicht nur im Inneren der Person, sondern mündet in einer solidarischen Haltung.

Stellvertretende Erfahrungen wurden als wichtiger Grundstein für die Entwicklung und Differenzierung der eigenen Spiritualität genannt. Vorbilder für die eigene spirituelle Biografie, die ja auch im Modul 3 intensiv bearbeitet wurde, sind Eltern, Begegnungen mit Menschen und Begegnungen mit Pfarrern. Interessant ist die Entwicklung über den Befragungszeitraum hinweg. Während zum Zeitpunkt t_1 intensive Begegnungen auf die Personen im sozialen Nahbereich *begrenzt* waren, sind solche stellvertretenden Erfahrungen in t_3 *entgrenzt*: Nun werden auch Schülerinnen und Schüler als spirituelle Vorbilder und Modelle wahrgenommen und somit auch die Präfigurationen des Lehrer-Schüler-Rollenverständnisses durchbrochen. Zusätzlich sind viele positive Rückmeldungen zu den Modulleitungen auch ein Beispiel dafür, welche Bedeutung Vorbilder beim spirituellen Lernen haben.

Welches Merkmal trifft auf einen Menschen zu, von dem die Befragten behaupten würden, er sei spirituell *kompetent*? Nach Analyse der Interviews kann gesagt werden, dass eine spirituelle Haltung, die integrativ ist und zugleich ein klares Profil zeigt, spirituelle Kompetenz ausdrückt. Eine gegebene Achtsamkeit gegenüber den Schülerinnen und Schülern wird religionspädagogisch gewendet, um die Beziehung zum Augenblick und zu den Schülerinnen und Schülern weiter zu bringen. So sagt Pia: *„Einerseits noch stärker bei den Dingen zu sein, aber andererseits zur gleichen Zeit auch das von außen anzuschauen,"* was bedeutet, auch im Lehrer-Schüler-Verhältnis die eigene Rolle verlassen zu können und die Welt mit Blick auf das Ganze der sozialen Beziehungen und der Gottesbeziehung zu betrachten.

Ähnlich verhält es sich mit der *emotionalen Bereitschaft*, die auch eine Quelle der Selbstwirksamkeit ist. Spiritualität ist demnach nicht rational eingrenzbar. Sie weist über die aktuellen Ereignisse und Befindlichkeiten hinaus. Sie macht verborgene Dispositionen sichtbar. So bemerken die Befragten durch ihre spirituellen Übungen, welche Regungen und Gefühle in ihnen wach sind und ihr Handeln beeinflussen. Insofern ist die spirituelle Übung mehr als eine Selbstreflexion, weil sie mit dem Anspruch einhergeht, in den eigenen Emotionen immer auch eine Berührung durch Transzendenz zu haben.

3.3.3 Diskussion und Empfehlungen

Diskutiert man nun diese Ergebnisse, so wird man sowohl den Begriff der Spiritualität als auch den der Selbstkompetenz problematisieren müssen. Die Frage, inwiefern Religionslehrkräfte überhaupt spirituelle Selbstkompetenz zeigen können, ist ja von Anfang an keine unproblematische Frage gewesen (siehe Einleitung Kapitel 1). Das Thema der Spiritualität bewegt sich immer im Grenzbereich des präzise Bestimmbaren. Unser Forschungsdesign hat dies durch die Frage nach den Quellen der Selbstwirksamkeit nach Bandura eingeholt. Spiritualität lässt sich verhältnismäßig einfach mit diesen Quellen der Selbstwirksamkeit in Beziehung setzen. Soziale Resonanz wird als Beziehungsqualität beschrieben, für die die Befragten ein feines Sensorium zeigten und deren Skala von „gestörte Beziehung" bis hin zu „vertrauensvoll und harmonisch" zu beschreiben ist. Stellvertretende Erfahrungen können an spirituellen Vorbildern wie zum Beispiel dem Ortspfarrer, den eigenen Eltern oder herausragenden religiösen Persönlichkeiten festgemacht werden. Das eigene Kompetenzerleben bringt die religionspädagogische Professionalität und damit den eigenen Anspruch an die Lehrerrolle mit der eigenen Lebensführung ins Gespräch und betont die Möglichkeit, die Dinge von außen zu betrachten. Genauso kommt in den Blick, dass die eigenen Gefühle und Emotionen das eigene Handeln prägen und dass dies auch zuzulassen ist. Insofern also Selbstkompetenz immer auch eine Frage der Selbstwirksamkeit ist, kann diese durch Bildungsprozesse profiliert werden. Spiritualität setzt dabei gleichzeitig klare Grenzen, weil sie deutlich macht, dass auch eine so verstandene Selbstkompetenz keine bis ins Detail verfügbare Kompetenz bezeichnet, sondern ein „Engagement im Vorletzten" (Peng-Keller) bedeutet. Dabei ist der Begriff des Selbst von Anfang an kein individualistisch und monolithisch zu verstehender Begriff, sondern eine soziale Größe, die in der Differenz von Ich und Gemeinschaft die Funktion eines Transmissionsriemens wahrnimmt, der Erwartungshaltungen der eigenen Person mit denen der Gemeinschaft – sei es das Kollegium, die Lerngruppe, die Familie oder andere soziale Gruppen – ins Gespräch bringt. Das Selbst ist damit eine Dimension der Person, derer sich die Person nicht sicher sein kann. Auch in theologischer Hinsicht trifft dies zu, weil die von uns befragten spirituellen Menschen ihr Selbst gerade dadurch gekennzeichnet sehen, für transzendente Erfahrungen offen zu sein. Ihr Selbst rechnet gewissermaßen damit, von Gottes Handeln berührt zu werden. Insofern verträgt sich dies nur in Grenzen mit einem Kompetenzbegriff, der Kompetenz als Problembearbeitungskompetenz beschreibt und vor allem auf die Erlernbarkeit und Anwendbarkeit bestimmter Fertigkeiten und Fähigkeiten abhebt (Weinert, 2001; Benner, Schieder, Schluss & Willems, 2011). Kompetenz erschöpft sich demnach also nicht in ihrer Evaluierbarkeit; insbesondere spirituelle Kompetenz besteht gerade darin, in ihr die eigene Unverfügbarkeit zu verrechnen. „In der Verwendung des Begriffs der Spiritualität geht eben dies immer mit ein, dass der Mensch, dem sie zugeschrieben wird oder der sie sich selbst zuschreibt, sich tatsächlich selbst auch im Verhältnis zu einer transzendenten, geistigen Wirklichkeit verhält, somit beansprucht, selbst das Subjekt in der Wahl der Symbole und Metaphern, in denen dieses Verhältnis ausgedrückt wird, zu sein" (Gräb, 2008, S. 31). Das Subjekt der Spiritualität wählt in seiner Selbstbeschreibung also Symbole und Metaphern, die sich seiner subjektiven Macht entziehen. Anders ausgedrückt, setzen sich diese Subjekte einer Welt aus, deren Grenzen sie gleichzeitig überschreiten. Buchers Schema der Spiritualität im Sinne einer Verbundenheit zu sozialer Mitwelt, Natur, dem eigenen Selbst und einem höheren, geistigen Wesen modelliert genau diese Unverfügbarkeit.

Die hier vorgestellten Ergebnisse zeigen sehr deutlich, dass Fort- und Weiterbildungen im Bereich der Spiritualität von der erfolgreichen Aktivierung subjektiver Vorstellungen von Spiritualität abhängen, wollen sie ertragreich und nachhaltig sein. Spiritualität lebt vom Engagement spiritueller Subjekte sich selbst gegenüber, sie ist darauf angewiesen, dass Individuen sich darauf einlassen, sich selbst zu begegnen. Gleichzeitig darf dieses Engagement sich selbst gegenüber nicht nur in diese eine Richtung weisen, sondern muss – eben um sich selbst als wirksam wahrnehmen zu können – in den sozialen Raum überführt werden. Und in dieser Übersetzungsarbeit liegt der religionspädagogische Knackpunkt. Folgende Empfehlungen seien thesenhaft ausgesprochen:

– Es scheint aufgrund der Eigendynamik von Gesprächen über Spiritualität vergleichsweise einfach, Bildungsprozesse und spirituelle Lernwege anzustoßen. Bedingung ist ein vertrauensvolles Miteinander und eine offene Gesprächsatmosphäre. Für Gruppenleitungen in solchen Prozessen gelten dabei Kriterien der Authentizität, Fachkompetenz und Offenheit gegenüber Gruppenprozessen.
– Spirituelle Lernprozesse achten damit auf den Fokus, den die beteiligten Subjekte auf Spiritualität legen. Dieser Fokus kann in der Gruppe durch einfache spirituelle Übungen (das gemeinsame Gebet, die gemeinsame Stilleübung, die gemeinsame Einführung in die Kontemplation usw.) zentriert werden. Diese Zentrierung eint die Lerngruppe.
– Spirituelle Lernprozesse drängen darauf, Spiritualität ins Gespräch zu bringen und die eigenen Vorstellungen in den Austausch der Gruppe zu geben. Dabei werden Momente spiritueller Selbstkompetenz geschult, weil es in solchen Austauschprozessen auf die Fähigkeit ankommt, Erfahrungen zu teilen und Solidarität zu leben.
– Spirituelle Lernwege sind immer anfanghaft und geben Impulse, die in den Alltag mitgenommen werden. Insofern bietet es sich an, sich in einer Lerngruppe mindestens zwei bis drei Mal zu treffen, um Erfahrungen auszutauschen und die eigene Spiritualität durch den Austausch von Erfahrungen zu profilieren.
– Die religionspädagogische entscheidende Weiterführung spiritueller Selbstkompetenz besteht in der Weitung des Verständnisses von Spiritualität mit Blick auf schulische Prozesse. Wenn es gelingt, die eigene Vorstellung von Spiritualität auf den Horizont der Schülerinnen und Schüler hin auszuweiten, dann erfahren sich die Kolleginnen und Kollegen selbst auch als kompetent im Umgang mit Spiritualität.
– Gerade im Kontext Schule spielt der Leistungsgedanken eine wichtige Rolle. Es sollte in spirituellen Lernprozessen deutlich werden, dass jede Übung eine vorletzte Übung ist. Ein etwaiger Anspruch auf Perfektion sollte in eine Haltung der Gelassenheit münden. Der Doppelcharakter von Spiritualität als einem Einsatz des Übenden und das gleichzeitige Wissen um den Geschenkcharakter der Gottesbeziehung machen die herausfordernden Spannung dieses Bereichs aus.

3.4 Literatur

Arnold, R. (2012). *Ich lerne, also bin ich. Eine systemisch-konstruktivistische Didaktik* (2. Auflage). Heidelberg: Carl-Auto-Systeme Verlag.

Bandura, A. (1997). *Self-Efficacy. The Exercise of Control.* New York: Freeman and Company.

Benner, D., Schieder, R., Schluss, H. & Willems, J. (2011). *Religiöse Kompetenz als Teil öffentlicher Bildung.* Paderborn: Schöningh

Bergold, R. & Boschki, R. (2014). *Einführung in die religiöse Erwachsenenbildung.* Darmstadt: Wissenschaftliche Buchgesellschaft.

Biesinger, A. (1983). Religionsunterricht als Beziehungslernen. Thesen zur Aufhebung falscher Alternativen. *Katechetische Blätter, 108,* 820–827.

Boeve, L. (2012). Unterbrechung und Identität in der pluralistischen Welt von heute. Spiritualität und das offene christliche Narrativ. In R. Kunz, C. Kohli Reichenbach (Hrsg.), *Spiritualität im Diskurs. Spiritualitätsforschung in theologischer Perspektive* (S. 161–179). Scheßlitz: Theologischer Verlag Zürich.

Bohnsack, R. (2014). *Rekonstruktive Sozialforschung. Einführung in qualitative Methoden* (9., überarbeitete und erweiterte Auflage). Opladen: Barbara Budrich.

Boschki, R. (2003). *Beziehung als Leitbegriff der Religionspädagogik. Grundlegung einer dialogisch-kreativen Religionsdidaktik.* Ostfildern: Schwabenverlag.

Boschki, R. & Woppowa, J. (2006). Kann man Spiritualität didaktisieren? Bildungstheoretische und beziehungsorientierte Grundlegung spirituellen Lehrens Lernens. In S. Altmeyer, R. Boschki, J. Theis & J. Woppowa (Hrsg.), *Christliche Spiritualität lehren, lernen und leben. Festschrift Gottfried Bitter* (S. 67–84). Göttingen: V&R.

Breidenstein, G., Hirschauer, S., Kalthoff, H. & Nieswand, B. (2015). *Ethnografie. Die Praxis der Feldforschung* (2. Auflage). Konstanz: UVK.

Bucher, A. A. (2007). *Psychologie der Spiritualität.* Handbuch. Weinheim.

Buschmann, W. & Gamsjäger, I. (1999). Determinanten des Lehrer-Burnouts. In *Psychologie in Erziehung und Unterricht* 46, 281–292.

Dressler, B. (2012). Inkonsistenz und Authentizität. Ein neues religiöses Bildungsdilemma? Bildungstheoretische Überlegungen zu Armin Nassehis religionssoziologischen Beobachtungen. *Zeitschrift für Pädagogik und Theologie, 64* (2), 121–135.

Englert, R. (2006). Pilger auf verschiedenen Pfaden. Geistige und geistliche Suchbewegungen unserer Zeit. In S. Altmeyer, R. Boschki, J. Theis & J. Woppowa (Hrsg.), *Christliche Spiritualität lehren, lernen und leben. Festschrift Gottfried Bitter* (S. 18–28). Göttingen: V&R.

Feige, A., Dressler, B., Lukatis W. & Schöll, A. (2000). *„Religion" bei ReligionslehrerInnen. Religionspädagogische Zielvorstellung und religiöses Selbstverständnis in empirisch-soziologischen Zugängen. Berufsbiografische Fallanalysen und eine repräsentative Meinungserhebung unter evangelischen ReligionslehrerInnen in Niedersachsen.* Münster: Lit.

Feige, A., Dressler, B. & Tzscheetzsch, W. (Hrsg.) (2006). *Religionslehrer oder Religionslehrerinnen werden. 12 Analysen berufsbiografischer Selbstwahrnehmungen.* Ostfildern: Schwabenverlag.

Feige, A. & Nipkow, K. E. (1988). *Religionslehrer sein heute. Empirische und theoretische Überlegungen zur Religionslehrerschaft zwischen Kirche und Staat.* Münster: Fischer.

Feige, A. & Tzscheetzsch, W. (2005). *Christlicher Religionsunterricht im religionsneutralen Staat? Unterrichtliche Zielvorstellungen und religiöses Verständnis von evangelischen und katholischen Religionslehrerinnen und -lehrern in Baden-Württemberg. Eine empirisch-repräsentative Befragung.* Ostfildern: Schwabenverlag.

Gräb, W. (2008). Spiritualität – die Religion der Individuen. In W. Gräb & L. Charbonnier (Hrsg.), *Individualisierung – Spiritualität – Religion. Transformationsprozesse auf dem religiösen Feld in interdisziplinärer Perspektive* (S. 31–44). Berlin: Lit.

Grom, B. (2007). *Religionspsychologie* (vollständig überarbeitete 3. Auflage). München: Kösel.

Gronover, M. (2012). Ich und der Religionsunterricht: spirituelle Selbstkompetenz. *Religionsunterricht an berufsbildenden Schulen (rabs) 3*, 4–6.

Gronover, M. (2013). Spirituelle Selbstkompetenz im Bildungssystem. In A. Biesinger, M. Gronover, M. Meyer-Blanck, A. Obermann, J. Ruopp & F. Schweitzer (Hrsg.), *Gott – Bildung – Arbeit. Zukunft des Berufsschulreligionsunterrichts* (S. 59–71). Münster: Waxmann.

Hafner, Johann (in Druck). *Individuum/Individualität.* www.wirelex.de

Hanstein, T. (2008). *Ästhetische Kompetenz und religiöse Lernprozesse. Ein Beitrag zur Unterrichtsforschung im Religionsunterricht an berufsbildenden Schulen.* Norderstedt: Books on demand.

Hermisson, S. (2016). *Spirituelle Kompetenz. Eine qualitativ-empirische Studie zu Spiritualität in der Ausbildung zum Pfarrberuf.* Göttingen: V&R.

Knoblauch, H. & Graff A. (2009). Populäre Spiritualität oder: Wo ist Hape Kerkeling? In Bertelsman Stiftung (Hrsg.), *Woran glaubt die Welt? Analysen und Kommentare zum Religionsmonitor 2008* (S. 725–746). Gütersloh: Bertelsmann Stiftung.

Langer, I. (2000). *Das persönliche Gespräch als Weg der psychologischen Forschung.* Köln: GWG-Verlag.

Meister Eckhart (1979). *Deutsche Predigten und Traktate* (2. Auflage), herausgegeben und übersetzt von Josef Quint. München: Diogenes.

Mösch, C. F. (2006). *„Daz disiu geburt geschehe": Meister Eckharts Predigtzyklus von der êwigen geburt und Johannes Taulers Predigten zum Weihnachtsfestkreis.* Fribourg: Academic Press.

Müller, F. N. (2005). Kontemplation – mystischer Versenkungsweg aus altchristlicher Tradition. In S. Leutwyler & M. Nägeli (Hrsg.), *Spiritualität und Wissenschaft* (S. 133–152). Zürich: Hochschulverlag 2005.

Peng-Keller, S. (2012a). *Geistbestimmtes Leben: Spiritualität.* Zürich: Theologischer Verlag Zürich.

Peng-Keller, S. (2012b). Geistreiche Theologie zu geistbestimmtem Leben? Spiritualität als Forschungsfeld katholischer Theologie. In R. Kunz & C. Kohli Reichenbach (Hrsg.), *Spiritualität im Diskurs. Spiritualitätsforschung in theologischer Perspektive* (S. 37–53). Zürich: Theologischer Verlag Zürich.

Sajak, C. P. (2009). Gelassenheit durch Distanz. Religionslehrer im Spannungsfeld kirchlicher Erwartungen und schulischer Realität. *Herder-Korrespondenz Spezial* (1), 61–64.

Schaarschmidt, U. (Hrsg.) (2005). *Halbtagsjobber? Psychische Gesundheit im Lehrerberuf – Analyse eines veränderungsbedürftigen Zustandes.* Weinheim: Beltz.

Schaarschmidt, U. (2006). AVEM – ein persönlichkeitsdiagnostisches Instrument für die berufsbezogene Rehabilitation. In Arbeitskreis Klinische Psychologie in der Rehabilitation BDP (Hrsg.), *Psychologische Diagnostik – Weichenstellung für den Reha-Verlauf* (S. 59–82). Bonn: Deutscher Psychologen Verlag GmbH.

Schlüter, R. (2002). Praxis elementaren Glaubens – zur Spiritualität des Religionslehrerinnen und des Religionslehrers. In W. Simon (Hrsg.), *Meditatio. Beiträge zur Theologie und Religionspädagogik der Spiritualität. Günter Stachel zum 80. Geburtstag* (S. 341–351). Münster: Lit.

Schön, D. A. (1982). *The Reflective Practitioner. How Professionals Think in Action.* New York: Basic Books.

Schulte, A., Stubbe, T. C. & Lorenz, J. (2015). Lust und Frust in den ersten Berufsjahren. Religionslehrerinnen und Religionslehrer in der Berufseinstiegsphase. *Theo-Web. Zeitschrift für Religionspädagogik 14* (2), 291–306.

Schweitzer, F. (2000). *Das Recht des Kindes auf Religion. Ermutigungen für Eltern und Erzieher.* Gütersloh: Güthersloher Verlagshaus.

Sekretariat der Kultusministerkonferenz (Hrsg.) (2011). *Handreichung für die Erarbeitung von Rahmenlehrplänen der Kultusministerkonferenz für den berufsbezogenen Unterricht in der Berufsschule und ihre Abstimmung mit Ausbildungsordnungen des Bundes für anerkannte Ausbildungsberufe.* Berlin.

Simon, W. (2002). Maria Montessoris „Übung der Stille" mit Kindern. Ein Ansatz spirituell relevanten Lernens. In W. Simon (Hrsg.), *Meditatio. Beiträge zur Theologie und Religionspädagogik der Spiritualität. Günter Stachel zum 80. Geburtstag* (S. 261–275). Münster: Lit.

Stachel, G. (1995). Religionspädagogik der Spiritualität als Anleitung zur „Achtsamkeit". In H-G. Ziebertz & W. Simon (Hrsg.), *Bilanz der Religionspädagogik* (S. 324–338). Düsseldorf: Patmos.

Steffensky, F. (2014). Warum ich das Wort Spiritualität nicht mehr hören kann. *Publik Forum* (12), 32–36.

Strübing, J. (2003). Theoretisches Sampling. In R. Bohnsack, W. Marotzki & M. Meuse (Hrsg.), *Hauptbegriffe Qualitativer Sozialforschung* (S. 154–156). Opladen: Leske + Budrich.

Tauler zitiert nach Jäger, W. (Hrsg.) (o. J.). Mystische *Spiritualität. Textsammlung.* Holzkirchen: Benediktushof.

Taylor, C. (1996). *Quellen des Selbst. Die Entstehung der neuzeitlichen Identität.* Frankfurt a. M.: Suhrkamp.

Weinert, F. E. (2001). Vergleichende Leistungsmessung in Schulen – eine umstrittene Selbstverständlichkeit. In F. E. Weinert. (Hrsg.), *Leistungsmessung in Schulen* (S. 17–32). Weinheim: Beltz

Wohlmuth, J. (2006). Was heißt ‚Spiritualität'? Biblische und systematische Klärungen. In S. Altmeyer, R. Boschki, J. Theis & J. Woppowa (Hrsg.), *Christliche Spiritualität lehren, lernen und leben. Festschrift Gottfried Bitter* (S. 43–58). Göttingen: V&R.

Teil II:
Perspektiven der Leiter der Kursmodule

Franz Nikolaus Müller

Kontemplation und spirituelle Selbstkompetenz

> *Die Leute sagen oft: „Bittet für mich". Dann denke ich:*
> *Warum geht ihr aus? Warum bleibt ihr nicht in euch*
> *selbst und greift in euer eigenes Gut? Ihr tragt doch alle*
> *Wahrheit wesenhaft in euch.*
>
> Meister Eckhart, *Predigt 6* (Meister Eckhart, 1963)

„Wir tragen alle Wahrheit wesenhaft in uns", sagt Meister Eckhart (um 1260–1328) den Hörern seiner Predigt. Diese Aussage war um 1300 vermutlich für viele Menschen, insbesondere für Theologen und kirchliche Autoritäten eine Provokation. Braucht es nicht Autoritäten, die uns sagen, was richtig und was falsch, was wahr und was unwahr ist, was wir zu tun und wie wir die Dinge zu verstehen haben? Und gilt dies nicht ganz besonders im Bereich der Spiritualität? Die Aufforderung Meister Eckharts „Greift in euer eigenes Gut, ihr tragt doch alle Wahrheit wesenhaft in euch" ist auch heute noch aktuell und wegweisend. In der Sprache der modernen Pädagogik ist es eine Ermunterung zur Selbstkompetenz auf dem Feld der Spiritualität.

1. Selbstkompetenz

Der Begriff „Selbstkompetenz" wurde von Heinrich Roth 1971 in die pädagogische Diskussion eingebracht (Roth, 1971). Sie bildet neben der Sozial- und Fachkompetenz die dritte Säule einer reifen Persönlichkeit im pädagogischen Kontext. Auf dieser Basis beschreibt die deutsche Kultusministerkonferenz 2011 Selbstkompetenz mit den Worten: „Bereitschaft und Fähigkeit, als individuelle Persönlichkeit die Entwicklungschancen, Anforderungen und Einschränkungen in Familie, Beruf und öffentlichem Leben zu klären, zu durchdenken und zu beurteilen, eigene Begabungen zu entfalten sowie Lebenspläne zu fassen und fortzuentwickeln. Sie umfasst Eigenschaften wie Selbständigkeit, Kritikfähigkeit, Selbstvertrauen, Zuverlässigkeit, Verantwortungs- und Pflichtbewusstsein. Zu ihr gehören insbesondere auch die Entwicklung durchdachter Wertvorstellungen und die selbstbestimmte Bindung an Werte" (Sekretariat der Kultusministerkonferenz, 2011). Mit dem Begriff Selbstkompetenz ersetzt die Kultusministerkonferenz den zuvor gebrauchten Ausdruck „Humankompetenz".

Im Hinblick auf die Spiritualität kann die Beschreibung von Selbstkompetenz, wie sie die Kultusministerkonferenz vorgenommen hat, ergänzt werden um den Aspekt der Verbundenheit mit dem eigenen Selbst, das mehr ist als das psychologische

Konstrukt des Ich. Verbundenheit mit dem eigenen Selbst und mit Allen und Allem ist ein Wesensmerkmal christlicher Mystik und Spiritualität, ja aller echten Mystik, die uns auch in anderen Religionen begegnet. Im Folgenden werden einige Konzepte der christlichen Mystik kurz dargestellt, die für die spirituelle Selbstkompetenz wesentlich erscheinen.

2.   Mystik und Spiritualität: fünf leitende Konzepte

Spiritualität ist mehr als Religion oder Religiösität. Sie gehört zum Wesen des Menschen, der darauf angelegt ist, über sich hinaus auszugreifen nach etwas Höherem, Unvergänglichem, Transzendentem und nach der Verbundenheit alles Seienden in Einheit. Über alle anderen bekannten Beschreibungen des Menschen als „ens sociale", „homo faber", „homo ludens" etc. hinaus ist der Mensch als „homo spiritualis" zu begreifen.

Zum Verständnis von Selbstkompetenz und Spiritualität ist es hilfreich, einige Konzepte der christlichen Mystik zu bedenken. Sie stammen von großen Meistern der christlichen Spiritualität aus dem Mittelalter und sind bis heute sehr erhellend, um den Zusammenhang von Spiritualität und Selbstkompetenz zu verstehen.

2.1 Das Menschenbild von Johannes Tauler

Die eingangs zitierte Aufforderung Meister Eckharts, „in uns zu bleiben und in das eigene Gut zu greifen", da wir ja „alle Wahrheit wesenhaft in uns tragen", findet eine Konkretisierung im Menschenbild von Johannes Tauler (1300–1361). Tauler war Dominikanermönch wie Meister Eckhart und hat viele Einsichten des großen Theologen und spirituellen Meisters übernommen. Er unterscheidet drei Ebenen des Menschseins. Da ist zuerst der äußere Mensch, der durch Fleisch und Blut ganz naturverhaftet ist und durch die äußeren Sinne und das leibliche Begehren im Äußeren bleibt (Tauler, 1979a, S. 28). Die zweite Ebene kann man den „inneren Menschen" nennen. Er ist durch die Vernunft gekennzeichnet, das Denken, die Rationalität. In diesem Bereich des inneren Menschen ist das Ich-Bewusstsein zu Hause. Die wichtigste Ebene aber ist für Tauler der „innerste Mensch", der „Seelengrund", wie es Meister Eckhart formuliert und wie es Tauler von ihm übernommen hat. Dieser ist „reine unvermischte Seelensubstanz" und als solche „ganz gottfarben, göttlich, gottförmig" wie Tauler sagt (Tauler, 1979a, S. 277). Im Unterschied zum Ich-Bewusstsein geht es hier im Seelengrund um das „Selbst" des Menschen, um unser „wahres Wesen", von dem z. B. Angelus Silesius (1624–1677) spricht: „Mensch werde wesentlich, denn wenn die Welt vergeht, dann fällt der Zufall weg. Das Wesen, das besteht" (Silesius, 1984, S. 76). Die Seele, sagt Tauler, „wird durch Gottes Gnade all das, was Gott von Natur ist, (und zwar) in der Vereinigung mit Gott, in dem Einsinken in Gott, sie wird über sich hinaus in Gott geholt" (Tauler, 1979a, S. 277). So fremd dieser Gedanke vielleicht dem neuzeitlichen westlichen Christentum geworden ist, so vertraut ist er dem ostchristlichen Denken bis heute geblieben. Die „Theosis" („Vergöttlichung") ist der zentrale Begriff orthodoxer Theologie seit den Zeiten der frühen Kirchenväter. Der Satz „Gott wurde Mensch, damit der Mensch Gott werde" findet sich bei ihnen immer wieder (z. B. Augustinus, Irenäus v. Lyon, Gregor v. Nazianz, Gregor v. Nysaa, etc.). Kontemplation ist ein Weg, sich dieser grundlegenden Dimension unseres Menschseins zu öffnen.

2.2 Drei Erkenntnisebenen: das Konzept der drei Augen

Das zweite Konzept mittelalterlicher Mystik und Theologie, auf dem auch Eckhart und Tauler aufbauen, ist das Konzept der „inneren Sinne". Dieses Konzept, das bis in die Zeit der frühchristlichen Theologie zurückreicht, geht davon aus, dass unsere äußeren Sinne eine Entsprechung in den Inneren Sinnen haben. Vor allem das Schauen und das Hören spielen eine zentrale Rolle. Hugo von St. Victor (1097–1141), Leiter einer berühmten Theologenschule nahe Paris, hat das Konzept der „drei Augen" von Augustinus übernommen und weiterentwickelt. Nach seinem Werk *De sacramentis Christianae fidei* gibt es drei Erkenntnisebenen. Das „oculus carnis" (Auge des Fleisches) meint die äußeren Sinne, mit denen wir gleichsam „aus uns herausschauen". Die zweite Erkenntnisebene ist das „oculus rationis" (Auge des Verstandes), unsere natürliche Vernunft, mit der wir „in uns hineinschauen". Die dritte Ebene der Erkenntnis ist das „oculus contemplationis" (Auge der Kontemplation), mit dem wir „über uns hinaus schauen", also die Fähigkeit zu transzendenter Erkenntnis. In den spirituellen Traditionen des Westens wie des Ostens spielt der Begriff „Herz" eine zentrale Rolle, er entspricht dem, was Johannes Tauler den innersten Menschen oder den Seelengrund nennt. Das Auge der Kontemplation kann daher auch als das „Auge des Herzens" bezeichnet werden. Wir finden diesen Ausdruck in dem berühmten Wort aus dem „Kleinen Prinz" von Antoine de Saint-Exupéry: „Man sieht nur mit dem Herzen gut, das Wesentliche ist für die Augen unsichtbar" (Saint-Exupéry, 1998/1950, S. 70). Dem Auge der Kontemplation entspricht auch das „Hören mit dem Herzen". Der bekannte Kanon „Schweige und höre, neige deines Herzens Ohr, suche den Frieden" ist nach Worten formuliert, die der Hl. Benedikt in den Vorreden zu seiner Regel den Mönchen ans Herz legt. Bei ihm ist der Begriff des Hörens zentral, des „Hörens mit dem Herzen".

Hugo von St. Victor – und sein Schüler und Nachfolger Hugo von St. Victor – und sein Schüler und Nachfolger Richard von St. Victor (1110–1173) – betonen, dass alle drei Augen bzw. Erkenntnisebenen zusammengehören, dass aber unsere Erkenntnis ohne das „Auge der Kontemplation" ungenügend bleibt. Erinnert sei an dieser Stelle an die Vorstellung des „dritten Auges", das auch im Hinduismus, im Buddhismus und im Islam in unterschiedlicher Ausformung bekannt ist. Zuletzt hat auch Ken Wilber dieses Konzept der mittelalterlichen Theologie aufgegriffen und argumentiert mit ihm für eine Überwindung des Grabens zwischen Naturwissenschaft und Religion (Wilber, 2010).

2.3 Drei Grundformen spiritueller Praxis

Das dritte Konzept christlicher Mystik, das es zu bedenken gilt, bezieht sich auf die spirituelle Praxis. In einer Kurzform kann man von drei Grundformen des Betens als spiritueller Praxis sprechen: oratio, meditatio, contemplatio. Dieser Unterscheidung liegt ein Konzept von Guigo II., dem Karthäuser (gest. 1193) zugrunde. In seiner Schrift „scala claustralium" (Leiter der Mönche) stellt er einen Stufenweg und eine spirituelle Praxis vor, die für das mönchische Leben des Mittelalters und darüber hinaus prägend wurde. Er zeigt einen Weg mit vier Stufen: lectio, meditatio, oratio, contemplatio. Der Weg beginnt mit der Schriftlesung (lectio), im zweiten Schritt wird ein Wort, ein Satz oder ein Abschnitt aus dieser Lesung meditiert (meditatio). Aus dieser Betrachtung des Textes heraus wird ein Gebet formuliert (oratio). Und schließlich endet dieser Weg im stillen Verweilen, im Gebet der Stille (contemplatio). Oratio meint also das mündliche Gebet, meditatio bedeutet das innere Bewegen und Betrachten eines Wortes, eines Satzes, eines Bildes, der Natur etc. Meditatio hat also im ursprünglichen Sinn immer einen Inhalt, bezieht sich auf etwas und wird daher als „betrachtendes Gebet" bezeichnet. Die dritte Art des Gebetes, die contemplatio, lässt alle Inhalte hinter sich und bedeutet ein absichtsloses Verweilen im Hier und Jetzt, in Gottes Gegenwart. Ein „liebendes Aufmerken" hat es Johannes vom Kreuz genannt. In der Tradition wird es auch „Gebet der Ruhe" (nach Johannes Cassian, 360–435) oder „inneres Gebet" (bspw. nach Teresa von Avila, 1515–1582 und Madame Guyon, 1648–1717) genannt. Kontemplation meint also das, was viele Menschen heute unter Meditation verstehen. Dabei geht aber die ursprüngliche Unterscheidung von Meditation und Kontemplation verloren. Im heutigen Sprachgebrauch ist es daher sinnvoll, von „gegenständlicher Meditation" zu sprechen, was der ursprünglichen Bedeutung der meditatio entspricht und andererseits von „gegenstandsloser Meditation" im Sinne von Kontemplation. Der Begriff Kontemplation hat zwei Aspekte. Zum einen meint er eine Erfahrung, die dem Menschen geschieht, die also nicht machbar, sondern geschenkt ist. Der zweite Aspekt von Kontemplation meint – als Gebet der Ruhe oder Gebet der Stille – einen Übungsweg, der den Menschen öffnen und ihn bereit machen soll für diese Erfahrung. Teresa von Avila (1515–1582) beschreibt in ihrem Buch „Die innere Burg" diese beiden Aspekte (Teresa von Avila, 1979). Sechs Wohnungen (mit jeweils vielen Gemächern) der inneren Burg muss der Mensch durchschreiten auf seinem spirituellen Weg zur innersten, siebenten Wohnung, in der Gott wohnt und wo die Vereinigung mit Gott, die „unio mystica" geschieht. In den ersten drei Wohnungen ist der Mensch noch aktiv, muss sich bemühen und manche Prüfungen überstehen. Von der vierten Wohnung an tritt diese Aktivität des Menschen zunehmend in den Hintergrund und es geschieht dem Menschen, dass er weiter geführt wird hin zur innersten Wohnung. In diesem grandiosen Bild der Teresa von Avila für den inneren Weg steckt noch ein weiterer Aspekt des spirituellen Weges, der im Folgenden erläutert wird.

2.4 Drei Aspekte des spirituellen Weges

Die christliche Spiritualität unterscheidet seit jeher drei Aspekte eines spirituellen Weges: via purgativa, via illuminativa, via unitiva. Diese drei Aspekte finden sich aber auch in ähnlicher Weise in anderen spirituellen Traditionen. Die via purgativa („Reinigungsweg") ist der grundlegende Aspekt eines spirituellen Weges. Gemeint ist damit, dass ein Mensch, der sich auf die Reise nach innen macht und sich dabei lösen muss von manchen Anhaftungen, von dem, was ihn belastet und unfrei macht. Der Mensch übt auf diesem Weg, zu lassen. Das heißt, Belastendes loslassen zu können oder vielleicht besser gesagt, stehen zu lassen und sich nicht darauf zu fixieren. Dieses Lassen steht bei vielen Mystikern und Mystikerinnen an erster Stelle. Lassen zu können muss eingeübt werden – Tauler spricht von der „Übung der inneren Einkehr", das ist die Kontemplation als Übungsweg, – und wird allmählich zu einer Grundhaltung, für die Meister Eckhart ein Wort geschaffen hat, das uns bis heute sehr vertraut ist: „ge-lazzenheit", also Gelassenheit. Der zweite Aspekt des spirituellen Weges, die „via illuminativa" (Erleuchtungsweg), beschreibt den weiteren inneren Weg. Je mehr ein Mensch lassen kann im oben beschriebenen Sinn, umso mehr wird er geläutert und vom Licht erfüllt, „erleuchtet". Der Begriff „Erleuchtung" stammt also ursprünglich nicht – wie viele meinen – aus dem Buddhismus, sondern ist ein genuin christlicher Begriff.[1] Der dritte Aspekt des inneren Weges, die „via unitiva" (Einungsweg), meint die „unio mystica", die tiefste Erfahrung der Einswerdung mit Gott im Seelengrund, die oben erwähnte „theosis".

2.5 Lesemeister und Lebemeister

Sowohl bei Meister Eckhart wie auch bei Johannes Tauler findet sich die Rede von den „Lesemeistern" und den „Lebemeistern". Gemeint sind einerseits die Meister der Gelehrsamkeit, die Theoretiker und andererseits die Meister des Lebens, die Praktiker. Eckhart und Tauler geben den Lebemeistern eindeutig den Vorzug. Sie sind erfahren in den grundlegenden Fragen des Lebens und der spirituellen Praxis und sind daher fähig, für sich selber in ihrer spirituellen Entwicklung Verantwortung zu übernehmen, also spirituelle Selbstkompetenz zu haben und auf dieser Grundlage auch Menschen auf ihrem Lebensweg und in ihren spirituellen Fragen begleiten zu können.

---

1   „Buddha" bedeutet ja auch nicht der „Erleuchtete", sondern der „Erwachte".

3.   Spiritualität und Selbstkompetenz

Alle fünf oben kurz dargestellten Konzepte aus der Tradition der christlichen Spiritualität bilden zusammen die Grundlage für die Praxis der Kontemplation und sind bedeutsam für die spirituelle Selbstkompetenz eines Menschen. Im Folgenden werden diese fünf Konzepte im Hinblick auf die spirituelle Selbstkompetenz – insbesondere von (Religions-)Lehrerinnen und -lehrern – untersucht.

3.1 Die Entdeckung des „innersten Menschen"

Der erste und wichtigste Punkt für spirituelle Selbstkompetenz ist der Zugang zum Selbst oder zum „innersten Menschen", wie es Tauler formuliert. Dieses Selbst oder der Seelengrund oder eben der „innerste Mensch" ist nicht leicht zugänglich. Dazu braucht es in der Regel eine spirituelle Praxis, die eingeübt und immer wieder vertieft werden muss. Wer aber diesen Seelengrund kennt und immer wieder dahin zurückkehrt, erfährt eine innere Gelassenheit, die offen macht für das, was auf uns zukommt. Sie ermöglicht einerseits, sich immer wieder zu lösen von dem, was belastet und gibt andererseits immer wieder die Kraft, sich ganz einzulassen auf die alltäglichen Herausforderungen. Für diese „innere Einkehr", wie es Johannes Tauler auch nennt, braucht es eine gewisse Beständigkeit in der Übung. In der Predigt 66 schreibt Tauler: „Wenn der Mensch in der Übung der inneren Einkehr steht, hat das menschliche Ich für sich selbst nichts. Das Ich hätte gerne etwas und es wüsste gerne etwas und es wollte gerne etwas. Bis dieses dreifache etwas in ihm stirbt, kommt es den Menschen sauer an. Das geht nicht an einem Tag und auch nicht in kurzer Zeit. Man muss dabei aushalten, dann wird es zuletzt leicht und lustvoll" (Tauler, 1979b, S. 511–512). Das „menschliche Ich", von dem Tauler hier spricht, möchte immer etwas, es hält uns auf Trab und lässt uns nicht zur Ruhe kommen. Doch genau darum geht es: die innere Ruhe zu finden, die „hesychia" („Herzensruhe") nennt es die große spirituelle Tradition der Ostkirchen, der Hesychasmus. Die Erfahrung der inneren Ruhe ist die Grundlage für spirituelle Selbstkompetenz. Sie bildet den festen Boden, auf dem der Mensch steht, der auch von mancherlei widrigen Lebensumständen nicht aus der Bahn geworfen wird. Und vor allem ist es der „Ort", an dem Gottesbegegnung stattfinden kann: „Halt an, wo läufst du hin, der Himmel ist in dir. Suchst du Gott anderswo, du fehlst ihn für und für" (Silesius, 1984, S. 39), schreibt Angelus Silesius.

3.2 Mit dem dritten Auge sehen lernen

Eine Frucht dieser „Übung der inneren Einkehr", des kontemplativen Übungsweges, ist die allmähliche Öffnung des „dritten Auges" bzw. der inneren Sinne. Das Schauen und Hören mit dem Herzen weitet die gewöhnliche, durch unser Ego stark verengte Wahrnehmung und ermöglicht einen barmherzigen Blick auf sich selber, auf die Mitmenschen und die Welt. Dabei ist die Achtsamkeit im Umgang mit sich selber und mit anderen Menschen zentral. Es ist die „Achtsamkeit des Herzens" (Steindl-

Rast, 2005), die wohlwollend und verstehend auf Menschen und Umwelt blickt und sich hütet, zu verurteilen. Bei den Wüstenvätern – den Pionieren einer kontemplativen Praxis – ist dies ein immer wiederkehrendes Thema: nicht verurteilen. In der Sprache der modernen Psychotherapie bedeutet es, das Augenmerk nicht auf die Defizite zu richten, sondern auf die Ressourcen. Das bedeutet, nicht an der Vergangenheit mit ihren Belastungen hängen zu bleiben, sondern im Hier und Jetzt wahrzunehmen, was notwendig und hilfreich ist und den nächsten Schritt dementsprechend achtsam zu gehen.

3.3 Zu sich kommen im „Gebet der Stille"

Die kontemplative Übung als „Übung der inneren Einkehr", als „Gebet der Ruhe" oder „Gebet der Stille" verweist auf den zentralen Aspekt dieses Übungsweges. Die Stille ist die Voraussetzung für die Öffnung der inneren Sinne und für die „Einkehr in den Grund". Erst wenn die äußeren Sinne zur Ruhe kommen, kann sich die innere Wahrnehmung entfalten, das „Hören und Sehen mit dem Herzen". Und dies ist die Voraussetzung für die Erfahrung, wer wir eigentlich „wesentlich", also in unserem innersten Wesen, sind. „Selbsterfahrung" im therapeutischen Sinn ist ein erster Schritt zu einem gesunden „Ich" – im Sinne der „via purgativa". Es braucht aber auf dem spirituellen Weg den nächsten Schritt zur Erfahrung unseres eigentlichen „Selbst" im Unterschied zum „Ich". In der Mystik ist öfter die Rede vom „Sterben des Ich". Das bedeutet nicht, dass ein Mensch sein Ich verliert, sondern nur, dass das Ich zurücktreten soll, um die Erfahrung des Selbst zu ermöglichen. Das Ich ist ein wichtiger Aspekt unseres Menschseins, ja lebensnotwendig. Ein gesundes Ich ist der Ausgangspunkt für den inneren Weg. Aber dieses Ich schränkt unsere Wahrnehmung auch enorm ein. Es bleibt bei den beiden ersten Augen (siehe oben) stehen und kann daher nicht die grundlegende Verbundenheit und Einheit allen Seins wahrnehmen, die nur im Schauen mit dem dritten Auge und in der Achtsamkeit des Herzens möglich ist. Die besondere Bedeutung der Erfahrung von Stille auch bei Kindern hat Maria Montessori eindrücklich beschrieben, unter anderem in der „Lektion der Stille" (Montessori, 1992, S. 63; Montessori, 1995, S. 128–129). Gerade heute in einer sehr lauten Zeit mit einer Überfülle an optischen und akustischen Reizen ist es eine ganz wesentliche Aufgabe der Religionspädagogik, eine Kultur der Stille zu fördern.

3.4 Spiritualität und Psychohygiene

Die in einer kontemplativen Praxis eingeübte Fähigkeit, sich in die Stille des Seelengrundes zurück zu ziehen, ist die beste Voraussetzung, mit den Belastungen des beruflichen Alltags in der Schule gut umzugehen und sich immer wieder davon lösen zu können. Dadurch wird die psychische und physische Gesundheit befördert und wird entsprechenden Krankheitsbildern entgegen gewirkt. Kontemplation kann daher auch als Burnout-Prophylaxe gesehen werden. Die „via purgativa" ist auch die Auseinandersetzung mit der eigenen Geschichte, den damit verbundenen Verletzungen,

Defiziten und dem eigenen Schatten. Mit ihnen wird konfrontiert, wer sich wirklich über längere Zeit einlässt auf die Reise nach innen. Manchmal, aber nicht immer, ist es notwendig und sinnvoll, diesen Prozess mit therapeutischen Mitteln zu fördern und zu begleiten. In diesem Falle kann die Kontemplation wesentlich dazu beitragen, das in einer Therapie Durchgearbeitete besser zu integrieren in eine reife Persönlichkeit. Die Kontemplation leistet jedenfalls einen wichtigen Beitrag für die Psychohygiene und damit für die Lehrergesundheit.

3.5 Religionspädagogen als „Lebemeister"

Wie oben beschrieben sind die Lebemeister, von denen Meister Eckhart und Johannes Tauler sprechen, kompetent für die spirituelle Dimension des eigenen Lebens, aber auch in der spirituellen Begleitung von Menschen. Die spirituelle Selbstkompetenz ist die grundlegende Voraussetzung für die Fähigkeit der spirituellen Begleitung.

Für Religionspädagogen bedeutet das, dass sie auf der Grundlage spiritueller Selbstkompetenz auch die Kompetenz zur spirituellen Begleitung von Schülerinnen und Schülern im Unterricht und darüber hinaus haben, z. B. in der Funktion eines Vertrauenslehrers. Spirituelle Selbstkompetenz ist auch die wichtigste Voraussetzung für einen „mystagogischen Religionsunterricht", also einen Unterricht, der über die bloße Wissensvermittlung hinausgeht und letztlich auch den Schülerinnen und Schülern den Weg zu spiritueller Selbstkompetenz weist. Ganz im Sinne der eingangs zitierten Worte von Meister Eckhart.

In der Aus-, Fort- und Weiterbildung von Religionspädagogen sollte daher der Förderung von spiritueller Selbstkompetenz eine zentrale Rolle zukommen. Mit Eckhart und Tauler kann die Frage gestellt werden, ob die entsprechenden Bildungspläne nicht einseitig dem Modell „Lesemeister" und zu wenig dem Modell „Lebemeister" verpflichtet sind. Natürlich braucht es eine fundierte fachliche und pädagogische Bildung, darüber hinaus aber auch ganz wesentlich die Förderung und Stärkung der spirituellen Selbstkompetenz.

Literatur

Meister Eckhart (1963). *Deutsche Predigten und Traktate* (2. Auflage), herausgegeben und übersetzt von Josef Quint. München: Diogenes.

Montessori, M. (1992). *Dem Leben helfen*. Freiburg i.B.: Herder.

Montessori, M. (1995). *Kinder sind anders*. München: dtv.

Roth, H. (1971). *Pädagogische Anthropologie*. Hannover: Schroedel.

Saint-Exupéry, A. de (1998/1950). *Der Kleine Prinz* (52. Auflage). Düsseldorf: Karl Rauch Verlag.

Sekretariat der Kultusministerkonferenz (Hrsg.) (2011). *Handreichung für die Erarbeitung von Rahmenlehrplänen der Kultusministerkonferenz für den berufsbezogenen Unterricht in der Berufsschule und ihre Abstimmung mit Ausbildungsordnungen des Bundes für anerkannte Ausbildungsberufe*. (www.kmk.org) [13.07.2016]

Silesius, A. ([1653] 1984). *Der cherubinische Wandersmann. Kritische Ausgabe*, hrsg. von Louise Gnädinger. Reclam: Stuttgart.

Steindl-Rast, D. (2005). *Achtsamkeit des Herzens*. Freiburg i.B.: Herder.

Tauler, J. (1979a). *Predigten. Band I*. Hrsg. von Georg Hofmann. Einsiedeln: Johannes Verlag.

Tauler, J. (1979b). *Predigten. Band II*. Hrsg. von Georg Hofmann. Einsiedeln: Johannes Verlag.

Teresa von Avila (1979). *Die innere Burg*. Zürich: Diogenes.

Wilber, K. (2010). *Naturwissenschaft und Religion. Die Versöhnung von Weisheit und Wissen*. Frankfurt: Fischer Taschenbuch Verlag.

Klaus Kießling

Spiritualität als solidarische Präsenz ins Gespräch bringen

Zur Förderung der Kompetenzen katholischer Religionslehrkräfte an berufsbildenden Schulen

1. Spiritualität und göttliche Solidarität, Esoterik und Exoterik

Menschen, die erzählen, wes Geistes Kind sie sind, aus welchem Geist, aus welchem *spiritus* sie leben, gewähren Einblicke in ihre Spiritualität. Diese gewährt eine größtmögliche Weite, wohingegen mit Religion und Religiosität eine institutionelle Verankerung einhergeht, die für spirituelle Bewegungen nicht zwingend ist. Leben im Geist, geistliches Leben vollzieht sich innerhalb und außerhalb traditioneller Religiosität, die ihrerseits Möglichkeiten bietet, spirituelle Erfahrungen im jeweils gegebenen Horizont zu verorten und eine Unterscheidung der Geister vorzunehmen. Ein Leben aus dem Geist zeigt sich inspiriert, begeistert von Kräften und Impulsen, die nicht aus mir selbst kommen und, wenn sie bei mir ankommen, nicht bei mir verbleiben. Meister Eckhart, ein berühmter Dominikaner, der mich seit meinem eigenen Studium bewegt, predigt wie folgt von der Geburt Gottes im Menschen: „Daß ein Mensch Gott in sich *empfängt*, das ist eine gute Sache … Daß aber Gott im Menschen *fruchtbar* werde, das ist noch besser" (Meister Eckhart, 1979, S. 115). Wenn ich das Bild der Geburt ernst nehme, so kann ich nicht anders, denn ans Licht der Welt zu bringen, was zur Geburt drängt.

Der griechische Begriff „Mystik" verweist auf das Verb *myein*, „die Augen schließen", und Eckharts Spiritualität zeigt in der ihr eigenen Dynamik, dass es dabei gerade nicht bleibt – und uns die Augen erst recht aufgehen und alle anderen Sinne auch: „Spiritualität ist Aufmerksamkeit" (Steffensky, 2006, S. 17) – in der Gottesbeziehung und in jeder Beziehung. Spiritualität richtet sich als Einübung in Achtsamkeit auf alle Beziehungen, in denen, aus denen und für die Menschen leben. Solche Achtsamkeit lebt in spirituellen Traditionen, inzwischen haben auch psychologische Schulen sie zum Glück entdeckt (Reisch, Bundschuh-Müller, Knoche & Kern, 2007).

Mit diesen einführenden Umschreibungen von Spiritualität will ich auf zweierlei abheben: zum einen darauf, dass Spiritualität sich nicht nur *eso*terisch nach innen richtet und gleichsam als transpersonal eingekleidete Wellness mit Aussicht auf narzisstischen Gewinn daherkommt; vielmehr richtet sie sich auch *exo*terisch nach außen, wenn ans Licht einer beziehungsreichen Welt kommt, was zur Geburt drängt. Was ein Mensch im Geiste empfängt, behält er nicht für sich allein; sonst stirbt, was zum Leben kommen will, vielleicht einen eigenen Lebensstil ausprägen will. Zum anderen hebe ich darauf ab, dass Eckharts Wirkungsgeschichte weit über die Grenzen kirchlicher Traditionen hinausragt und die von ihm gelebte und angestoßene Spiritualität mit einer im Islam und in allen anderen Weltreligionen lebenden Mystik mehr gemein hat als etwa mit christlichem oder anderem religiösem Fundamentalismus.

In der Tradition Meister Eckharts sehe ich auch eine Mystik der offenen Augen. Diese verdankt sich Johann Baptist Metz. Er schlägt ein Weltprogramm des Christentums vor, das auf eine pluralitätsfähige Spiritualität setzt. Dabei treibt ihn folgende Einsicht an: „Gott ist entweder ein Menschheitsthema oder überhaupt kein Thema. Götter sind pluralisierbar und regionalisierbar, nicht aber Gott. Er ist nur ‚mein' Gott, wenn er auch ‚dein' Gott sein kann, er ist nur ‚unser' Gott, wenn er auch als der Gott aller anderen Menschen bekannt und angebetet werden kann." (Metz, 2000, S. 10) Metz geht es um eine Spiritualität, die sich Leid und Not nicht verschließt, die vielmehr mit der Autorität der Leidenden auf *compassion*, auf Mitleidenschaft setzt. Deren Verweigerung ist ihm Sünde, Selbstverkrümmung des Herzens, denn „Jesus lehrt nicht eine Mystik der geschlossenen Augen, sondern eine Mystik der offenen Augen", eine Mystik „der unbedingten Wahrnehmungspflicht für fremdes Leid" (Metz, 2000, S. 17) und der Solidarität.

Systematisch-theologisch gewinnt Solidarität erst mit dem Zweiten Vatikanischen Konzil und seiner Pastoralkonstitution *Gaudium et Spes* Bedeutung (GS 4, 32, 90), und zwar als Kategorie der Erlösung: Der Gedanke der Genugtuung Gottes durch Jesu Tod am Kreuz tritt zurück, es braucht keine Sühneopfer mehr zur Beschwichtigung eines erzürnten Gottes. Eine Neubegründung von Solidarität tritt hervor – durch die Menschwerdung Gottes, der nicht Versöhnung braucht, sondern schenkt (2 Kor 5,21): Jesus Christus offenbart und verwirklicht Gottes Liebe und Solidarität mit den Menschen und befreit sie mit seiner Botschaft vom Reich Gottes zur Solidarität untereinander.

Mit der Geburt Gottes, mit der Menschwerdung Gottes setzt unsere eigene Menschwerdung ein. Und wenn der Gekreuzigte in das Reich des Todes hinabsteigt, so tritt er in seinem Tod und durch seine Auferstehung in die Solidarität mit den Toten und ihrem Leid ein; so begründet er Solidarität unter den Menschen über den Tod hinaus; so eröffnet er die Vision einer Weltgemeinschaft, die auf göttliche Solidarität setzt. Theologisch orientiert sich diese Vision an einer Zukunft, die sich menschlichem Zugriff entzieht. Sie richtet sich an einer Lebenswelt aus, in der die Qualitäten Gottes zur Lebensqualität menschlicher Verhältnisse geworden sind.

2. Lehrgang „Spirituelle Selbstkompetenz"

Wenn Spiritualität sich in diesem Horizont als Einübung in Achtsamkeit versteht und sich auf alle Beziehungen richtet, in denen, aus denen und für die Menschen leben, stellt sich eine doppelte Frage. Wer oder was lässt Beziehung gelingen, welche menschlichen Haltungen begünstigen Beziehungen, wie lassen sie sich pflegen? Und: worin liegt in allen Beziehungsgeflechten jenes Herzstück, das sich als solidarische Spiritualität ausmachen und ins Gespräch bringen lässt?

Mit diesen Fragen ist die doppelte Zielsetzung jenes Moduls umrissen, für das ich im Lehrgang „Spirituelle Selbstkompetenz" die Verantwortung übernommen und das ich gemeinsam mit den Kolleginnen und Kollegen gestaltet habe, die an verschiedenen berufsbildenden Schulen katholischen Religionsunterricht erteilen und sich ebenso mutig wie engagiert an diesem Lehrgang beteiligten. Dieses Modul dient zum einen der *Förderung einer personzentrierten Haltung* (Abschnitt 3) und zum anderen dem spirituellen Wachstum, also der *Ausbildung eines Habitus* (Abschnitt 4), in dem sich Spiritualität einüben und ins Gespräch bringen lässt – als Ressource, die sich Verwertungsoptionen verweigert und zugleich den Berufsalltag gelingen lässt.

Mit diesen Fragen haben alle Beteiligten schon vor Beginn dieses Lehrgangs gerungen, sie sammelten bereits vielfältige Erfahrungen mit ge- und missglückten Versuchen, Spiritualität ins Gespräch zu bringen. Auf welche Weise tragen Menschen, die Spiritualität ins Gespräch bringen, dazu bei, dass ihre Versuche glücken oder missglücken – oder in mancher Hinsicht glücken, in anderer aber missglücken? Wodurch begünstigt oder vereitelt das jeweilige Gegenüber diese Versuche? Welche Rahmenbedingungen erhellen, welche verdunkeln das Geschehen? Mit den je eigenen Erfahrungen und Ressourcen setzen wir ein, zunächst in Still-, dann in Gruppenarbeit, schließlich im Plenum, bevor wir diese reichhaltigen Erfahrungen reflektieren, mit Beiträgen aus verschiedenen einschlägigen Disziplinen in Beziehung setzen und uns praktisch darin üben, Spiritualität ins Gespräch zu bringen.

Während dieser Text damit einsetzt zu konturieren, was Spiritualität ausmacht, kommen im Modul zunächst die dazu angereisten Kolleginnen und Kollegen zu Wort. Auch im weiteren Verlauf dieses Aufsatzes geht es nicht um die Chronologie des Lehrgangs, sondern um die Präsentation einiger zentraler Elemente in ganz eigener Abfolge (Abschnitte 5–7). Denn als Modulverantwortlicher komme ich zum Lehrgang nicht mit einem vorab festgelegten Zeitplan, sondern mit einem Rucksack – im wörtlichen, aber auch im übertragenen Sinne: Er enthält zum einen einige Bausteine, die mir für diesen Lehrgang unerlässlich erscheinen, die ich also zwischen dem 10. und dem 13. März 2013 auspacke und auch in dieser Dokumentation zumindest nenne, zum anderen aber auch Elemente, auf die ich zugreife, wenn ich Bedarf wahrnehme, die ansonsten aber auch getrost im Rucksack verbleiben können. Selbstverständlich entstehen in diesen Tagen, die ich mit lernbegierigen und experimentierfreudigen Frauen und Männern im Erbacher Hof in Mainz zubringe, auch Konstellationen, für die sich in meinem Rucksack nichts Geeignetes findet, sodass wir gemeinsam kreative Prozesse in Gang setzen, damit ans Licht der Welt kommen kann, was zur Geburt drängt.

3. Beziehungsreiche Förderung einer personzentrierten Haltung

Welche menschlichen Haltungen lassen Beziehungen gelingen? Damit setzte sich insbesondere Carl Ransom Rogers auseinander – als Pionier der Psychotherapieforschung und Begründer eines personzentrierten Konzepts einerseits, mit weitreichender Bedeutung auch für alle anderen professionellen und alltäglichen Beziehungsgeflechte andererseits. *Personzentrierte Psychotherapie* basiert auf dem sogenannten *Selbstkonzept.* Dieses kennzeichnet die durch Erfahrung geprägte Weise, wie eine Person sich in ihrer Welt wahrnimmt, also in ihren Charakteristika und Fähigkeiten, in ihren Beziehungen zu ihrer Mit- und Umwelt, sowie ihre Ziele und Ideale. Dieses Selbstkonzept unterliegt fortwährenden Veränderungen. Am Selbstkonzept vollzieht sich der Prozess des seelischen Wachsens. Aber es kommt, insbesondere bei besonderen Lebensereignissen, immer wieder zu vielfältigen und ganz unterschiedlichen Erfahrungen, die mit meinem bisherigen Selbstkonzept, meiner Erfahrung und meinen Wertvorstellungen kollidieren. Durch angstbesetzte Abwehr dieser mir bisher fremden Erfahrungen kommt es zunächst zu einer Verstörung des Selbstkonzeptes, schließlich zu leidvoller *Inkongruenz,* also zu einem Auseinanderklaffen zwischen meinem bisherigen Selbstkonzept und meinem aktuellen Erleben und Erfahren. Mein Organismus antwortet auf die zunächst unterschwellige Wahrnehmung dieses Klaffens mit Abwehr, schließlich mit spürbarer Angst.

Personzentrierte Arbeit setzt auf ein Beziehungsangebot, das an eine oder mehrere leidende Personen ergeht und ihr Erleben hier und jetzt aktivieren soll. Auf diese Weise lässt sich die Störung einer Person – in ihrer Beziehung zu sich selbst – abbauen und das Wachstum der Persönlichkeit beziehungsreich fördern.

Damit ein solcher Prozess glücken kann, müssen Rogers zufolge sechs „Bedingungen vorhanden sein:

1. Zwei Personen befinden sich in Kontakt.
2. Die erste Person, die wir Klient nennen, befindet sich in einem Zustand der Inkongruenz; sie ist verletzlich oder voller Angst.
3. Die zweite Person, die wir den Therapeuten nennen, ist kongruent in der Beziehung.
4. Der Therapeut empfindet bedingungslose positive Beachtung gegenüber dem Klienten.
5. Der Therapeut erfährt empathisch den inneren Bezugsrahmen des Klienten.
6. Der Klient nimmt zumindest in geringem Ausmaße die Bedingungen 4 und 5 wahr, nämlich die bedingungslose positive Beachtung des Therapeuten ihm gegenüber und das empathische Verstehen des Therapeuten." (Rogers, 1987, S. 40)

Eine personzentrierte Psychotherapie basiert also auf der Beziehung zwischen einem oder mehreren leidenden Menschen einerseits und einer therapeutischen Begleiterin oder einem Begleiter sowie verschiedenen *Grundhaltungen* andererseits. Ein Beziehungsangebot geht dabei nicht nur von Professionellen aus, sondern auch von dem leidenden Menschen selbst, der aufgrund der Einsicht, dass er sein Leben ohne fremde Hilfe nicht mehr wird meistern können, mit einem großen Schritt auf einen anderen Menschen zugeht.

3.1 Wertschätzung

Zu den genannten Grundhaltungen gehört erstens die in Punkt 4 angeführte bedingungslose positive Beachtung, mit anderen Worten die Wertschätzung, die positive Zuwendung oder das bedingungsfreie Akzeptieren. Rogers geht davon aus, „daß um so eher eine Weiterentwicklung eintritt, je ausgeprägter der Therapeut eine warmherzige, positive und akzeptierende Haltung gegenüber den Vorgängen im Klienten einnimmt. Dies bedeutet, daß er den Klienten als Persönlichkeit schätzt, und zwar etwa mit jener Gefühlsqualität, die Eltern für ihr eigenes Kind empfinden, wenn sie es als Persönlichkeit, ungeachtet seines augenblicklichen Verhaltens, anerkennen. Es bedeutet, daß er sich um seinen Klienten auf eine nicht besitzergreifende Weise sorgt, als um einen Menschen voller Möglichkeiten." (Rogers, 1990, S. 218)

Wertschätzung meint den Respekt vor und das Vertrauen in die Möglichkeiten der Klientin, des Klienten, sodass dieser sich mit seinem Selbstkonzept auseinandersetzen und dieses neu strukturieren kann.

3.2 Empathie

Die zweite Grundhaltung ist die in Punkt 5 genannte Empathie. Für Rogers besteht sie „darin, daß der Therapeut ein präzises einfühlendes Verstehen für die persönliche Welt des Klienten entwickelt und daß er fähig ist, von den Fragmenten des so Verstandenen einiges Wesentliche mitzuteilen. Die innere Welt des Klienten mit ihren ganz persönlichen Bedeutungen so zu verspüren, als wäre sie die eigene (doch ohne die Qualität des ‚als ob' zu verlieren), das ist Empathie und das scheint mir das Wesentliche für eine wachstumsfördernde Beziehung zu sein … Wenn die Welt des Klienten dem Therapeuten klar geworden ist und er sich darin frei bewegen kann, dann ist es ihm möglich, dem Klienten von dem, was diesem erst vage bewußt ist, sein Verständnis zu vermitteln, und er kann auch Bedeutungsgehalte im Erleben des Klienten ansprechen, deren sich dieser kaum bewußt ist. Diese höchst sensible Einfühlung ist wichtig, um es einem Menschen zu ermöglichen, daß er sich selbst nahekommt, daß er lernt, sich wandelt und entwickelt." (Rogers, 1990, S. 216)

Dieses verstehende Einfühlen meint eine Bewegung, in der ein Therapeut sich auf das Erleben und dessen Bedeutung für den Klienten einlässt und ihn in seiner Welt zu verstehen sucht. Empathie meint dabei kein unbegrenztes Eingehen in die Welt eines anderen Menschen; vielmehr geht es darum, dafür ein Gespür zu entwickeln, *als ob* diese Welt die je eigene wäre, und diese Qualität des „Als ob" nicht zu missachten. Wirkliches Verstehen kann jedoch einen Raum öffnen, in dem sich der leidende Mensch mit seinen quälend schweren Gefühlen konstruktiv auseinandersetzen kann. So vermag echtes Verstehen verändernde und heilende Kräfte freizusetzen.

3.3 Kongruenz

Echtes Verstehen meint ein Sich-einlassen auf die Welt meines Gegenübers, ohne dass ich mich darin verliere, sondern indem ich mir selbst treu bleibe. Damit umschreibe ich als dritte Grundhaltung die einführend in Punkt 3 genannte Kongruenz oder Echtheit; diese steht für die Erfahrung, „daß eine persönliche Weiterentwicklung begünstigt wird, solange der Therapeut lebt, was er wirklich ist, wenn er in seiner Beziehung mit dem Klienten echt und ohne Fassade bleibt, also ganz offen Gefühle und Einstellungen lebt, die ihn im Augenblick bewegen. Bei dem Versuch, diesen Zustand zu beschreiben, sind wir auf den Begriff der Übereinstimmung mit sich selbst (,Kongruenz') gekommen. Wir meinen damit, daß die vom Therapeuten erlebten Gefühle seinem Bewußtsein zugänglich sind, daß er diese Gefühle leben und sein kann und sie – wenn angemessen – mitzuteilen vermag." (Rogers, 1990, S. 213)

Den Einschub „wenn angemessen" verstehe ich als Hinweis auf die therapeutische Beziehung: Die von mir erlebten Gefühle teile ich mit, sofern sie mir für die Beziehung bedeutsam erscheinen. Mit anderen Worten: Ich bringe nur solche Gefühle ein, die ich als meinem eigenen Erleben zugehörig verspüre, und als Kriterium für die Entscheidung, was davon ich mitteile, dient mir die mutmaßliche Fruchtbarkeit dieser Verbalisierung für den therapeutischen Prozess im gegebenen Augenblick.

Da sind also einerseits der Klient und sein Leiden, das sich treffend als Inkongruenz beschreiben lässt; Inkongruenz ist das Resultat der Mobilisierung von Abwehrhaltungen gegenüber neuen (unerwünschten) Erfahrungen. Da ist andererseits der Therapeut, der die Beziehung zwischen beiden gerade durch seine Kongruenz zu prägen und zu pflegen versucht; Kongruenz erscheint Rogers als eine höchst wichtige, möglicherweise sogar als die entscheidende unter den drei Grundhaltungen (1990, S. 215–216).

Echtheit meint also die Transparenz des Therapeuten in seinen Gefühlsäußerungen, sofern sie ihm für die Beziehung zu seinem Klienten bedeutsam erscheinen, und den Verzicht auf eine professionelle Fassade. In maßvoller Selbsteinbringung kommen unter den Emotionen, die ein Therapeut „echt" spürt, diejenigen in geeigneter Form und Gewichtung zum Ausdruck, die nach seiner Einschätzung mit der aktuellen Belastbarkeit der therapeutischen Beziehung vereinbar sind.

3.4 „... nicht einmal Herr im eigenen Hause"

Ein Klient, der durch aktives Zuhören und interessierte Rückfragen des Therapeuten behutsam, aber unablässig mit sich selbst konfrontiert wird, kann Mut fassen, sich in dieser Welt wie ein Forscher in (noch) unbekannten Gegenden zu bewegen und aus dem ihm entgegengebrachten Vertrauen heraus (neu) an die ihm gegebenen Möglichkeiten zu glauben. So kann es gelingen, dass sich etwa perfektionistische Ansprüche an die eigene Person durch die Erfahrung von Zuwendung und echtem Verstehen relativieren lassen. Die Selbstwertschätzung kann wieder wachsen, eigene Fähigkeiten können wieder in den Blick kommen. Das überhöhte Idealbild und das negative

Selbstbild nähern sich einander an, sodass der dazwischen klaffende Spalt – die Inkongruenz – im Laufe eines psychotherapeutischen Prozesses überbrückt werden kann.

Darüber hinaus greife ich ein Bild auf, das Sigmund Freud zeichnet, wenn er „dem Ich nachweisen will, daß es nicht einmal Herr ist im eigenen Hause" (Freud, 1994, S. 284). Das Motiv des Hauses als Bild für einen Menschen ist ein sehr sprechendes: Der therapeutische Begleiter ist im „Haus" seines Gegenübers *Gast*, der eingelassen wird, wenn er den Hauseingang findet und respektvoll und wertschätzend anklopft. Er verhält sich anders als der Hausbesitzer. Er betritt nur Räume, in die ihm Einlass gewährt wird. Er überschreitet die ihm als Gast gesetzten Grenzen lediglich dann, wenn ihm der Geruch von Angebranntem in die Nase steigt, er einen Brandherd oder anderes Bedrohliche ausmachen kann – und Krisenintervention nottut. Er ist bereit, mit dem Hausbewohner auf dessen Wunsch hin bis dahin verbarrikadierte Zimmer aufzuschließen und diesen empathisch in Räume zu begleiten, in die der Bewohner allein nicht zu gehen wagt – vielleicht auch zu den „Leichen im Keller" dieses Hauses. Er fühlt sich während seines Aufenthaltes vielleicht wie zu Hause, eben so, als ob dieses Haus sein eigenes wäre; und doch sieht er das Haus als Gast mit anderen Augen als der Gastgeber, was keinem von beiden zum Mangel gereicht, vielmehr für letzteren zum Geschenk des Gastes werden kann. Der Gast ist sich klar darüber, dass dieses Haus „echt" nicht sein Haus ist, sodass er es wieder verlässt – zwar nicht Hals über Kopf, aber nach einer Vorankündigung –, um sich in seinem eigenen Haus häuslich niederzulassen. Zuvor wird er mit seinem Gastgeber die Frage klären, ob dieser gleichsam allein auf weiter Flur lebt oder ob quasi in der Nachbarschaft andere ansprechbare „Häuser" stehen.

Dieses Bild gibt auch Hinweise darauf, in welcher idealtypischen Chronologie die Grundhaltungen der Wertschätzung (zur Aufnahme und Aufrechterhaltung von Beziehungen zwischen Gast und Gastgeber), der Empathie (in der Prozessbegleitung durch das Haus) und der Echtheit (in der Perspektive des Gastes, die letztlich eine andere, eine eigene bleibt) zu spezifischer Aktualität gelangen.

Weil ein Anderer mir Wertschätzung entgegenbringt, lerne ich mir selbst mit Respekt zu begegnen. Weil ein Anderer empathisch mit mir umgeht, lerne ich mich selbst zu verstehen. Weil ein Anderer sich mir authentisch zeigt, lerne ich echt zu sein. An der Beziehung zum Anderen wächst meine Beziehung zu mir selbst – und jeder Beziehungsreichtum.

In der empirischen Forschung zu Wirkfaktoren gelingender Psychotherapie (Tscheulin, 1992) zeigt sich das personzentrierte als integratives Konzept. Der Nachweis liegt vor, dass diese Wirkfaktoren nicht nur in dem von Rogers entwickelten, sondern auch in allen anderen traditionsreichen psychotherapeutischen Konzepten tragende Rollen spielen. In professionellen Zusammenhängen erfahren Wertschätzung, Empathie und Echtheit eine besondere Zuspitzung, ein eigenes Recht dürfen diese Haltungen aber buchstäblich in jeder Beziehung in Anspruch nehmen. Denn personzentrierte Arbeit ist „mehr eine grundlegende Philosophie als einfach eine Technik oder Methode" (Rogers, 1991, S. 243).

4.   Förderung eines spirituellen Habitus – in jeder Beziehung

Spiritualität versteht sich als Leben aus dem Geist, ebenfalls in jeder Beziehung. Gelten auch beim Versuch, Spiritualität ins Gespräch zu bringen, die Grundhaltungen, die sich im Bild des Hauses zu einer einzigen Haltung zusammenführen lassen? Lassen sich darüber hinaus noch andere Beziehungsqualitäten ausmachen, die über die genannten Grundhaltungen hinausgehen oder gar im Widerspruch zu ihnen stehen?

Im Lehrgang gleichen wir die personzentrierten Grundhaltungen mit den Erfahrungen ab, die alle Kolleginnen und Kollegen im Zuge ihrer Versuche, Spiritualität ins Gespräch zu bringen, bisher sammeln konnten. Dabei entdecken wir weitreichende Gemeinsamkeiten, aber auch unseren je eigenen Bedarf, uns in diese Haltungen exemplarisch einzuüben, sowohl anhand der Arbeit mit transkribierten Ausschnitten aus Gesprächen zu spirituellen Fragestellungen als auch im praktischen Üben miteinander, im Originalton eines Teilnehmers: „Spiritualität lässt sich nicht festhalten und schon gar nicht verzwecken, Spiritualität entzieht sich immer wieder, während ich mich bei meinem Versuch, Spiritualität ins Gespräch zu bringen, *echt* nicht entziehen kann.“

Um in die oben formulierten Fragen hineinzuwachsen und einer möglichen Antwort auf die Spur zu kommen, braucht es die Auseinandersetzung mit einem biblischen Text, dessen spirituelle Kraft mich immer wieder von neuem begeistert. Welche der Grundhaltungen findet sich im Text wieder? Welche Szenen im Text gehen über diese Grundhaltungen hinaus oder stehen dazu im Widerspruch?

Die faszinierend komponierte Perikope zum Emmausgang (Lk 24,13–35) schildert die Begegnung zweier Jünger mit dem Auferstandenen, Grundzüge unserer Auseinandersetzung damit lassen sich nachlesen (Kießling, 2004, S. 455–461). Sowohl in der Arbeit am Text als auch in Übungsgesprächen zu verschiedenen geistlichen Herausforderungen entwickeln wir unseren je eigenen spirituellen Habitus weiter. Die Übungsgespräche erfolgen in Gruppen von drei Personen mit folgenden Rollen: Person A bringt aus ihrem eigenen Erfahrungsraum Spiritualität ins Gespräch ein, Person B gestaltet die Beziehung zu ihr personzentriert, und Person C vollzieht den Prozess aus eigener Perspektive mit, insbesondere Nonverbales beobachtend. Die Gruppen kommen im Verlauf dieses Moduls dreimal zusammen, um sich und einander in allen Rollen kennenzulernen, zeichnen die Praxisübung auf und reflektieren diese – zunächst in der Kleingruppe und schließlich im Plenum in Gestalt einer Supervision (Kießling, 2005).

Dabei zeigt sich, dass eine personzentrierte Haltung Versuchen, Spiritualität ins Gespräch zu bringen, sehr zugute kommt. Meine *Akzeptanz* desjenigen, der dabei zu meinem Gesprächspartner oder zu meiner Gesprächspartnerin wird, bedeutet nicht, dass ich alles gutheiße, was er mitbringt; Akzeptanz bedeutet mir aber, dass ich dem Umstand Respekt zolle, dass mein Gegenüber als Frau, als Mann Verweis auf das Geheimnis Gottes ist: „Was sind das für Dinge, über die ihr auf eurem Weg miteinander redet?“ (Lk 24,17)

Empathisches Mitgehen erfolgt in Treue, nicht aber treudoof, es schließt vielmehr

Konfrontationen ein, beispielhaft deutlich auf dem Weg der beiden Emmausjünger, zu denen ein Dritter sich gesellt und spricht: „Begreift ihr denn nicht …?" (Lk 24,25) Und zeigt nicht schon die Auseinandersetzung der beiden Jünger mit ihren eigenen Erfahrungen, dass es keine Erfahrung gibt, die uns so real berührt wie jene, die aus unserer eigenen Wirklichkeit emporsteigt und uns widerfährt?

In unseren Übungen hat weder der eine, der begleitet wird, noch die andere, die begleitet, Zugriff auf das Wirken des Geistes. Gesprächs*führung* zu lernen heißt vielmehr, sich dem Dritten anzuvertrauen, auf die Führungskraft des Geistes zu setzen – und damit zugleich die Gefahr zu bannen, dass Führer und Geführte zu Verführern und Verführten werden: „Der die Übungen gibt" – von einem Meister oder Führer ist hier nicht die Rede –, „darf nicht den, der sie empfängt, mehr zu Armut oder einem Versprechen als zu deren Gegenteil bewegen noch zu dem einen Stand oder der einen Lebensweise mehr als zu einer anderen", so heißt es in den Geistlichen Übungen des Ignatius von Loyola. Beim Suchen des göttlichen Willens erscheint es „angebrachter und viel besser, daß der Schöpfer und Herr selbst sich seiner frommen Seele mitteilt … Der die Übungen gibt, soll sich also weder zu der einen Seite wenden oder hinneigen noch zu der anderen, sondern in der Mitte stehend wie eine Waage unmittelbar den Schöpfer mit dem Geschöpf wirken lassen und das Geschöpf mit seinem Schöpfer und Herrn." (Ignatius von Loyola, 2003, Nr. 15)

Begleitende üben doppelte Empathie (Schaupp, 1994; Kießling, 2010): für die Regungen ihres Gegenübers ebenso wie für die Bewegung und den Willen Gottes. In solcher doppelter Empathie kann ein Begleiter sich fürbittend an Gott wenden, darin solidarisch mit den ihm Anvertrauten und zugleich rückgebunden an Gott und sein Reich. Dies mag den Begleiter davor bewahren, sein eigenes Reich aufzubauen und sich und den Begleiteten das Wirken der Gnade Gottes zu verbauen.

Begleitete suchen *Kongruenz* für sich selbst und zuvor bei ihrem Begleiter: im Sinne wirklicher, wirkmächtiger Präsenz, im Sinne einer Macht, die nicht ans Herrschen, sondern an eine Vollmacht denken lässt, die aus eigener Ursprünglichkeit erwächst, aus eigenen Quellen schöpft und sprudelt. Danach sehnen sich Menschen von Anfang an, auch schon in der Zeit der Alten Kirche. Die *Apophthegmata Patrum* (Pater Bonifatius, 1963), die Sprüche oder Weisungen der Väter, geben einen Einblick in das Leben der Mönche als Wüstenväter und Geistliche Begleiter. Exemplarisch genannt sei Abbas Antonios, der im Jahr 251 oder 252 in Mittelägypten geboren wurde. Die überlieferten Texte zeigen ihn in der Auseinandersetzung mit seinen *logismoi*, mit Gedanken und Einfällen, die ihn in Mutlosigkeit und Verwirrung stürzen; er führt die Demut und die Gabe der Unterscheidung (*diakrisis*) an, die ihm zu Hilfe kommen. Während er selbst sich im Kampf mit diversen Anfechtungen schult, reift er zum Begleiter heran. Die Auseinandersetzung mit der eigenen Person verleiht ihm Kongruenz und Kompetenz, für die *logismoi* eines Gegenübers Raum zu schaffen und dessen Einfällen – die einem nicht nur einfallen, die einen auch überfallen können – mit gleichbleibend ermutigender Aufmerksamkeit (*nepsis*) zu begegnen. Dies geschieht in der Absicht, dass der begleitete Mensch sich mit all seinen *logismoi* –

ohne eine Vorselektion zu treffen – zeigt und offenbart, bevor die geistliche Gabe der Unterscheidung zum Einsatz kommt. Diese *discretio spirituum* entwickelt sich in den ignatianischen Exerzitien zu einer Form der Entscheidungsfindung.

5.   Qualitäten spiritueller Kompetenz

Spirituelle Kompetenz, wie sie eben anklang, malen wir im Lehrgang in fünf verschiedenen Qualitäten aus (Hemel, 1988).

Die *Qualität spiritueller Sensibilität (1)* umfasst Aufmerksamkeit und Wahrnehmungskompetenz eines Menschen, seine emotionale Ansprechbarkeit und Offenheit für letzte Fragen, seine Bereitschaft zur Erschließung der Gottesbeziehung als Bildungsprozess. Dabei gestaltet sich Bildung als Selbstbildung: „Ich bilde mich", verrät unsere Sprache. Eine Form der Bildung hingegen, die mir ein anderer unmittelbar aufprägt, macht mich nicht zu einem Gebildeten, sondern zu einem Gebilde. Dabei geschieht Bildung als Selbstbildung in Beziehung, sie ist auf Eindrücke angewiesen, von denen ich mich auf meine Weise angehen lasse, wie es den beiden Jüngern auf ihrem Weg nach Emmaus in wachsendem Maße gelingt, noch nicht aber anfangs, als sie wie mit Blindheit geschlagen sind (Lk 24,16).

Eindruck wiederum verlangt exoterisch nach Ausdruck: Die *Qualität spirituellen Ausdrucks (2)* umfasst spirituell motivierte Handlungsfähigkeit und fördert die Übernahme einschlägiger Rollen, etwa in liturgischen oder in diakonischen Zusammenhängen von Barmherzigkeit und Gerechtigkeit. Die beiden Jünger auf dem Weg nach Emmaus bringen in einer langen Passage (Lk 24,19–24) ihre Eindrücke gegenüber dem Dritten zum Ausdruck.

Die *Qualität spiritueller Inhaltlichkeit (3)* zielt etwa auf die Auseinandersetzung mit dem Credo, auf die *fides quae creditur* und auf andere Texte, die einer Gemeinschaft heilig sind: „Und er legte ihnen dar, ausgehend von Mose und allen Propheten, was in der gesamten Schrift über ihn geschrieben steht." (Lk 24,27) Spirituelle Kompetenz speist sich dabei nicht nur aus kognitiven Fähigkeiten, nicht nur aus Wissen um diese Inhalte, sondern setzt auf das Durcharbeiten und Vertrautwerden mit Inhalten, die orientierend wirken können.

Inhalte sind zu unterscheiden, nicht aber abzutrennen von der *fides qua creditur*: Die *Qualität spiritueller Kommunikation (4)* umfasst sowohl sprachliche als auch Interaktionskompetenzen, sowohl die Gottesbeziehung als auch zwischenmenschliche Beziehungen, sowohl das Beten zu Gott als auch das Einander-ins-Gebet-nehmen, nimmt Menschen sowohl als Verweise auf ein Geheimnis, auf Gott als auch in ihrem Angewiesensein aufeinander und auf die Schöpfung ernst. Dialogkompetenz zielt nicht nur auf Binnenkommunikation, sondern umfasst auch eine Pluralitätsfähigkeit im interreligiösen Umgang mit Fremdem und Fremden (Biesinger, Kießling, Jakobi & Schmidt, 2011). Denn religiöse Ignoranz schürt religiöse Intoleranz. Inhalt und Beziehung, Wissen und Haltung, Mitteilung und Selbstmitteilung, Kunde und Kundschafter oder Kundschafterin, Kundgeben und Sichgeben spielen zusammen: „Da gingen ihnen die Augen auf, und sie erkannten ihn" (Lk 24,31).

Die Selbstkundgabe fordert zu eigener Positionierung, zu wechselseitiger Selbstkundgabe heraus, dazu, dass Menschen zur eigenen Stimme finden: „Und sie sagten zueinander: Brannte uns nicht das Herz in der Brust, als er unterwegs mit uns redete und uns den Sinn der Schrift erschloss?" (Lk 24,32) Nur im Nachhinein lässt sich der Sinn dessen, was uns widerfährt, erschließen – wenn überhaupt. „Noch in derselben Stunde brachen sie auf ..." (Lk 24,33): Damit kündigt sich eine fünfte Qualität an. Die *Qualität spirituell motivierter Lebensgestaltung (5)* verlangt Entscheidungen, die ganze Lebenswege prägen, sei es die Rückkehr der Jünger nach Jerusalem, sei es das benediktinische *ora et labora* oder das ignatianische *omnia ad maiorem Dei gloriam*. Diese Qualität erscheint als integrative Bezugsgröße aller anderen, steht in Krisenzeiten und lebensgeschichtlichen Übergängen auf dem Prüfstand und deutet den größtmöglichen Horizont an, in welchem Menschwerdung geschieht, dabei exoterisch wirkend nicht nur auf die je eigene Biografie, sondern mit politischer Tragweite.

6.   Spiritualität als solidarische Präsenz

Wertschätzung in der Kontaktaufnahme, Empathie im Mitgehen und Echtheit in der Konfrontation mit der Wahrheit leben in der Emmaus-Geschichte – als Haltungen desjenigen, der als Menschgewordener göttliche Solidarität lebt, Solidarität bis in den Tod und über den Tod hinaus. Der Auferstandene erscheint als der Dritte, der immer schon mit den beiden unterwegs ist. Seine Solidarität ermöglicht den beiden Jüngern, miteinander solidarisch zu sein. Er verleiht ihnen die Kraft, selbst zu Zeugen göttlicher Solidarität zu werden – über ihre eigene Beziehung hinaus in die Gesellschaft hinein. Der Emmausgang zeigt nicht nur zwei Jünger, denen sich ein Dritter zugesellt. Der Emmausgang schenkt uns vielmehr die Gewissheit, dass wir allemal darauf setzen können, dass immer ein Dritter mit uns ist, der uns zu gegenseitiger Solidarität anstiftet. Als Gastgeber sprengt er das Bild des Hauses (Lk 24,30) – und eröffnet einen Himmel, unter dem ein Leben im Geist möglich wird.

Im Lehrgang kommen wir nochmals auf Carl Rogers zurück. Bis zum Ende seines Lebens ringt er um die Grundhaltungen, und während seiner letzten Lebensjahre ist er „geneigt zu denken, dass ich in meinen Schriften zu viel Gewicht auf die drei Basisbedingungen ... gelegt habe" (Baldwin, 1987, S. 45). In beziehungsreichen Konstellationen entdeckt er Neues: Ihm „scheint es, daß mein innerer Sinn (*inner spirit*) sich hinausgestreckt und den inneren Sinn des anderen berührt hat. Unsere Beziehung transzendiert sich selbst" (Rogers, 1991, S. 242). Menschliche Erfahrungen, so Rogers, „schließen das Transzendente, das Unbeschreibbare, das Spirituelle ein. Ich sehe mich gezwungen anzunehmen, daß ich, wie viele andere, die Wichtigkeit dieser mystischen, spirituellen Dimension unterschätzt habe." (Rogers, 1991, S. 242–243)

Bei Rogers tut sich in Ansätzen eine den anderen Grundhaltungen vorgeordnete Qualität auf, die er als *presence* (Rogers, 1980, S. 129) umreißt. Nun steht es mir nicht zu, Rogers als anonymen Christen zu bezeichnen, aber es tut sich in seiner

Konzeption ein Raum auf, auf den ich in meiner Spiritualität angewiesen bin. Ich erinnere an Meister Eckhart: „Daß ein Mensch Gott in sich *empfängt*, das ist eine gute Sache ... Daß aber Gott im Menschen *fruchtbar* werde, das ist noch besser" (Meister Eckhart, 1979, S. 115). Wenn zwei einander begegnen, so werden sie beide zu Zeugen jenes Dritten, der schon mit ihnen ist, bevor sie ihn in seiner Präsenz achtsam wahrnehmen. Der Dritte handelt an ihnen, und in seinem Namen handeln sie aneinander, sie leben ihre Spiritualität nicht aus sich selbst und nicht für sich selbst. Indem sie aneinander handeln, zeigen sie füreinander solidarische Präsenz. Sie handeln an Anderen, an den geringsten unter ihren Brüdern und Schwestern. Indem sie an ihnen handeln, handeln sie an jenem Dritten (Mt 25,40), sie machen Gottes Solidarität mit und unter uns Menschen wahr. Sie bewähren sich.

„... und der eine von ihnen – er hieß Kleopas – antwortete ihm ..." (Lk 24,18), und der andere? Wir wissen es nicht und sollen es wohl auch nicht wissen. Denn so hält der Erzähler dieser Geschichte einer und einem jeden von uns den Platz frei. Wir erfahren durch Menschen, die uns begleiten, von jenem Dritten. Seine Präsenz, seine Solidarität wird offenbar, wenn Menschen aus diesem Geist leben.

7. Spiritualität als solidarische Präsenz ins Gespräch bringen!

Solidarität ist der biblischen Idee der *Stellvertretung* verpflichtet – nicht so, dass es Opfer braucht, damit Gott sich versöhnen lässt, aber so, dass Menschen füreinander eintreten. Solidarität will demjenigen, dem sie gilt, dessen Platz nicht wegnehmen, sondern ihm den Raum für dessen eigenes Dasein schaffen. Stellvertretung meint einen Einsatz, der das Gegenüber nicht ersetzt, sondern freisetzt. Im Lehrgang denken wir beispielsweise an die Rolle von Eltern: In vielfältiger Weise sind sie als Vertreterinnen und Vertreter ihrer Kinder gefragt, aber niemals so, dass sie sie ersetzen, sondern so, dass sie sie stärken, damit sie eines Tages ihre je eigene Stelle einnehmen können.

„Wer nach den Strukturen gelebter Stellvertretung fragt, wird nicht umhin können, nach Christus zu fragen, also danach, in welchem Sinne sich die Stellvertretung beschreiben lässt, die die konkrete Person Jesus ... freiwillig für alle ... leisten soll." (Sölle, 2006, S. 88) Mein Stellvertreter, der an meiner Stelle glaubt, hofft und liebt, weil ich nicht glauben, nicht hoffen, nicht lieben kann, hebt mich nicht auf, sodass es auf mich nicht mehr ankäme. Vielmehr läuft er vor, und ich folge nach, andere folgen nach, weil er sich nach uns umsieht und uns ansieht. Er verleiht uns durch sein Ansehen Ansehen. Er leidet mit denen und an denen, die nicht nachkommen. Der Stellvertreter ist empfindlich für ihr Leid.

Wenn mein Leben in Finsternis zu versinken droht, brauche ich einen Menschen, der mir zum Licht wird, der seine Hoffnung in mich und in die Möglichkeiten Gottes mit mir setzt – trotz allem; einen Menschen, der vorläufig und stellvertretend für mich eine Brücke baut über jene Inkongruenz, jene Kluft zwischen leidvollem Dasein einerseits und vagen Hoffnungen andererseits. Nur wenn ich spüren kann, wie ein anderer mir und meiner Zukunft etwas zutraut, mein Fünkchen Hoffnung vorsichtig brennend hält, vermag ich selbst wieder Hoffnung zu schöpfen. Hoffnung lässt leben – darum ist es lebensnotwendig, dass andere für mich hoffen, bis ich selbst wieder ein Hoffender bin: Liebevolle Nähe und Treue können Raum und Zeit für eigenes Hoffen neu erschließen und aus alles niederreißender Finsternis einen Weg ans Licht weisen.

Diese Liebe erzwingt nichts, sondern hofft alles: Der Stellvertreter lässt dem von ihm Vertretenen die Zeit, an seine Stelle zurückzukehren. Der Stellvertreter zwingt ihn nicht dazu, er hofft für ihn. Liebe ist als Hoffnung Stellvertretung. Der Stellvertreter macht sich abhängig, er weiß, dass er nicht machen kann, was und worauf er hofft, aber genau in dieser Ohnmacht ist er zur Liebe befreit.

Diese Spiritualität leben wir als Kirche nicht nur nicht aus uns selbst, sondern auch nicht für uns selbst, nicht esoterisch, sondern exoterisch, nämlich zugunsten derer, deren Würde angetastet ist und die unserer Solidarität am meisten bedürfen – unabhängig davon, ob sie zur Kirche gehören oder nicht. Denn nicht die Kirche ist das Ziel, sondern das Reich und die Solidarität Gottes.

Unser Modul findet an einem denkwürdigen Tag seinen Abschluss: Am Abend beginnt ein neues Pontifikat, mit starken Gesten ignatianisch und franziskanisch inspirierter Solidarität nimmt es seinen Lauf.

Literatur

Baldwin, M. (1987). Interview with Carl Rogers. On the Use of the Self in Therapy. *Journal of Psychotherapy & the Family 3* (1), 45–52.

Biesinger, A., Kießling, K., Jakobi, J. & Schmidt, J. (2011). *Interreligiöse Kompetenz in der beruflichen Bildung. Pilotstudie zur Unterrichtsforschung*. Münster: Lit-Verlag.

Freud, S. (1994). *Vorlesungen zur Einführung in die Psychoanalyse und Neue Folge der Vorlesungen zur Einführung in die Psychoanalyse* (12. Auflage). Frankfurt a. M.: Verlag Fischer.

Hemel, U. (1988). *Ziele religiöser Erziehung. Beiträge zu einer integrativen Theorie*. Frankfurt a. M.: Verlag Peter Lang.

Ignatius von Loyola (2003). *Geistliche Übungen* (3. Auflage). Würzburg: Verlag Echter.

Kießling, K. (2004). *Zur eigenen Stimme finden. Religiöses Lernen an berufsbildenden Schulen*. Ostfildern: Schwabenverlag.

Kießling, K. (2005). Supervision als Lernprozeß unter offenem Himmel. *Transformationen, 5,* 69–112.

Kießling, K. (2010). *Geistliche Begleitung*. Göttingen: Verlag Vandenhoeck & Ruprecht.

Meister Eckhart (1979). *Gotteserfahrung und Weg in die Welt*. Herausgegeben, eingeleitet und zum Teil übersetzt von Dietmar Mieth. Olten – Freiburg i. Br.: Walter-Verlag.

Metz, J. B. (2000). Compassion. Zu einem Weltprogramm des Christentums im Zeitalter des Pluralismus der Religionen und Kulturen. In J. B. Metz, L. Kuld & A. Weisbrod (Hrsg.), *Compassion. Weltprogramm des Christentums. Soziale Verantwortung lernen* (S. 9–18). Freiburg i. Br.: Verlag Herder.

Pater Bonifatius (1963). *Sprüche der Väter*. Graz – Wien – Köln: Verlag Böhlau.

Reisch, E., Bundschuh-Müller, K., Knoche, M. & Kern, E. (2007). Achtsamkeit und der Personzentrierte Ansatz. *Gesprächspsychotherapie und Personzentrierte Beratung, 38,* 69–102.

Rogers, C. R. (1980). *A Way of Being*. Boston: Houghton Mifflin Company.

Rogers, C. R. (1987). *Eine Theorie der Psychotherapie, der Persönlichkeit und der zwischenmenschlichen Beziehungen*. Köln: GwG-Verlag.

Rogers, C. R. (1990). *Therapeut und Klient. Grundlagen der Gesprächspsychotherapie*. Frankfurt a. M.: Verlag Fischer.

Rogers, C. R. (1991). Ein klientenzentrierter bzw. personzentrierter Ansatz in der Psychotherapie. In P. F. Schmid & C. R. Rogers, *Person-zentriert. Grundlagen von Theorie und Praxis* (S. 238–253). Mainz: Grünewald.

Schaupp, K. (1994). *Gott im Leben entdecken*. Würzburg: Verlag Echter.

Sölle, D. (2006). *Stellvertretung*. Stuttgart: Kreuz-Verlag.

Steffensky, F. (2006). *Schwarzbrot-Spiritualität* (Neuausgabe). Stuttgart: Radius-Verlag.

Tscheulin, D. (1992). *Wirkfaktoren psychotherapeutischer Intervention*. Göttingen, Toronto, Zürich: Verlag Hogrefe.

Jörn Hauf

Spiritualität in meinem Beruf
„Entwicklung und Einübung von Handlungsstrategien"

> *Ihr dummen kleinen Tage*
> *kommt euch denn nie*
> *Ein Sterbenswörtchen von Erlösung*
> *Über eure gemalten Lippen?*
> *Kniet ihr den nie mehr*
> *Vor einem Kreuz?*
> *Ihr dummen kleinen Tage*
> *Ihr kennt nur Kommen und Gehen.*
> *Wisst ihr denn nicht*
> *Dass euch jeden Augenblick*
> *Die heilige Unendlichkeit anblickt?*
>
> *(Hans Arp)*

Vom dritten und abschließenden Teil des Lehrgangs „Spirituelle Selbstkompetenz" unter der vergleichsweise prosaischen Überschrift „Entwicklung und Einübung von Handlungsstrategien" versprach sich die Projektleitung, die mittelbare Anwendungsorientierung der zurückliegenden Module einzuholen. Vor dem Hintergrund des forschungsleitenden Interesses, „Spirituelle Selbstkompetenz" mit Blick auf die Bewältigung des Berufsschulalltags zu untersuchen, sollte dieser nun explizit in den Fokus rücken. Welche bisherigen Strategien prägen mein Berufsleben und meine Berufsbewältigung? Stellt sich durch die Spiritualitäts-Impulse der vorangegangenen Einheiten für die einzelnen Teilnehmerinnen und Teilnehmer ein Veränderungsbedarf dar? Welche Wirkungen lassen sich gegebenenfalls auch in didaktischer Sicht auf meine Unterrichtsmethoden und -inhalte, auf die Gestaltung meiner pädagogischen und kollegialen Beziehungen im institutionellen Rahmen von Schule und Unterricht erkennen oder gar konkretisieren? Bei dieser Ausgangslage legte sich eine stark prozessorientierte Arbeitsweise für das dritte Modul nahe.

Bereits der obligatorische eröffnende Rückblick auf die ersten beiden Module zeigte, wie sehr diese gerade im Medium ihrer auf „Selbst-Distanzierung" ausgelegten Impulse und Übungen zu „Kontemplation" und „Gesprächsführung", die Teilnehmerinnen und Teilnehmer durch vertiefte Selbst-Erfahrungen berührten, faszinierten und auch irritierten: Tiefenschichten der eigenen Biografie, Berufungsthemen, problematische Beziehungen, innere Spannungen wurden angerührt, eigene Ressourcen, aber auch defizitäre Bewältigungsmuster erkannt, existentielle Fragen gestellt, neuartige religiöse Erfahrungsdimensionen eröffnet. Nicht wenige erhofften sich dementsprechend noch mehr Raum zur Vertiefung und Weiterführung spiritueller

Einübungen im Sinne eines „mehr desselben", andere drängte es zur kritischen Reflexion, einige bezweifelten grundsätzlich die Möglichkeit der Konkretion für den schulischen Berufsalltag.

Somit war der Spannungsbogen des dritten Kursmoduls aufgerichtet: die Erlebnisintensität der in den vergangenen Modulen selbsterfahrenen „Hinreise" (Sölle, 1975) zur vertikalen und horizontalen „Verbundenheit zu ... " (Bucher, 2007) ließ sich nicht ohne Weiteres verheißungsvoll mit der Aussicht auf die bevorstehende Rückreise in die „Niederungen" des Lehreralltagslebens an der Berufsschule verbinden. Andererseits erweist und entscheidet sich gerade an diesem Spannungsfeld von eso-terischer und exo-terischer Spiritualität ein mögliches Qualitätskriterium für eine fachdidaktische Konzeptualisierung „spiritueller Selbstkompetenz" christlicher Prägung.

Die folgenden Überlegungen skizzieren und reflektieren die Prozessgestaltung des dritten Moduls in acht Schritten. Diese Dramaturgie ist bereits dem Forschungsanliegen verdankt. Sie orientiert sich lose an der vorgeschlagenen Abfolge von Grundhaltungen der „großen Gebetsgebärde im Kraftfeld des Meditationsrades" (Jans, 1994) von Franz-Xaver Jans Scheidegger, die den Autor seit nunmehr 25 Jahren alltäglich begleitet. In ihr spiegeln sich zum einen der erwähnte Spannungsbogen und der Kursverlauf, zudem bietet sie eine – zunächst lediglich in spiritueller Praxis gegründete – Übungsform (Methode) für die Anleitung und Gestaltung religionspädagogischer Fortbildungsangebote zur „spirituellen Selbstkompetenz".

Schritt 1: Verortung im Raum

Die Teilnehmerinnen und Teilnehmer kommen an, beziehen die Räume und ihre Rollen(-zuschreibungen), nehmen sich wertschätzend als Weggefährten wahr, äußern Erwartungen und Befürchtungen in Anbetracht der programmatischen Pragmatik des Moduls und richten sich innerlich und organisatorisch auf die Angebote zur Prozessgestaltung des Kursmoduls aus.

Schritt 2: Selbstbejahung in der Lebensgeschichte bis zum heutigen Tage mit all ihren Hoch-Zeiten und Abgründen, gesunden und verletzten Seiten.

Sie ruhen im Meditationssitz auf dem Boden und nehmen bewusst den Raum Ihrer Leibgestalt wahr. Anschließend verbeugen Sie sich nach vorne mit der Stirn zur Erde und richten sich auf, bis Sie ganz aufrecht stehen. Sie spüren in Ihren Stand hinein und konzentrieren sich auf den Fluss des Atems.

Das Leben eines jeden vollzieht sich auf singuläre Weise in seinen grundlegenden Beziehungsdimensionen zu sich selbst, sozialer Mitwelt, Natur / Kosmos, zu Zeit und Raum und zu Gott. Aber ist es sich dessen bewusst? Die Einübung in vielfältige Formen von Selbstwahrnehmung durch Selbst-distanzierung (Achtsamkeitsübungen, Leibarbeit, Meditation, Kontemplation, Gebet, ...) ermöglicht es zunächst, diesen

Vollzug mit Bewusstsein zu durchdringen und dadurch zur Selbsterfahrung werden zu lassen. Eine Disponierung des Einzelnen und – in einem zweiten Schritt – der Gruppe –, sich über und gegebenenfalls auf die Bedeutung von Spiritualität im Zusammenhang mit der je individuellen Bewältigung und Gestaltung des Berufsalltags zu verständigen, erfolgt deshalb naheliegend biografiesensibel. In unserem Zusammenhang bietet sich eine Form von „révision de vie" an, die es den Teilnehmerinnen und Teilnehmer ermöglicht, ihre je eigene Lebensgeschichte mit Spiritualitätserfahrungen[1] in Verbindung und in kreativer Weise zum Ausdruck zu bringen. Durch den anschließenden Austausch, der von gegenseitiger Wertschätzung und Bestärkung geprägt ist, werden Grundtöne und Motive angestimmt, die den weiteren Verlauf des Kurses prägen sollten.

Übung: Landkarte meiner spirituellen Landschaften[2]

Für die folgende Übung brauchen Sie Zeit und Ruhe. Sie haben dazu etwa 45 Minuten Zeit.

Nehmen Sie sich eines (oder mehrere) der Tücher und breiten Sie sie vor sich aus. Auf diesem Tuch gestalten Sie bitte eine Landkarte ihrer spirituellen Landschaften:

– *Vergegenwärtigen Sie sich Ihr Leben (vielleicht möchten Sie Ihren Lebensweg mit einem Seil auf Ihrem Tuch darstellen), denken Sie an Höhen und Tiefen, an die Aufs und Abs, die Sie bisher durchlebt und durchschritten haben.*
– *Kennzeichnen Sie nun mit den ausgelegten Materialien die Spiritualitätserfahrungen Ihres Lebens. Entwickeln Sie dabei* Ihre eigene Systematik *innerhalb Ihres Bildes.*
– *Nehmen Sie sich eine kleine Auszeit: Betrachten Sie Ihr Bild und spüren Sie nach, ob es Ihre Erfahrungen mit Spiritualität wiederspiegelt.*
– *Der letzte Schritt wartet auf Sie: Betrachten Sie Ihre Spiritualitätserfahrungen und überlegen Sie, wer oder was Sie in dieser Situation begleitet/angeregt hat (Personen/Orte/Übungen/Bücher/Lieder ...). Arbeiten Sie dies in Ihre Landschaft ein!*

Vielen Dank für Ihre Offenheit. Stellen Sie nun in der Austauschrunde Ihre Landkarte den anderen Teilnehmerinnen und Teilnehmern vor. Sie selbst bestimmen, was und wie viel Sie erzählen wollen. (Jeweils ca. 10–15 Minuten)

Biografiearbeit ist eine hilfreiche Form der Selbstreflexion. In Berufsfeldern, die von einem stetigen Wechsel von Nähe und Distanz in professionellen Beziehungen geprägt sind, ermöglicht sie es, beispielsweise Übertragungen und andere emotionale

---

1   Der Begriff „Spiritualität" wurde an dieser Stelle bewusst noch definitorisch unterbestimmt als „geistliche Erfahrung" paraphrasiert.
2   Diese Übung ist Hauf & Karasch (2015, S. 54) entlehnt.

Blockaden zu erkennen. Für Religionslehrerinnen und Religionslehrer, insbesondere wenn sie sich über ihren Erziehungs- und Bildungsauftrag hinaus als (geistliche) Ansprechpartnerinnen bzw. Ansprechpartner und Begleitung verstehen, ist autobiografische Kompetenz, die Fähigkeit, sich kritisch konstruktiv mit der eigenen Vergangenheit auseinanderzusetzen, grundlegend.

Biografiearbeit ist stets spannungsreich. Sie konfrontiert uns mit unserem Selbstkonzept und darin auch mit unseren offenen und verheilten Brüchen, Widersprüchen sowie unserem Scheitern. In den „Landkarten der spirituellen Landschaften" der Teilnehmerinnen und Teilnehmern wurde dies sichtbar. In der Gebetsgebärde, dem Ausdrücken und Verweilen in bestimmten Haltungen und inneren Grundhaltungen, die körperlich dargestellt werden, nimmt es die folgende Leibgestalt an:

Schritt 3: Ausgespannt sein in die Polaritäten und Spannungen unseres Lebens. Aushalten.

Immer im Fluss des Atems. Sie breiten langsam Ihre Arme aus, Ihre Handinnenflächen weisen nach unten. Sie erspüren die Kreuzesform Ihrer Leibgestalt.

Die Kursteilnehmerinnen und Kursteilnehmer bringen Spannungen aus allen Lebensbereichen mit. Hier werden exemplarisch nur die kritischen Anfragen an die Konzeptualisierung des Kurses und einzelner Moduleinheiten thematisiert. Zur Faszination und Begeisterung für die mystagogischen Übungserfahrungen des *kontemplativen Wegs* gesellen sich Irritationen und kritische Anfragen, wo er implizit als Kristallisationspunkt von Spiritualität gedeutet wird, neben dessen Licht andere geprägte Formen christlicher Tradition, wie Liturgie, Tagesgebet, Schriftlektüre verblassen und als bloßes Appendix oder eine Vorstufe von Spiritualität erscheinen. Theologische Spannungen ergeben sich aus der Dualität von Spiritualitätserfahrungen und Übungen mit ihrer explizit christlichen Ausrichtung auf den in Jesus Christus sich offenbarenden Gott als personales Gegenüber und Übungen aus (fernöstlichen) Traditionen, die auf jegliche Ausrichtung verzichten und darin die Loslösung von einer personalen Gottesvorstellung befördern. Darüber hinaus irritieren fehlende Distinktionslinien von Spiritualität im Sinne von Selbsterfahrung und als Ausdruck von Selbstverwirklichung und Quelle der Selbstvervollkommnung gegenüber Spiritualität im Sinne von Gotteserfahrung als Ausdruck der Gnade Gottes und Quelle von Heil und Erlösung. Als scheinbar grundsätzliche Polaritäten zeichnen sich ferner ab: Religion vs. Spiritualität; „Taboritis" vs. ethisch-solidarisches Engagement für das Reich Gottes. Aber auch in praktischer Hinsicht werden Spannungen wahrgenommen:

Inwiefern lassen sich monastisch und priesterlich geprägte Formen von Spiritualität im Alltag einer modernen Familie in einer ausdifferenzierten modernen Gesellschaft etablieren? Sind spirituelle Übungen im Berufsschulreligionsunterricht (BRU) eine berechtigte Herausforderung und Zu-Mutung oder eine grundsätzliche Überforderung und Überwältigung der Schülerinnen und Schüler?

Einerseits erscheint Spiritualität im BRU als souveränes authentisches Zeugnis der Religionslehrkraft, andererseits besteht die berechtigte Befürchtung, sich durch Preisgabe von persönlichen Schätzen für die Schülerschaft (und die Kolleginnen und Kollegen) angreifbar oder zumindest verletzbar zu machen.

Schritt 4: Der Sehnsucht nach Totalität und Identität Raum geben. Verbundenheit empfangen.

Die angedeuteten Spannungen und Polaritäten böten, jede für sich, gute Gründe für Religionslehrkräfte, einen weiten Bogen um das theologisch und existentiell verunsichernde Themenfeld „Spiritualität und BRU" zu machen.

Die Kursteilnehmerinnen und Kursteilnehmer haben sich für einen anderen Weg entschieden und ihrer Sehnsucht Übungsräume und „Leibgestalt" gegeben, die an dieser Stelle in der Anleitungssprache ausgedrückt wird, da sich das Ereignis „Spiritualität" selbst einer beschreibenden sprachlichen Bemächtigung entzieht:

Im Duktus der „Großen Gebetsgebärde" nehmen Sie in diesem Bewegungsabschnitt die spürbar lähmende Schwerkraft wahr, welche an den „Polaritäten des Lebens" ansetzt. Aber Sie geben ihr nicht nach. Die ausgebreiteten Armen werden schwer. Sie drängen dazu, die Gebärde abzubrechen, die Arme und Hände zurück in den Schoß zu legen oder anderweitig zu entspannen. An diesem Punkt wird die Übung zur Aszese: Sie wenden die Handinnenflächen nach oben und führen die ausgestreckten Arme und Hände langsam und behutsam über dem Scheitelpunkt zusammen. Das horizontale Ausgespanntsein wird somit, eine ganze Reihe von möglichen Orantenstellungen durchlaufend, in ein leibhaftiges, vertikales Ausgerichtetsein überführt. Bis sich die Handinnenflächen über dem Haupt absichtslos finden, bedarf es der Konzentration, Gelassenheit und Übungszeit. Dort angekommen, „lassen sie sich von der belebenden Kraft von oben nach unten und von der gestaltwerdenden (inkarnatorischen) Kraft von unten nach oben durchströmen. Alle polaren Kräfte und Strebungen in Ihnen sammeln sich in die Vereinheitlichung der inneren Ausrichtung." (Jans, 1994, S. 88)

Schritt 5: Erkennen, den Blick weiten, bekennen und die Einsichten des Herzens bewahren.

Sie führen die aufeinanderliegenden Handinnenflächen langsam vor Ihre Stirn (Erkenntnis und Reflexion), verweilen dort, senken sie tiefer auf Augenhöhe, öffnen sie blickfeldbreit (den Blick weiten) und verengen sie, bis sie wieder aufeinanderliegen. Führen Sie die Zeigefingerkuppen an die geschlossenen Lippen (Bekenntnis) und senken Sie schließlich die gefalteten Hände auf Brusthöhe. Vor dem Herzen klappen Sie sie an den Handinnenkanten auf und betrachten Ihre Herzenseinsichten wie in einem Buch.

Spiritualität beginnt gewiss dort, wo ein Mensch seiner Sehnsucht nach Totalitäts- und Identitätserfahrung, nach „Gottbezüglichkeit" (Benedikt XVI.) Raum gibt. Doch die Sehnsucht alleine hat stets noch einen ambivalenten Charakter, wo sie in der Gefahr steht, sich selbst zu verabsolutieren. Spirituelle Gipfelerfahrungen sind sensibilisierende und sensible Unterfangen, die sich bereits aufgrund des Erlösungs- und Gnadencharakters einer vorschnellen Standardisierung und Operationalisierbarkeit entziehen. Und doch mutet biblisch-christliche Spiritualität stets die „Rückreise" zu, sie erschöpft sich nicht im Verweilen auf dem Gipfel der Transzendenzerfahrung: Elia verlässt den Horeb wieder; Petrus, der auf dem Tabor vorschlägt, drei Hütten zu bauen, wird getadelt; die beiden Jünger kehren nach ihrem Emmausgang mit brennendem Herzen zurück nach Jerusalem, . . .

An dieser Stelle setzt im Kursverlauf eine (theologisch) reflektierende Vergewisserung eines christlichen Spiritualitätsverständnisses an, die an den impliziten Theologien und Deutungsmustern der Teilnehmerinnen und Teilnehmer anknüpft und diese ins Gespräch mit Überlegungen zur Spiritualität im Fokus akademischer Theologie, näherhin der Religionspsychologie und Religionspädagogik bringt.

Auf den Spuren einer theologisch-anthropologischen Begriffsbestimmung von Spiritualität im weiteren Sinne als Inbegriff einer je praktischen und existentiellen Grundhaltung und Aktualisierung eines Menschen und somit als Folge oder Ausdruck seines religiösen, resp. ethisch-engagierten Daseinsverständnisses, in der sich Bewusstsein und Sein zusammenschließen, lässt sich eine solche Haltung mit Dietmar Mieth christlich als „eine sowohl im Denken, als auch im Leben ausgeprägte Einheit des Strebens nach Vollkommenheit und der Nachfolge Christi" (Mieth, 2004, S. 24f., zitiert nach Peng-Keller, 2012, S. 13) beschreiben, die dem Menschen hilft, sein Dasein zu bewältigen. Ergänzend zielt die biblisch-pneumatologische Perspektive weniger auf eine menschliche Geisteshaltung, als auf die auf sie einwirkende Formkraft, derer sie sich verdankt: Das lebenserneuernde Wirken des *Heiligen* Geistes. Christliche Spiritualität bedeutet in diesem engeren Sinne „*eine vom Geist Gottes bestimmte Lebensform und Lebensführung* oder noch kürzer: ars spiritualis – die Kunst geistbestimmt zu leben (Regula Benedicti, 4, 75)" (Peng-Keller, 2012, S. 14). Folgt man dieser theologischen Diktion, betrifft „Spiritualität" keinen Komplementärbegriff zu „Religion", sondern den Kern des biblisch-christlichen Selbstverständnisses und seines Selbstvollzugs im Horizont der Reich Gottes Botschaft Jesu. Entsprechend wurde das Wesen christlicher Spiritualität in explizit biblischer Sprache auf der Vollversammlung des Ökumenischen Rates der Kirchen (Canberra, 1991) folgendermaßen umschrieben:

„Spiritualität wurzelt in der Taufe und in der Nachfolge. Durch sie sind wir in das Sterben und die Auferstehung Christi hineingenommen, werden Glieder seines Leibes und empfangen die Gaben des Heiligen Geistes, damit wir ein Leben führen, das in den Dienst für Gott und Gottes Kinder gestellt ist. [. . .] Spiritualität ist die Feier der Gaben Gottes, Leben in Fülle, Hoffnung in Jesus Christus, dem gekreuzigten und auferstandenen Herrn, und Verwandlung durch den Heiligen Geist. Spiritualität ist auch das unablässige, oft mühsame Ringen um das Leben im Licht inmitten der Dunkelheit und Zweifel. Spiritualität bedeutet das Kreuz um der Welt willen auf sich zu nehmen, an der Qual aller teilhaben und in den Tiefen menschlichen

Elends Gottes Antlitz suchen [. . .] Spiritualität – in ihren vielfältigen Formen- heißt lebensspendende Energie empfangen, geläutert, inspiriert, frei gemacht und in allen Dingen in die Nachfolge Christi gestellt werden" (Müller-Römheld, 1991, S. 116, zitiert nach Peng-Keller, 2012, S. 13).

Auf das aus psychologischen qualitativen und quantitativen Studien geronnene Spiritualitätsmodell von Bucher gewendet, realisiert und entfaltet sich das Selbst im Modus christlicher Spiritualität durch Selbsttranszendenz auf Gott hin und empfängt von Gott her eine spezifische Beziehungsqualität in seiner vertikalen und horizontalen Verbundenheit zu sich selbst, der Natur, dem Kosmos, der sozialen Mitwelt und zu Gott (s. auch Kapitel 1). Insofern spirituelle Vollzüge Lernprozesse wenn nicht bewirken, so doch intendieren, bedarf es im Blick auf Bildungsprozesse unter den Bedingungen eines Lehrarrangements im schulischen Kontext einer kritischen Reflexion auf Chancen und Grenzen.

Bezogen auf die Lehrpersonen und ihre persönliche Weiterbildung und Persönlichkeitsreifung lässt sich eine positive Auswirkung spiritueller Übungen auf ein tieferes Bewusstwerden und Achtsamkeit für das eigene Selbstkonzept und die vielfältigen Beziehungsdimensionen vermuten und im Anschluss an geeignete Studien wie die vorliegende möglicherweise erhärten. Etwaige Spannungen, ob und inwiefern die je eigene Spiritualitätspraxis entscheidend unterscheidend christlich theologisch konnotiert ist, dürften eine untergeordnete Rolle spielen, solange sie sich nicht in Effekten entladen, die mit den kirchlichen Rahmenbedingungen für die Lehrbeauftragung (missio canonica) kollidieren.

Im Blick auf die konkrete Gestaltung des Religionsunterrichts im institutionalisierten Rahmen des Bildungsauftrags der öffentlichen Schulen lassen sich hingegen engere Grenzen für die spirituelle Praxis im Unterrichtsgeschehen benennen. In Anlehnung an Schambeck (2012, S. 84–96) zielt der schulische Religionsunterricht über den bloßen Ausweis seiner Vernünftigkeit (religiöser Rationalitätsmodus) hinaus auf die Auseinandersetzung der Schülerinnen und Schüler mit dem religiösen Weltzugang. Dabei unterscheidet sie einen (konstitutiven) Teilbereich „sich zu Religion verhalten lernen", verortet und begründet im schulischen Bildungsauftrag vom weiterführenden Zusammenhang „Religion in Gebrauch nehmen", im Sinne von Religion vollziehen, in diesen Vollzug einüben und sich Religion als Lebenshaltung anzueignen – als genuin katechetischer Aufgabe.

„Sich zu Religion verhalten lernen" meint eine Befähigung der Schülerinnen und Schüler, eine eigene begründete Position zu Religion zu gewinnen, indem sie sich mit Religion in ihren unterschiedlichen Ausdrucksdimensionen (hier: Wissen, Ethos und Kult, Ästhetik, soziale Gestalt) auseinandersetzen. Dabei setzt Schambeck durchaus voraus, dass die unterschiedlichen Dimensionen von Religion im Modus der Lebensüberzeugung präsentiert und kennengelernt werden, was in unserem Zusammenhang die begleitete Ausbildung einer spirituellen Selbstkompetenz der Lehrkräfte nahelegt.

Im Blick auf die Schülerinnen und Schüler umfasst „sich zu Religion verhalten lernen" die Ausbildung ästhetischer, hermeneutische-reflexiver und hermeneutisch-kommunikativer sowie praktischer Kompetenzen auf drei aufeinander aufbauenden

Niveaustufen, die in Transformation und den begründeten Vollzug einmünden *können*. Der Übergang zu „Religion in Gebrauch nehmen" ist hier fluide. Nach Schambeck überfordert und sprengt ein verordneter religiöser Vollzug jedoch den Rahmen eines bildungstheoretisch verantworteten Religionsunterrichts: „Sind die Lehrarrangements so angelegt, dass Schülerinnen und Schüler keine Distanzspielräume mehr zur Verfügung stehen und Religion vollziehen müssen, so ist das aufgrund der Rahmenbedingungen des Religionsunterrichts und des Selbstverständnisses von Religion abzulehnen" (Schambeck, 2012, S. 93). Gerade weil der Vollzug von Religion ein zutiefst personales Geschehen ist, braucht er Freiheit und Freiwilligkeit und unterliegt er dem „Überwältigungsverbot". Entsprechend lassen sich spirituelle Vollzüge selbstverständlich und insbesondere im schulischen Kontext nicht verordnen, einfordern, beurteilen, geschweige denn durch Leistungsfeststellungen bewerten, sondern lediglich anbieten.

Im Kursmodul erfolgt die persönliche Aneignung und inhaltliche Auseinandersetzung mit den oben angedeuteten Reflexionsimpulsen, dem ganzheitlichen Duktus entsprechend, durch die Einladung zu Übermalungen und kreativen Ergänzungen der den theoretischen Impulsreferaten zugrundegelegten Strukturbilder.

Schritt 6: Verbindung mit meinen Vitalkräften. Erhalt und Wahrnehmung des eigenen Maßes.

Sie stellen sich mit dem was Sie erlebt und erfahren, bekannt und mit der Einsicht des Herzens verbunden haben, in Ihre Vitalkraft. Dazu bleiben Sie mit dem Körper in der Aufrichtung, runden ihre Arme und Hände in der Höhe des Solarplexus zu einem Kreis, (als umarmten Sie einen Baum) und geben gleichzeitig mit den Knien nach. Spüren Sie in Ihre gespannte Muskelkraft. Sie lösen die Anspannung wieder und führen die gerundeten Arme nach unten, bis die Außenkanten der kleinen Finger die Leisten berühren und verbinden sich so mit Ihren Triebkräften. Abschließend schieben Sie langsam die linke Hand in die rechte Hand, bis die Daumenkuppen sich leicht berühren. Spüren Sie in diese kleine Schale hinein. Werden Sie einfach und bescheiden und beschränken Sie sich auf dieses Ihr Maß.

Anberaumt durch entsprechende Anleitungen und Übungen, lassen sich spirituelle Widerfahrnisse, die sich in Intensivphasen wie beispielsweise Exerzitien, Kontemplationskursen oder auch liturgischen Feiern ereignen, in ihren Wirkungen u. a. als Erfahrungen von Trost, Geborgenheit, Halt, Ruhe, Gelassenheit und Achtsamkeit beschreiben. Einigen Kursteilnehmerinnen und Kursteilnehmern gelingt es, die entsprechenden Übungen und Rituale wie z. B. kontemplatives Sitzen, Meditation, Körpergebet, die Mitfeier der Liturgie systematisch als beständige „Sakramente des Alltags" tagtäglich in ihr Berufs- und Familienleben zu integrieren. Andere erinnern eher situativ Teilübungen (Herzensgebet, Atemübungen, bestimmte Lieder und Gesänge, . . .) und aktualisieren so die damit einhergehenden Erfahrungen auf dem Weg der Aktivierung interner Repräsentanzen. Unabhängig von einer chronologischen oder stärker kairologischen Orientierung gibt es auch strukturimmanente Fallstricke auf dem Übungsweg, wenn sich beispielsweise im Nachklang von Intensivphasen die Sehnsucht nach Transzendenzerfahrungen zum ungestillten Hunger nach Selbsterfahrung verwandelt, der sich im Alltag nicht stillen lässt, weil beispielsweise die Resonanz des sozialen Umfelds ernüchternd scheint, die neugewonnene Achtsamkeit Differenzerfahrungen entdecken lässt, die aus Gräben Abgründe werden lassen oder weil man es selbst schlicht nicht vermag, die nötige Übungsdisziplin aufzubringen. Eine Quelle für Enttäuschungen und Frustrationen besteht in dem Missverständnis, dass Spiritualitätserfahrung als „Verbundenheit in Beziehung zu" (und ihre gewünschten Früchte) selbst leistbar wäre, wenn man nur über die geeigneten Ressourcen (Zeit, soziales Umfeld, Selbstdisziplin, Selbstvertrauen ...) verfügte. Stattdessen ereignet sie sich im Modus der Selbstdistanzierung von den eigenen Selbstbezüglichkeiten, (Leistungs-)Ansprüchen und Abhängigkeiten: „Nimm mich mir und mach mich ganz zu eigen dir" (Nikolaus von Flüe).

Das je eigene Maß der Einübung einer spirituellen Haltung im Leben Raum und Zeit zu geben und für den Berufsalltag fruchtbar werden zu lassen, lässt sich nicht standardisieren, sondern ergibt sich aus dem Zusammenspiel individueller genetischer, physiologischer, psychischer und sozialer Determinanten (Bucher, 2007, S. 16 f.). Diesen Umstand gilt es zunächst wohlwollend als komplexes Bedingungsgefüge von Ressourcen und Defiziten wahrzunehmen.

Von extrinsischen Anforderungen entlastet, bergen und betrachten wir das je eigene Potenzial spiritueller Selbstkompetenz für die „Rückreise" zu den Herausforderungen unserer persönlichen Lebensgestaltung und beruflichen Alltagsbewältigung im BRU.

Schritt 7: Erdung des empfangenen Maßes, schöpferische Arbeit, Verschenken und Empfangen.

Sie sind bereit Ihr persönliches Maß anzuerkennen und verneigen sich vor der Liebe, die es Ihnen geschenkt hat. Dabei verneigen Sie sich vom Kopf her ganz langsam und bringen Ihre zur Schale gewordenen Hände zu Boden, bis die Handrücken den Boden berühren. Dabei dürfen Sie auch in den Knien nachgeben. Dort in Kontakt mit der Erde wird Ihnen Ihr Maß zur Schöpfkelle, die Handinnenkanten berühren sich und Sie schöpfen mit Ihrem Maß von der Kraft der Erde. Dabei richten Sie sich langsam wieder auf und bringen mit Ihrem zur Schöpfkelle gewordenen Maß das dar, was Sie als Gabe der Erde erhalten und geschaffen haben. Danach lösen Sie die Hände voneinander und breiten die Arme wieder aus in einer Geste des Verschenkens und Verströmens. Sie geben weiter, was Sie empfangen haben und empfangen, was andere weitergeben. Abschließend bergen Sie, was Sie empfangen haben wieder in der Mitte Ihrer Person und bilden mit Ihren Händen vor Ihrem Herzen eine Höhlenkammer, in der Sie Ihre Schätze bewahren.

Als nunmehr „Erfahrene" unserer Verbundenheit in Beziehung zu Gott, der Welt und uns selbst entwickeln, erarbeiten und vertiefen die Kursteilnehmerinnen und Kursteilnehmer in kreativer Auseinandersetzung mit einem reichhaltigen Materialpool ihre berufsbezogenen Problemlösungsstrategien zu den spiritualitätsaffinen Handlungsfeldern: „Selbstwirksamkeit im Berufsalltag wahrnehmen", „Selbstdistanzierung mit Schülerinnen und Schüler einüben" und „Pädagogische Beziehungen gestalten".

Darüber hinaus wurden die Teilnehmerinnen und Teilnehmer im Vorfeld gebeten, Beispiele eigener spiritueller Übungspraxis und/oder spirituelle Übungen für den Berufsalltag (Unterricht/Schulpastoral o. ä.) mitzubringen. Im Sinne eines „best-practice" Erfahrungsaustausches, der immer auch die gemeinsame Übung unter Anleitung durch die jeweilige Teilnehmerin und den jeweiligen Teilnehmer umfasst, nehmen diese Sequenzen einen breiten Raum ein. Alleine die Dokumentation der Übungsanleitungen und die gemeinsame Reflexion im Horizont der Erkenntnisse aus den vorangegangenen Schritten hätten diesen Beitrag gefüllt.

Im Rückblick schließlich sehen sich die Teilnehmer und Teilnehmerinnen nochmals die eingangs gestalteten Spiritualitätslandschaften an und überlegen, ob sie etwas verändern, ergänzen oder neu gestalten möchten.

Beschenkt und auch etwas erschöpft durch das Aushalten der (inhaltlichen) Spannungen, die geschenkten Erfahrungen und neuen Einsichten, die (Denk-)Bewegungen, die Vielfalt der Begegnungen und Übungen *verneigen wir uns vor uns selbst, vor einander und vor Gottes Angesicht in*

Schritt 8: Dankbarkeit.

Literatur

Bucher, A. (2007). *Psychologie der Spiritualität. Handbuch.* Weinheim: Beltz.

Hauf, U. & Karasch, J. (2015). *Vom Umgang mit Tod und Trauer. Eine Arbeitshilfe für die Schule.* München: Deutscher Katecheten-Verein e. V.

Jans, F. X. (1994). *Das Tor zur Rückseite des Herzens: die große Rad-Vision des Nikolaus von Flüe als kontemplativer Weg.* Münsterschwarzach: Vier-Türme-Verlag.

Mieth, D. (2004). *Meister Eckhart. Mystik und Lebenskunst.* Düsseldorf: Patmos.a

Müller-Römheld, W. (Hrsg.) (1991). *Im Zeichen des Heiligen Geistes. Bericht aus Canberra 1991.* Frankfurt/Main: Lembeck.

Peng-Keller, S. (2012). *Geistbestimmtes Leben: Spiritualität.* Zürich: Theologischer Verlag Zürich.

Schambeck, M. (2012). Warum Bildung Religion braucht. In: U. Kropac & G. Langenhorst (Hrsg.), *Religionsunterricht und der Bildungsauftrag der öffentlichen Schulen* (S. 84–96). Babenhausen: Verlag Lusa.

Sölle, D. (1975). *Die Hinreise. Zur religiösen Erfahrung. Texte und Überlegungen.* Stuttgart: Kreuz-Verlag.

Teil III:
Schlussreflexion

Reinhold Boschki

Spiritualität als aktive Gestaltung von Zeit
Haltungs-, beziehungs- und professionstheoretische Überlegungen

Hinführung: Suche nach Spiritualität

In der „flüchtigen Moderne", in der wir uns derzeit vorübergehend aufhalten (Bordoni, 2016, in Bezug auf Bauman, 2003; 2008), kann man Spiritualität nicht einfach mehr ‚haben' oder ‚besitzen', so als handele es sich um eine Aktentasche, die man durchs Leben trägt. Spiritualität ist ein höchst dynamisches Konzept, das sich laufend verändert, durch Impulse von außen bereichert, durch biografische Brüche umgewandelt wird, bisweilen zur Ruhe kommt, bisweilen wieder auflebt. Als junge Familie mit kleinen Kindern lebt man in der Regel andere Formen der Spiritualität denn als Single oder als Jugendlicher. Beruflicher Alltag und Lebenssituationen wirken auf das spirituelle Denken, Fühlen und Verhalten ein. Und wiederum bekommen spirituelle Ausdrucksweisen ab der Lebensmitte und in den späteren Jahren nochmals eine ganz eigene Prägung. Spiritualität gleicht eher einem lebenslangen dynamischen Suchprozess, ihr Wesen ist selbst eine Suche, deren Ziellinie und Endpunkt nicht klar zu bestimmen sind.

„‚Spiritualität' steht für eine vielgestaltige Suche nach einem ‚Ort der Fülle' (Charles Taylor)." (Peng-Keller, 2010, S. 7) Sie kann als „große Sinnsuche" gedeutet werden (Eckholt, Siebenrock & Wodtke-Werner, 2016), die Menschen teilweise mit, teilweise in losem Verbund, nicht selten auch ohne oder gegen die überlieferten Repräsentationen von Religion (Kirchen, Religionsgemeinschaften) ausüben (Überblick: Gärtner, 2016; Polak, 2016; Hempelmann, 2016; zur internationalen, interdisziplinären Spiritualitätsforschung: Souza, Bone & Watson 2016). Ein solcher offener Suchprozess ist in seinem heutigen Erscheinungsbild äußerst plural und heterogen, er kann sich unabhängig von institutionellen Verankerungen etablieren. Damit ist aber für die Forschung eine erste große Schwierigkeit gegeben: Spiritualität ist definitorisch kaum exakt zu fassen. Alle Versuche, Spiritualität beispielsweise von ihrer Begriffsgeschichte oder von traditionellen Vorgaben her zu fassen (u. a. Siebenrock, 2016; Peng-Keller, 2010, S. 9–28; Wohlmuth, 2006; Benke, 2004), treffen immer nur auf einen Teil der gelebten Formen von Spiritualität in der Pluralität der Lebenswelten von heute zu.

„Die Definitionsversuche von ‚Spiritualität' sind bislang eher unscharf geblieben." (Streib & Keller, 2015, S. 26) Bisherige Versuche der konzeptionellen Klärung haben „eher zur Verwirrung als zur Klärung beigetragen" (ebd.) Fest steht, dass aktuelle Formen der Spiritualität eher auf Unmittelbarkeit setzen als auf institutionelle, z. B.

kirchliche Vermittlung, und ebenfalls nicht vorwiegend auf charismatische, z. B. von Sekten oder Sondergruppen, zur Verfügung gestellte Muster; sie ist eine „privatisierte, erfahrungsbezogene Form" des Religiösen und tritt eher als „Laienbewegung" auf (ebd., S. 34–36).

Dies entspricht den Beobachtungen und Befunden der hier vorliegenden Studie. Sie wählt zurecht einen offenen Zugang zur Spiritualität, nämlich über den Terminus der „Verbundenheit" in Anlehnung an Anton A. Bucher (2007). Bucher ordnet, wie vorne beschrieben, Spiritualität in einen vierpoligen Referenzrahmen ein, wobei eine horizontale Achse zwischen den Polen ‚Selbst' und einer ‚transzendenten Existenz' (Gott, göttliches Wesen, höhere Macht) und eine vertikale Achse zwischen ‚Natur, Kosmos' und ‚sozialer Mitwelt' aufgespannt ist.[1] Damit ist Spiritualität aus einer individualistischen Engführung herausgeführt und beziehungsorientiert beschrieben, wobei die Beziehungen zu sich selbst, zu anderen, zur Welt, in der wir leben und zu Gott (dem Göttlichen) gemeinsam in den Blick kommen.

Die Beziehungsdimensionen von Spiritualität finden sich in zahlreichen Äußerungen der beteiligten Religionslehrerinnen und Religionslehrer, auf die sich die folgenden Überlegungen immer wieder beziehen.

1.   Annäherungen: Beziehungsorientierte Spiritualität als Haltung und Ausdruck

Die Aussagen der in der vorliegenden Studie befragten Lehrkräfte wurden von den Forschern in drei Kategorien eingeteilt.[2] Dabei ist der erste Bereich besonders interessant, da er die Selbstaussagen der Teilnehmerinnen und Teilnehmer im Blick auf ihr Erleben von Spiritualität widerspiegelt. Hier zeigt sich, wie sehr Spiritualität als persönliche Haltung, als je eigener Weltzugang und als Beziehung zur Um- und Mitwelt gedeutet wird.

‚Haltung' als Begriff und als gelebte Realität darf jedoch nicht individualistisch missverstanden werden. Sie ist immer ein „sich-in Bezug-setzen" zu etwas oder zu anderen Menschen. Haltung kann also nur *relational* verstanden werden. Besonders deutlich wird dies an der Verwendung des Begriffs im Zusammenhang des Zweiten Vatikanischen Konzils. Dort findet sich das lateinische Wort *habitudo* im Kontext der „Erklärung über das Verhältnis der Kirche zu den nichtchristlichen Religionen", so die klassische Übersetzung des Konzilstexts (Rahner & Vorgrimler, 2000), wie er bis heute auf der Website des Vatikans betitelt wird. Das Wort für ‚Verhältnis' ist im lateinischen Text jedoch *habitudo*, also Haltung (Nostra Aetate, [1965] 2005). Die Übersetzung mit ‚Verhältnis' ist dennoch sachgerecht, denn aus einer neu gewonnenen Haltung, die mit diesem Text einer völligen Revision unterworfen wurde, folgt ein neues Verhältnis und eine neue Geschichte der Beziehung der Kirche zu anderen Religionen.

---

1   Vgl. die Einleitung von Matthias Gronover zu diesem Band.
2   Siehe Abschnitt 3.1.

Dass ‚Haltung' stets sozial zu denken ist, kann auch in Anlehnung an die Habitus-Theorie des französischen Soziologen Pierre Bourdieu (1930–2002) gefolgert werden. Ohne den Habitus-Begriff aus der Schule Bourdieus für die Entwicklung eines Verständnisses von ‚Haltung' überstrapazieren zu wollen, kann ausgehend von seinem Habitus-Konzepts eine relationale Sicht entwickelt werden. Im Anschluss an Bourdieu versteht der Erziehungswissenschaftler Eckart Liebau den sozialwissenschaftlichen Begriff folgendermaßen: „Der Begriff ‚Habitus' bezeichnet durch Lernen erworbene, aufeinander bezogene und in der Regel unbewusste Wahrnehmungs-, Denk-, Urteils- und Handlungsmuster, die den spontanen Praktiken sozialer Akteure im Rahmen sozialer Strukturen und Institutionen zugrunde liegen." (Liebau, 2014, S. 154) Es geht um Kompetenzen des Subjekts, die immer auf einen sozialen Handlungsraum und auf ein soziales Gegenüber gerichtet sind. „Entscheidend ist dabei, dass diese Haltungen und Lebensstile grundsätzlich mit der Stellung im sozialen Raum verbunden sind." (ebd., S. 158) Damit werden die Macht- und Abhängigkeitsstrukturen angesprochen, die auch für ein Verständnis von ‚Haltung' als kritisches Korrektiv mitgedacht werden müssen, insbesondere, wenn sie im Bildungskontext interpretiert werden (siehe unten: Abschnitt 3). Der springende Punkt im Habitus-Konzept ist jedoch die „relationale Struktur" in sozialen Feldern und Räumen, die als „Beziehungsgeflechte" gedeutet werden (Guthoff & Landweer, 2010, S. 963 f.).

Mit diesen Hinweisen kann man den Begriff ‚Haltung' im Interesse eines tieferen Verständnisses von Spiritualität als Beziehungsbegriff fassen. Spiritualität ist eine Grundhaltung, eine Lebenseinstellung, die nicht nur im christlichen Kontext anzutreffen ist. Auch in nichtkirchlichen Varianten sind die verschiedenen Phänomene von Spiritualität als Teile einer Persönlichkeitshaltung auszumachen, wobei zunächst die pluralen Formen wert- und vorurteilsfrei betrachtet werden müssen. Eine Unterscheidung in ‚oberflächliche Spiritualität' oder ‚Patchwork-Spiritualität' im Gegensatz zu einer ‚wahren', ‚tiefen' christlichen Spiritualität wird den Menschen nicht gerecht, die ihre Suche nach neuen Formen gelebter Spiritualität ernsthaft betreiben. Auch ihre Haltung und ihre Sinnsuche, ihre Suche nach einem Ort der Erfüllung können ohne weiteres als Ausdruck einer Suche nach Beziehungen verstanden werden.

Christlich gedeutet ist Spiritualität stets vom „Beziehungscharakter christlichen Glaubens" (Polak, 2016, S. 121) her zu verstehen, da jüdische und christliche Gottesvorstellung immer auf eine Beziehung zu Gott bzw. zu Jesus Christus zielt. Ohne Beziehung des Menschen zu Gott und ohne Beziehung Gottes zum Menschen und zur Welt ist christliche Tradition nicht vorstellbar und würden die biblischen, glaubensgeschichtlichen und liturgischen Überlieferungen und damit auch jede Form von Frömmigkeit und Spiritualität ihren Sinn verlieren. „Zur christlichen Spiritualität gehört die Interpersonalität, die Relationalität zu Gott, zur Welt und zu den Mitmenschen." (Wodtke-Werner, 2016, S. 15) Der Dogmatiker Roman A. Siebenrock konstituiert seine Definition von Spiritualität aus der „Grundstruktur der menschlichen Grundrelationen" heraus (Siebenrock, 2016, S. 67–70), die er sodann christlich-theologisch ausdeutet. Er geht von der Keimzelle der menschlichen Sozialität, die in der (Vater-)Mutter-Kind-Beziehung ihre Wurzel hat, aus. Von hier aus gestaltet sich die weitere Grundrelation zu anderen Personen und Gruppen in sozial überschaubaren Kommunikationsräumen, die dann, als dritte Grundrelation, zur Beziehung mit der systemisch-institutionellen Mitwelt überschritten wird. Schließlich dehnen sich die Grundrelationen auf die „unvorstellbare Weite der Gesamtwirklichkeit" aus, die in eine Relation zur „Transzendenz" bzw. zum „Mehr-als-Welt" ausgedehnt wird (ebd., S. 68).

Seine daraus resultierende Definition christlicher Spiritualität ist somit strikt beziehungsorientiert: „In einem engeren Sinne besagt ‚christliche Spiritualität' die individuell-persönliche oder gemeinschaftliche Art und Weise, die in Jesus von Nazareth, als dem Christus der Welt, gegründete Glaubens- und Lebenstradition des einen Gottes biographisch zu vergegenwärtigen, ja diese durch ein konkretes Leben ursprünglich zu repräsentieren." (ebd., S. 79) Christliches Leben heißt, sich dem Anspruch des Evangeliums zu stellen und sein Leben aus der Gottes- und Christusbeziehung heraus zu gestalten. Dies hat konkrete Ausdrucks- und Lebensformen zur Folge, die als Spiritualität bezeichnet werden können.

Allerdings übersieht Siebenrock die für christliche, aber besonders auch für nichtchristliche Formen der Spiritualität entscheidenden anderen Beziehungsdimensionen, die für menschliches Leben grundlegend sind, nämlich die Beziehung zu sich selbst und die Beziehung zur Zeit (vgl. Boschki, 2003). Die Beziehungsdimensionen, die für Spiritualität entscheidend sind, sind demnach folgendermaßen zu bestimmen:

Jeder Mensch lebt zunächst in einer grundlegenden *Beziehung zu sich selbst,* was sein Selbstwertgefühl, sein Selbstvertrauen, seinen Selbststand, seine Selbstsicht etc. betrifft. Hier kommt der Persönlichkeits- und Identitätsbegriff ins Spiel. Der Mensch wird nicht nur am Du zum Ich (Martin Buber), sondern auch am Ich zum Ich, d. h. er steht in einer ständigen Relation zu sich, zu seinem Verhalten, zu seiner Gefühlswelt, zu seinem Körper, dem Aussehen, Wohlbefinden, Unbehagen. Spiritualität – sei sie christlich oder anderweitig durchbuchstabiert – betrifft genau diese Persönlichkeitsmerkmale, mit denen sich die Menschen Tag ein, Tag aus konfrontiert sehen und damit leben müssen. Wie stehe ich zu mir? Welches Bild habe ich von mir? Welche Haltung mir gegenüber prägt meinen Alltag? Spiritualität als Haltung ist – in und mit den sozialen Bezügen – immer auch eine Ausdrucksweise der Haltung gegenüber sich selbst.

Analoges gilt für die zweite Beziehungsdimension, die im Alltag zum Tragen kommt, die *Beziehung zu anderen Menschen.* Es gibt keine Religion, die nicht einen zentralen Wert auf die soziale Ebene des menschlichen Daseins legen würde. Alle ethischen Impulse, die eine Religion hervorbringt, sind darunter zu fassen, alle vorgegebenen Normen und anzustrebenden Werte wollen menschliches Zusammenleben kanalisieren und nicht der Beliebigkeit oder gar der Willkür preisgeben. Religiös leben heißt zu einem bedeutenden Teil, sich in sozialer Hinsicht auf bestimmte Weise zu verhalten. Die „goldene Regel" beispielsweise, die in allen großen Religionen nachzuweisen ist und selbstverständlich auch in der jüdisch-christlichen Tradition eine bedeutende Rolle spielt (u. a. Tob 4,15; Mt 7,12), zielt auf eine Sensibilisierung im Umgang mit anderen Menschen.

Mehr noch, Menschen leben in einem größeren Kontext, der auf ihre individuelle und soziale Biografie einwirkt und zu dem sie sich in bestimmter Weise verhalten. Die Welt, in der wir leben, prägt unsere Identitätskonstruktion, unser Denken und emotionales Erleben, unsere sozialen Beziehungen. Deshalb setzen wir uns, ob bewusst oder unbewusst, stets in ein Verhältnis, in eine *Beziehung zur uns umgebenden Wirklichkeit.* Das betrifft einerseits die Natur, zu der wir eine bestimmte Beziehung aufbauen, z. B. wenn wir eine Wanderung durch einsame Landschaften unternehmen, einen Strandspaziergang am Meer genießen oder in einen Hagelschauer geraten. Tiere, Pflanzen, Landschaften lassen uns nicht unbewegt, insbesondere, wenn wir sie nicht gewohnt sind und ihnen plötzlich, z. B. im Urlaub, in der Freizeit, begegnen. Außerdem stehen wir in einer bestimmten Beziehung zur von Menschen geschaffenen Umwelt, zur Nachbarschaft, zu den Institutionen, in denen wir uns bewegen, z. B. Schule oder Arbeitswelt, zum Stadtteil, Land, ja zum Kontinent. Deren Geschichte und Gegenwart sind stets präsent – wiederum zum Teil bewusst, meist jedoch unbewusst. Insbesondere sind wir geprägt von der Medienwelt, die uns umgibt und die tief in unser persönliches Leben hineinreicht. Täglich sind wir in Mediennetzen eingebunden. Selbst bei diesem Verhältnis zur uns umgebenden Wirklichkeit kann man von Beziehung sprechen, auch wenn es nicht um eine zwischenmenschliche Beziehung geht. Wir setzen uns und stehen in Beziehung zur Welt, in der wir leben. Stets fragen wir uns bewusst und unbewusst: Welches Verhältnis zur Welt, in der ich lebe, zur Gegenwart und Vergangenheit habe ich? Zu den Menschen, die jetzt hier leben, die neu zugezogen sind und früher hier gelebt, vielleicht gelitten haben? Ist die Natur nur Umwelt oder auch Mitwelt für mich? Will ich die Verhältnisse um mich aktiv mitgestalten?

Das weitere, bereits angesprochene Grundverhältnis, das wesentlich für die Konstitution von Spiritualität ist, durchdringt unseren Alltag, doch selten machen wir es uns bewusst: unser *Verhältnis zur Zeit.* Zeit meint einerseits die konkrete Lebenszeit, zu der wir uns jeden Tag neu verhalten: „Als ich noch ein Kind war . . .", „Wenn ich einmal im Beruf stehen werde . . .", „Was ich in zehn Jahren machen will . . .", „Wenn ich alt bin . . .". Derlei Überlegungen, die sich jede und jeder immer wieder macht, drücken unser Verhältnis zur eigenen Biografie aus, was insbesondere im Blick auf die eigene begrenzte Lebenszeit deutlich wird. Der Tod als Ende der persönlichen Zeit bestimmt unsere Denk- und Verhaltensweise mehr als wir im Alltag zuzugeben bereit sind. Auch zum Tod stehen wir in einer gewissen Beziehung. Ferner sind Tageszeit, Wochenzeit, Jahreszeit ein ständiger Referenzpunkt unserer Lebensbezüge: Wir sind ohne Unterlass in Beziehung zur Zeit.

Aus der Sicht des christlichen Glaubens ist schließlich die *Gottesbeziehung* nicht eine Beziehung, die neben den anderen Beziehungsdimensionen steht, sondern diese wesentlich durchdringt und – im Idealfall – verändert. Die Beziehung zu Gott will die anderen Beziehungen im Leben der Menschen qualifizieren, d. h. ihnen eine neue Qualität, eine neue Ausrichtung geben. Jüdisch-christlicher Glaube kann sich nicht in Sonntags- (oder Schabbat-)Religiosität auflösen, sondern beansprucht, ein umfassendes Gestaltungsprinzip für alle Beziehungsnetze menschlichen Lebens zu sein.

All diese Beziehungen können im obigen Sinne auch als *Haltungen* verstanden werden, was in zahlreichen Äußerungen der Lehrerinnen und Lehrer, die an der KIBOR-Spiritualitätsstudie beteiligt waren, zum Ausdruck kommt. Wenn eine Teilnehmerin berichtet, dass sie in dem Bewusstsein des In-der-Gottesbeziehung-Stehens *„in den Tag einfach geh*[t] *oder dass eben Gott mich begleitet, dann habe ich so das Gefühl, dass ich auch mit den Menschen anders umgehen kann.“* Die Haltung zu anderen Menschen verändert sich aus der gelebten Gottesbeziehung. Genau dies ist Ausdrucksform des Glaubens, der als Spiritualität gedeutet werden kann. Glaube ist stets Wahrnehmung der Wirklichkeit und Ausdruck in konkreter Lebensform bzw. Haltung (Altmeyer, 2006). Die Haltung als Ausdruck der inneren Beziehungskonstellation zeigt sich auch körperlich in der Beziehung zu anderen, z. B. indem Menschen anderen Menschen auf gleicher Augenhöhe begegnen oder ‚von oben herab‘, ob sie ‚hochnäsig‘ oder gelassen demütig auf andere zugehen.

Traditionell war Frömmigkeit ein Ausdruck einer bestimmten gläubigen Haltung, die nach außen sichtbar war – und bis heute ist: in Gebetshaltungen, Pilgerformen, gemeinschaftlichen Feiern. Spiritualität war – und ist – in diesen religiösen Handlungen mit ‚Frömmigkeit‘ identifizierbar. Heutige Spiritualitätsformen sind viel stärker individualisiert und plural, dennoch sind sie nicht weniger Ausdruck einer Haltung, im Idealfall einer Grundhaltung des Menschen, der in den oben beschriebenen Beziehungsdimensionen bewusst lebt. Ein Teilnehmer drückt dies als Hoffnung aus: *„Ich erhoffe es mir und wünsche es mir, dass ich bewusster lebe, dass ich* [. . .] *Beziehungen* [. . .] *für mich auch aus dem Glauben heraus gestalte.“*

2.   Spiritualität als Gestaltung von Zeit

Auffällig oft haben die Teilnehmerinnen und Teilnehmer der Studie Spiritualität als Unterbrechung des Alltags charakterisiert. Es geht darum, sich *„selbst wieder zu erden und zur Ruhe zu kommen und zu sagen: So, Stop! Wo stehe ich eigentlich gerade? Wo bin ich eigentlich gerade?“* Spiritualität hat für einige mit *„Aufmerksamkeit für die Situation, in der ich gerade bin“* zu tun, ebenso mit *„Wahrnehmung und Achtsamkeit gegenüber dem Augenblick“.* Spiritualität scheint eine Art *„Grundakzeptanz“* darzustellen bzw. zu fördern gegenüber dem, *„was im Augenblick ist“.* Dasein und Präsentsein in der Gegenwart, Innehalten angesichts rascher und sich stets beschleunigender Zeitabläufe des Alltags, das Hamsterrad zum Stehen bringen – dies sind Charakteristika eines Spiritualitätsverständnisses, das Religionslehrkräften wichtig ist. Oft nennen sie auch ein Achten auf den eigenen Atem, ein sich einlassen auf die jetzige Stunde oder Minute, das Spüren einer Gegenwart, die nicht davon bestimmt ist, blitzschnell wieder zum nächsten Punkt zu hetzen.

Bei Spiritualität geht es den Beteiligten um ein Bewusstwerden des ganzen Lebensflusses, der sich in jedem Augenblick neu ereignet. Spirituelle Kompetenz meint in diesem Zusammenhang eine Fähigkeit zur Achtsamkeit gegenüber dem Augenblick. Spiritualität wird somit als Ausstieg aus verordneten Zeitstrukturen gedeutet und gelebt, wird zur Kraftquelle, indem man selbst zur Ruhe kommt. Hier zeigt sich, dass Spiritualität in ganz besonderer Weise ein wesentliches Merkmal des subjektiven Umgangs mit Zeit darstellt. Spirituell lebende Menschen sehen sich in eine andere Wirklichkeit hineingenommen, d. h. hier nicht Flucht *heraus* aus der Alltagswirklichkeit, sondern Eingehen in eine andere Zeit-Wirklichkeit *innerhalb* des Alltagslebens.

Viele suchen Zeiten der Stille, wobei es nicht nur um eine Zeit der Geräuscharmut, des Schweigens geht, sondern um Unterbrechung des Gewohnten. Spiritualität kann, wenn sie temporal gedeutet wird, als Unterbrechung des Alltags definiert werden (Boeve, 2012; auch Bergold & Boschki, 2014, S. 87–93). Deutlich ist dies insbesondere in Formen der ‚Auszeit‘, z. B. dem täglichen Gebet, einer Pilgerreise oder einer Kontemplation, die als Verlangsamung der Zeitabläufe gehalten wird. Exerzitien, Stillegottesdienste, einfach still dasitzen, z. B. im Garten oder Park, ein Klosteraufenthalt, aber auch die heimische Meditation oder ein meditativer Spaziergang in der Natur unterbrechen den Zeitfluss. Der Mensch sieht sich dabei ganz anders präsent: *„Ich bin jetzt völlig da, ich bin ganz da"*, sagt einer der befragten Lehrkräfte. Dabei stellt sich ein Moment der Gelassenheit und Ruhe ein, die einen neuen, anderen Umgang mit der Zeit ermöglicht. Zeit wird bewusster erlebt, die Unterbrechung ermöglicht eine neue Wahrnehmung. Spiritualität ist etwas, das *„Raum schafft, der mir Zeit gibt."*

Wer sich mit den heutigen Zeitstrukturen analytisch beschäftigt, kann die Sehnsucht nach – wenn auch nur zeitweiligem – Aussteigen aus der Hektik des täglich verordneten Zeitflusses ohne weiteres nachvollziehen. Neben anderen hat der Zeitsoziologe Hartmut Rosa die sich immer weiter beschleunigende Lebenswelt der Menschen analysiert und festgestellt, dass die Zeitstrukturen der Gesellschaft uns im Wesentlichen vorgegeben werden und nicht mehr, oder nur noch zu einem kleinen Teil, von uns selbst bestimmt werden können (Rosa, 2012; 2013a; 2013b). Inzwischen haben wir alle ein grundlegendes Gespür für die Prozesse der Beschleunigung. Die technische Beschleunigung durch rasante Mobilität und immer schnellere Kommunikationswege bewirkt eine „soziale Beschleunigung" (Rosa, 2013a, S. 22–45), die als Zeitknappheit und „Gegenwartsschrumpfung" (Hermann Lübbe) wahrgenommen wird. Das Lebenstempo erhöht sich fast jährlich, was an der Steigerung der Handlungs- und Erlebnisepisoden pro Zeiteinheit liegt. Insbesondere ist der Erlebnischarakter der Zeit ein wesentliches sozialanalytisches Phänomen, das als „Ereignisdispositiv" unserer Zeit beschrieben werden kann (Schüßler, 2013, S. 85–147): „Im Ereignis-Dispositiv funktioniert die Welt wie die Benutzeroberfläche eines PCs. Nebeneinander und übereinander haben wir gleichzeitig mehrere Fenster offen, mit unterschiedlichen Inhalten, die womöglich aus sehr unterschiedlichen historischen Zeitabschnitten stammen, die Virtuelles und Reales kombinieren" (ebd., S. 141).

Die Schnelllebigkeit, Ereignisbasiertheit und Beschleunigung der Lebensverhältnisse, die, wie eingangs zitiert, auch als „Flüchtigkeit" aller Lebensbezüge definiert werden kann (Zygmunt Bauman), geht keineswegs spurlos am Selbstverständnis und Wohlbefinden der Menschen vorbei: „Das hat Auswirkungen auf unsere Einwohnung in der Zeit. [. . .] Mit jedem Ereignis ist alles anders, aber nicht zwangsläufig neu und schon gar nicht mehr besser." (Schüßler, 2013, S. 143) Unser Selbstbild und unser Beziehungsverhalten werden extrem durch die Zeitbezüge, die über uns herrschen, geprägt. Identität und Sozialität des Menschen sind zeitbedingt.

Angesichts dieser Analysen kann Spiritualität als Versuch gedeutet werden, eine neue Beziehung zur Zeit zu finden und Zeit bewusst zu gestalten. Die Sehnsucht nach Ruhe und Gelassenheit ist stärker denn je. Spiritualität stellt schon seit jeher eine bestimmte Gestaltung von Zeit dar: Gebetszeiten prägen den Tagesablauf, Wochenzeiten sind durch die Unterbrechung des Schabbat oder des Sonntags charakterisiert, die Jahreszeiten werden als religiöses Festjahr gestaltet, das in zyklischen Abläufen die Alltagszeit durch religiöse Feiern und heilige Tage unterbricht. Traditionelles jüdisches, christliches oder muslimisches Leben – gewiss auch das spirituelle Leben östlicher Religionen – erfolgt in geprägten Zeitrhythmen. Zeit wird zum Thema des Glaubens und des religiösen Ausdrucks. Religion stellt die Einzelnen in den Strom der Zeit, sie lässt sie nicht der Zeit passiv ausgeliefert sein. Spiritualität kann demnach als *aktive* Haltung verstanden werden, seine Zeit – Alltagszeit, Lebenszeit – im Horizont der oben erwähnten Beziehungsdimensionen zu gestalten. Der Gegensatz von *vita activa* und *vita contemplativa* ist zumindest missverständlich. Kontemplation ist *aktive* Auseinandersetzung mit den Beziehungen zu sich selbst, zu anderen, zur Welt, zur Zeit und – christlich gedeutet – zu Gott.

Im Horizont der verschiedenen Beziehungsdimensionen kann die spirituelle Gestaltung von Zeit nicht individualistisch missverstanden werden. Alle Beziehungsdimensionen gehören zusammen. Es geht nicht nur um eine ‚wellnessorientierte' Gestaltung der eigenen Zeit, sondern Zeit und Zeitlichkeitsverständnis im Christentum sind immer auf die anderen Menschen verwiesen. „Entsprechend ist nicht die isolierte eigene Lebenszeit die Matrix der christlichen Hoffnung, sondern immer auch und unumgänglich die Zeit der Anderen." (Metz, 2011, S. 28) Nicht die weltabgewandte ‚Mystik geschlossener Augen', sondern eine „Mystik der offenen Augen" (Johann B. Metz) sind Kern christlicher Spiritualität: der Blick auf die anderen, meine Beziehung zu ihnen, der Blick auf die Welt, auf die Zeit, auf mich – im Horizont der Beziehung zu Gott.

3.   Ist Spiritualität lehr- und lernbar – auch im Kontext Berufsschule?

Die Aussagen der Lehrkräfte, die an der Spiritualitätsstudie beteiligt waren, spricht im Blick auf die Frage, ob Spiritualität auch in Lehr-Lern-Prozessen des Religionsunterrichts, zumal an der Berufsschule, seinen Platz finden kann, eine eindeutige Sprache. Die Lehrerinnen und Lehrer wollen die Erfahrung der Spiritualität auch mit ihren Schülerinnen und Schülern teilen. Sie sind sich im Klaren darüber, dass dies nur möglich ist, wenn man sich als Lehrende eine eigene spirituelle Haltung zu eigen gemacht hat. Diese Aufgabe hat persönlich-biografische wie auch professionstheoretische Aspekte.

Angesichts der Ergebnisse dieser Studie ist die Frage zu stellen, ob es so etwas wie eine professionelle spirituelle Kompetenz gibt. Manfred L. Pirner ist in seiner religionspädagogischen Analyse der aktuellen Lehrerprofessionsforschung der Überzeugung, dass Lehrerqualität von Persönlichkeitsaspekten, von habituell und strukturell professionsorientierten Elementen sowie von speziellen Lehrerkompetenzen abhängt (Pirner, 2012a). Zu letzteren gehöre, so Pirner, auch „eine spirituelle Kompetenz, die es erlaubt, spirituelle Haltungen und Methoden *auch* im Sinne der heilsamen Selbstdistanzierung und Entlastung wahrzunehmen" (ebd., S. 29). In der näheren Ausführung präzisiert er die dazugehörige professionelle Kompetenz als „spirituell-religionspädagogische Kompetenz" (Pirner, 2012b): „Während spirituelle Kompetenz die Kenntnis von Prinzipien, Elementen und Methoden des geistlichen Lebens sowie den verantwortlichen Umgang mit ihnen im Hinblick auf die eigene Spiritualität meint, zielt spirituell-religionspädagogische Kompetenz darüber hinaus auf die Fähigkeit, in religionspädagogischen Settings spirituelle Elemente im Sinne ‚spiritueller Bildung' theologisch und pädagogisch verantwortet situations- und adressatengemäß einsetzen sowie entsprechend dazu anleiten zu können." (ebd., S. 119)

Hier werden die Konturen eines professionellen Umgangs mit spiritueller Bildung deutlich: Dieser setzt eine religiöse Kompetenz voraus, also nicht allein Kenntnisse in religiöser Hinsicht, sondern Erfahrung und Praxis. Dazu kommen notwendig Reflexionskompetenz, Selbstdistanzierung und vor allem die pädagogische und didaktische Sensibilität, Lernende mit Spiritualität nicht zu überfahren oder zu überfrachten.

Doch kann man Spiritualität überhaupt didaktisieren? Gibt es so etwas wie ein ‚Spiritualitätsdidaktik'? Gottfried Bitter hat schon vor Jahren leidenschaftlich dafür plädiert, dass dies möglich, ja sogar notwendig sei (Bitter, 2004). Allerdings müssen sich die Lehrenden auch der Gefahren und Grenzen einer Didaktisierung bewusst sein. Ist letzteres der Fall, kann Spiritualität, so Bitter, im Modus der ‚Einladung' Gegenstand des Religionsunterrichts sein.

Bitters spiritualitätsdidaktischer Entwurf entfaltet sich von hier aus mit folgenden Grundgesten (ebd., S. 167; vgl. Bitter, 2003):

– Sich einladen lassen zu einem anderen Leben
– Einladen zur Aufmerksamkeit
– Einladen zur Sinnlichkeit
– Einladen zum Miteinander-Sprechen
– Einladen zur Erfahrung mit Jesus von Nazareth
– Einladen zum Beten und Handeln

Dem Ansatz ist anzumerken, dass er noch aus einer anderen religionspädagogischen Epoche stammt, die nicht mit einer vehementen Individualisierung und Pluralisierung der Lebensentwürfe von jungen Menschen rechnet, weshalb er kritisch-konstruktiv weiterentwickelt werden muss (dazu: Altmeyer & Theis, 2006; Boschki & Woppowa, 2006). Dennoch ist die Haltung der Einladung entscheidend. Spirituell-religionspä-

dagogische Kompetenz bedeutet in erster Linie, spirituelle Elemente im Religionsunterricht so einzubringen, dass Lernende sich angesprochen fühlen, ggf. sich auch
eingeladen fühlen, die Möglichkeit einer spirituellen Lebenshaltung – zumindest
partiell – für sich zu prüfen oder gar auszuprobieren (vgl. Langer & Verburg, 2007).

Eine solche professionelle Haltung kann vor allem dann fruchtbar sein, wenn
spirituelles Lernen konsequent als Beziehungslernen konzipiert wird, wie zahlreiche
Aussagen der teilnehmenden Lehrkräfte an der Studie belegen. Entlang der oben
erwähnten grundlegenden Beziehungsdimensionen können folgende Elemente dazu
hilfreich sein:

*Spirituelles Lernen/spirituelle Bildung ist Sensibilisierung für die Beziehung zu
sich selbst.* Spirituell lernende Menschen setzen sich mit sich selbst auseinander.
Alle Formen des Innehaltens, Stillwerdens, der Aufmerksamkeit für sich selbst,
der Achtsamkeit für Geist und Körper (Atmung, Nahrung, Wohlergehen, Fasten,
Schmerzen etc.) berühren die Beziehung zu sich selbst – und, im Idealfall, verändern
sie. Sensibilisierung für die Beziehung zu sich selbst kann das Selbst-Wert-Gefühl,
das Selbst-Vertrauen, die Selbst-Achtung stärken und damit die Suche nach einer
eigenen Identität (als lebenslangen Prozess) vertiefen. Ziel ist es, mit sich selbst
‚befreundet' zu werden oder zu bleiben. Christliches Spiritualitätslernen sieht die
Selbstbeziehung nicht isoliert, sondern stellt sie in den Horizont der Gottesbeziehung
und der weiteren Beziehungsdimensionen.

*Spirituelles Lernen/spirituelle Bildung ist Sensibilisierung für die Beziehung zu
Anderen.* Christliche Spiritualität ist nie nur individuell, auf den Einzelnen gerichtet;
sie hat den Anderen im Blick, ist mit dem Anderen gemeinsam unterwegs. Exerzitien (selbst Einzelexerzitien!), gemeinschaftliche Gebete, Meditationen, liturgische
Handlungen etc. sind Beziehungsereignisse. Dazu gehört wiederum an zentraler
Stelle die Aufmerksamkeit, insbesondere die Aufmerksamkeit für die Eigenheiten
und Bedürfnisse des Anderen.

*Spirituelles Lernen/spirituelle Bildung ist Sensibilisierung für die Beziehung zur
Welt, in der wir leben.* Der Weg der Spiritualität verändert die Wahrnehmung der
Wirklichkeit, die uns umgibt. Das gilt zunächst für die Natur. Viele Zeitgenossen machen spirituelle Erfahrungen in der Begegnung mit der Natur. Wer sie als Schöpfung
verstehen lernt, tritt in Beziehung mit ihrem Schöpfer. Doch auch mit der menschlichen und von Menschen gemachten Welt stehen wir in Beziehung. Unsere Beziehung
zur Kultur (auch der religiösen Tradition und Gegenwart) bewirkt Bildung im Sinne
eines wechselseitigen Austausches. Zur Weltbeziehung gehört ein solides Weltwis-
sen; im christlichen Kontext gehören elementare Kenntnisse der christlichen Welt-
sicht dazu. Sich der Beziehung zur Welt bewusst werden, sie eigenaktiv gestalten, die
gesellschaftliche, kulturelle und historische Dimension unserer Existenz erkennen,
die sozialen und politischen Implikationen wahrnehmen und integrieren –, all dies
sind Stichworte auf dem Weg einer spirituellen Weltwahrnehmung und schließlich
einer spirituellen Existenzweise *in* der Welt.

*Spirituelles Lernen/spirituelle Bildung ist Sensibilisierung für die Beziehung zur
Zeit.* Wie oben gesehen, stehen wir alle in einer tiefen Beziehung zur Zeit, zur aktuell

messbaren und verrinnenden Zeit wie zur Lebenszeit, machen uns diese Beziehung aber nur selten bewusst. Zur Sensibilisierung für unsere Zeitbeziehung gehören Elemente wie: sich mit der je eigenen Beziehung zur Zeit auseinandersetzen, die Zeit wahrnehmen, indem wir sie unterbrechen, die Zeit einmal ‚ruhen‘ lassen, statt sie zu ‚vertreiben‘, Zeit als geschenkte Zeit wahrnehmen, feste Gebetszeiten erleben, Wochen- und Jahresrhythmen bewusst gestalten, Biografiearbeit (‚Lebenszeit‘) betreiben und sich der eigenen begrenzten Zeit, dem Tod, stellen.

Spirituelles Lernen/spirituelle Bildung ist in all diesen Beziehungsdimensionen eine Sensibilisierung für die Beziehung zu Gott. Alle bisher angedeuteten Dimensionen spirituellen Lernens sind in der christlichen Spiritualität in die Beziehung zu Gott eingebettet. Keine dieser Bereiche kann isoliert gesehen werden, sie alle sind miteinander *ver*woben und sind *durch*woben von der Gottesbegegnung. Wer sich auf sie einlässt, verändert seine Beziehung zu sich selbst, zu anderen Menschen, zur Welt und zur Zeit. Die Gottesbeziehung kann sich in Dankbarkeit und Geborgenheit ausdrücken, aber auch in Verzweiflung und Klage.

Eine Didaktik spirituellen Lernens sollte alle fünf Beziehungsdimensionen umfassen. Kurse für christliche Spiritualität in Aus-, Fort- und Weiterbildung von Religionslehrkräften könnten die verschiedenen Ebenen der Begegnung und Beziehung ansprechen. Damit könnten in der Planung und Durchführung von Religionsunterricht an bestimmten Stellen Elemente spirituellen Lernens auf einer oder mehreren dieser Ebenen integriert, zum Teil eingeübt bzw. in außerunterrichtlichen Aktivitäten kennen gelernt werden.

Doch auch nichtchristliche Formen der Spiritualität können, gerade im pluralen Kontext der beruflichen Schulen, in unterrichtlicher Form zum Tragen kommen. Die Erziehungswissenschaftlerin Ulrike Graf spricht von „spiritual literacy", für die der Unterricht als „säkulare Spiritualität" sensibilisieren kann (Graf, 2016). Spiritualität ist wie religiöse Bildung ein Teil der Bildung der gesamten Persönlichkeit des Menschen, was nicht nur für geschlossene religiöse Narrative, sondern auch in interreligiösen, interkulturellen und säkularen Situationen eine Bedeutung hat.

Spiritualität gehört zur Persönlichkeit, wie einige der befragten Lehrkräfte sagen: Sie ist etwas Intimes, sehr Persönliches, sie ist, wie Matthias Gronover in der Einleitung zu diesem Band schreibt, einerseits (theologisch gesehen) Geschenk, andererseits (professionstheoretisch gesehen) muss und kann sie entfaltet werden. Damit gehört sie zum professionellen Habitus, der professionell geschult werden kann. Die Teilnehmerinnen und Teilnehmer der Spiritualitätskurse gaben an, der Kurs habe ihre Bereitschaft gefördert, Spiritualität in den Unterricht einzubringen und ggf. mit den Schülerinnen und Schülern einzuüben. So gesehen gehört Spiritualität auch zum professionellen Kompetenzbereich, die je für sich in Lernprozessen ausgebaut werden können. Beispielsweise kann Spiritualität als Hilfe in Krisensituationen dienen, z. B. beim Tod eines Schülers oder in anderen bedrohlichen Situationen. Eine spirituelle Grundhaltung ermöglicht hier einen bestimmten Umgang für sich selbst und für die Lerngruppe, die für alle erleichternd sein kann.

Schülerinnen und Schüler wünschen sich von den Religionslehrkräften vor allem eines: Aufrichtigkeit. Sie wollen zurecht, dass die Lehrenden das, was sie lehren auch leben, dass sie ‚hinter‘ dem stehen, was sie über Religion, Glaube, Tradition, Gott in den Unterricht einbringen. Keiner will ein Abziehbild. In Schule, besonders in biografisch sensiblen Berufsschulbereich, geht es vielmehr um Positionen, Orientierung, klare Wege, mit denen sich Lernende – identifizierend und auch im Widerspruch – auseinandersetzen können. Dass junge Menschen offen sind für Formen der Spiritualität, dass sie sich partiell sogar selbst als ‚spirituell‘ bezeichnen und unverkrampft auf spirituelle Lebensformen zugehen, zeigen neuere Forschungen in den USA und in Deutschland (Streib & Hood, 2016; Streib & Keller, 2015). Oft äußert sie sich im Modus der Sehnsucht (Martin, 2005), der – vielfach noch sehr unbestimmten und vagen – Sehnsucht nach ‚Mehr als allem‘, nach Erfüllung, Geborgenheit und nach verlässlichen Beziehungen, die jenseits der Fragilität von Alltagsbeziehungen zu erhoffen sind. Deshalb ist eine Haltung der Lehrenden dienlich, die eine wertschätzende Wahrnehmung spiritueller Elemente in der Lebenswelt der Lernenden umfasst, sie sensibel aufnimmt und fördert.

Literatur

Altmeyer, S., Boschki, R., Theis, J. & Woppowa, J. (Hrsg.) (2006). *Christliche Spiritualität lehren, lernen und leben.* Göttingen: V&R.

Altmeyer, S. & Theis, J. (2006). Sensibilisieren und Einladen. Kommunikationstheoretische Grundlegung einer Spiritualitätsdidaktik alltäglicher Lebensformen. In S. Altmeyer, R. Boschki, J. Theis & J. Woppowa (Hrsg.), *Christliche Spiritualität lehren, lernen und leben* (S. 85–99). Göttingen: V&R.

Bauman, Z. (2003). *Flüchtige Moderne.* Frankfurt: Suhrkamp.

Bauman, Z. (2008). *Flüchtige Zeiten. Leben in der Ungewissheit.* Hamburg: Hamburger Edition.

Benke, C. (2004). Was ist (christliche) Spiritualität? Begriffsdefinitionen und theoretische Grundlagen. In P. Zulehner (Hrsg.), *Spiritualität – mehr als ein Megatrend* (S. 29–43). Ostfildern: Schwabenverlag.

Bergold, R. & Boschki, R. (2014). *Einführung in die religiöse Erwachsenenbildung.* Darmstadt: Wissenschaftliche Buchgesellschaft.

Bitter, G. (2003). Spiritualität als Leitbild Praktischer Theologie heute. *Lebendige Seelsorge 54*, S. 292–297.

Bitter, G. (2004). Chancen und Grenzen einer Spiritualitätsdidaktik. In T. Schreijäck (Hrsg.), *Werkstatt Zukunft. Bildung und Theologie im Horizont eschatologisch bestimmter Wirklichkeit* (S. 158–184), Freiburg: Herder.

Boeve, L. (2012). Unterbrechung und Identität in der pluralistischen Welt von heute. Spiritualität und das offene christliche Narrativ. In R. Kunz & C. Kohli Reichenbach (Hrsg.), *Spiritualität im Diskurs. Spiritualitätsforschung in theologischer Perspektive* (S. 161–179). Zürich: Theologischer Verlag Zürich.

Bordoni, C. (2016). *Interregnum. Beyond Liquid modernity.* Bielefeld: Transcript.

Boschki, R. (2003). *Beziehung als Leitbegriff der Religionspädagogik. Grundlegung einer dialogisch-kreativen Religionsdidaktik.* Ostfildern: Schwabenverlag.

Boschki, R. & Woppowa, J. (2006). Kann man Spiritualität didaktisieren? Bildungstheoretische und beziehungsorientierte Grundlegungen spirituellen Lehrens und Lernens. In S. Altmeyer, R. Boschki, J. Theis & J. Woppowa (Hrsg.) *Christliche Spiritualität lehren, lernen und leben.* (S. 67–84). Göttingen: V&R.

Bucher, A. A. (2007). *Psychologie der Spiritualität. Handbuch.* Weinheim: Beltz.

Eckholt, M., Siebenrock, R. A. & Wodtke-Werner, V. (Hrsg.) (2016). *Die große Sinnsuche. Ausdrucksformen und Räume heutiger Spiritualität.* Ostfildern: Matthias-Grünewald-Verlag.

Gärtner, C. (2016). Religiöse Sinnstiftung jenseits dogmatischer Vorgaben. In M. Eckholt, R. A. Siebenrock & V. Wodtke-Werner (Hrsg.), *Die große Sinnsuche. Ausdrucksformen und Räume heutiger Spiritualität* (S. 87–100). Ostfildern: Matthias-Grünewald-Verlag.

Graf, U. (2016). Säkulare Spiritualität – ein Thema für und in Erziehungs- und Bildungskontexten? Anmerkungen zu einer *Spiritual Literacy.* In M. Eckholt, R. A. Siebenrock & V. Wodtke-Werner (Hrsg.), *Die große Sinnsuche. Ausdrucksformen und Räume heutiger Spiritualität* (S. 221–238). Ostfildern: Matthias-Grünewald-Verlag.

Guthoff, H. & Landweer, H. (2010). Art. Habitus. In H. J. Sandkühler (Hrsg.), *Enzyklopädie Philosophie,* Bd. 1 (S. 961–967). Hamburg: Felix Meiner Verlag.

Hempelmann, R. (2016). Auf der Suche nach dem universalen Spirit. Spirituelle Ansätze und Suchbewegungen außerhalb der institutionalisierten christlichen Gemeinschaften. In M. Eckholt, R. A. Siebenrock & V. Wodtke-Werner (Hrsg.), *Die große Sinnsuche. Ausdrucksformen und Räume heutiger Spiritualität* (S. 123–138). Ostfildern: Matthias-Grünewald-Verlag.

Langer, M. & Verburg, W. (Hrsg.) (2007). *Zum Leben führen. Handbuch religionspädagogischer Spiritualität.* München: DKV.

Liebau, E. (2014). Habitus. In Ch. Wulf & J. Zirfas (Hrsg.) (2014). *Handbuch pädagogische Anthropologie.* (S. 154–164). Heidelberg: Springer.

Martin, A. (2005). *Sehnsucht – Anfang von allem. Dimensionen zeitgenössischer Spiritualität.* Ostfildern: Schwabenverlag.

Metz, J. B. (2011). *Mystik der offenen Augen. Wenn Spiritualität aufbricht.* Freiburg: Herder.

Nostra Aetate (lat./dt.), ([1965] 2005). In P. Hünermann & B. J. Hilberath (Hrsg.). *Herders Theologischer Kommentar zum Zweiten Vatikanischen Konzil,* Band 1: Dokumente (S. 355–362). Freiburg: Herder.

Peng-Keller, S. (2010). *Einführung in die Theologie der Spiritualität.* Darmstadt: Wissenschaftliche Buchgesellschaft.

Pirner, M. L. (2012a). Wer ist ein guter Lehrer / eine gute Lehrerin? Ergebnisse der Lehrerprofessionsforschung. In R. Burrichter et al. (Hrsg.). *Professionell Religion unterrichten. Ein Arbeitsbuch* (S. 13–32). Stuttgart: Kohlhammer.

Pirner, M. L. (2012b). Wie religiös müssen Religionslehrkräfte sein? Zur religiösen Kompetenz, Reflexionskompetenz und spirituell-religionspädagogischen Kompetenz. In R. Burrichter et al. (Hrsg.). *Professionell Religion unterrichten. Ein Arbeitsbuch* (S. 107–125). Stuttgart: Kohlhammer.

Polak, R. (2016). Zeitgenössische Spiritualitäten in Europa. Empirische Einblicke und praktisch-theologische Reflexionen. In M. Eckholt, R. A. Siebenrock & V. Wodtke-Werner (Hrsg.), *Die große Sinnsuche. Ausdrucksformen und Räume heutiger Spiritualität* (S. 101–122). Ostfildern: Matthias-Grünewald-Verlag.

Rahner, K. & Vorgrimler, H. (Hrsg.) (2000). *Kleines Konzilskompendium. Sämtliche Texte des Zweiten Vatikanums* (28. Auflage). Freiburg: Herder.

Rosa, H. (2012). *Beschleunigung. Die Veränderung der Zeitstruktur in der Moderne* (9. Auflage). Berlin: Suhrkamp.

Rosa, H. (2013a). *Beschleunigung und Entfremdung*. Berlin: Suhrkamp.

Rosa, H. (2013b). *Weltbeziehungen im Zeitalter der Beschleunigung. Umrisse einer neuen Gesellschaftskritik* (2. Auflage). Berlin: Suhrkamp.

Schüßler, M. (2013). *Mit Gott neu beginnen. Die Zeitdimension von Theologie und Kirche in ereignisbasierter Gesellschaft*. Stuttgart: Kohlhammer.

Siebenrock, R. A. (2016). Die Botschaft vom Reich Gottes und die Vielfalt der Spiritualitäten. Eine fundamentaltheologische Kriteriologie im Dienst der Unterscheidung der Geister. In M. Eckholt, R. A. Siebenrock & V. Wodtke-Werner (Hrsg.), *Die große Sinnsuche. Ausdrucksformen und Räume heutiger Spiritualität* (S. 59–84). Ostfildern: Matthias-Grünewald-Verlag.

Souza, M.de, Bone, J. & Watson, J. (Hrsg.) (2016). *Spirituality across Disciplines. Research and Practice*. Heidelberg: Springer.

Streib, H. & Hood, R. W. (Hrsg.) (2016). *Semantics and Psychology of Spirituality. A Cross-Cultural Analysis*. Heidelberg: Springer.

Streib, H. & Keller, B. (2015). *Was bedeutet Spiritualität? Befunde, Analysen und Fallstudien aus Deutschland*. Göttingen: V&R.

Wodtke-Werner, V. (2016). Die große Sinnsuche. Ausdruckformen und Räume heutiger Spiritualität. In M. Eckholt, R. A. Siebenrock & V. Wodtke-Werner (Hrsg.), *Die große Sinnsuche. Ausdrucksformen und Räume heutiger Spiritualität* (S. 9–17). Ostfildern: Matthias-Grünewald-Verlag.

Wohlmuth, J. (2006). Was heißt Spiritualität? Biblische und systematische Klärungen. In S. Altmeyer, R. Boschki, J. Theis & J. Woppowa (Hrsg.), *Christliche Spiritualität lehren, lernen und leben*. (S. 43–58). Göttingen: V&R.

Autorin und Autoren

Dr. Albert Biesinger ist emeritierter Professor für Religionspädagogik, Kerygmatik und Kirchliche Erwachsenenbildung an der Universität Tübingen und war von 2001 bis 2015 Leiter des Katholischen Instituts für berufsorientierte Religionspädagogik.

Dr. Reinhold Boschki ist Professor am Lehrstuhl für Religionspädagogik, Kerygmatik und Kirchliche Erwachsenenbildung an der Universität Tübingen und Leiter des Katholischen Instituts für berufsorientierte Religionspädagogik.

Dr. Matthias Gronover ist Fachberater für katholische Religion und leitet zusammen mit Prof. Dr. Reinhold Boschki das Katholische Institut für berufsorientierte Religionspädagogik.

Dr. Jörn Hauf ist katholischer Religionslehrer und Abteilungsleiter an der Mathilde-Weber-Schule in Tübingen.

Dipl. theol. Burkard Hennrich ist katholischer Religionslehrer an einer Berufsschule und wissenschaftlicher Mitarbeiter am Katholischen Institut für berufsorientierte Religionspädagogik.

Dipl. theol. Anna Jürgens ist wissenschaftliche Mitarbeiterin am Katholischen Institut für berufsorientierte Religionspädagogik.

DDr. Klaus Kießling ist Professor für Religionspädagogik, Katechetik und Didaktik an der Philosophisch-Theologischen Hochschule Sankt Georgen und Leiter des Instituts für Pastoralpsychologie und Spiritualität.

Dipl. theol. Stefan Lemmermeier ist katholischer Religionslehrer, Schulseelsorger an einer beruflichen Schule und wissenschaftlicher Mitarbeiter am Katholischen Institut für berufsorientierte Religionspädagogik.

Dr. Franz Nikolaus Müller ist Kontemplationslehrer und leitet seit vielen Jahren Kurse mit Willigis Jäger.

Monika Marose, Michael Meyer-Blanck,
Andreas Obermann (Hrsg.)

„Der Berufsschul-religionsunterricht ist anders!"

Ergebnisse einer Umfrage
unter Religionslehrkräften
in NRW

*Glaube – Wertebildung – Interreligiosität,
Band 8, 2016, 216 Seiten, br.,
29,90 €, ISBN 978-3-8309-3453-0*
*E-Book: 26,99 €,
ISBN 978-3-8309-8453-5*

Bis vor Kurzem existierten keine verlässlichen Daten zum Berufs-schulreligionsunterricht (BRU), obgleich es den BRU seit mehr als 65 Jahren gibt und die beruflichen Schulen nach den Grundschulen die zweitgrößte Schulform in Deutschland darstellen. Die nun vor-liegende erste schulspezifische Umfrage zum BRU in NRW, erstellt durch das ›Bonner evangelische Institut für berufsorientierte Reli-gionspädagogik‹ (bibor), wird in diesem Band dokumentiert und in ihren Ergebnissen vorgestellt: Welche Ziele und Anliegen haben BRU-Lehrkräfte mit ihrem Berufsschulreligionsunterricht? Welche Fort-bildungswünsche und -gewohnheiten haben sie? Wie sehen sie die konfessionelle Ausrichtung ihres BRU und wie beurteilen sie das Ver-hältnis ihres BRU zur Kirche? Wünschen sie weiterhin einen BRU im Klassenverband, auch wenn es den islamischen Berufsschulreligions-unterricht geben wird? Stellungnahmen aus Sicht der Kirche, von Fortbildungsinstitutionen und der Industrie runden die Interpretation der Umfrageergebnisse ab.

Mit Beiträgen von Andreas Feige, K. Peter Henn, Meinfried Jetzschke, Monika Marose, Michael Meyer-Blanck, Peter Mörbel, Andreas Ober-mann, Rainer Pauschert, Fred Sobiech und Reinhold Weiß.

Friedrich Schweitzer, Volker Elsenbast,
Peter Schreiner (Hrsg.)

Religionspädagogik und evangelische Bildungsverantwortung in Schule, Kirche und Gesellschaft

Mit Karl Ernst Nipkow
weiterdenken

2016, 244 Seiten, br., 29,90 €,
ISBN 978-3-8309-3503-2
E-Book: 26,99 €,
ISBN 978-3-8309-8503-7

Wie wohl kein anderer hat Karl Ernst Nipkow (1928-2014) im letzten Drittel des 20. Jahrhunderts die wissenschaftliche Religionspädagogik sowie das evangelische Bildungsdenken geprägt. Durch sein Wirken in Wissenschaft und Kirche, namentlich in Gremien der Evangelischen Kirche in Deutschland und im Vorstand des Comenius-Instituts, entfaltete er eine Wirksamkeit, die sich in allen genannten Bereichen bis heute deutlich bemerkbar macht. Darüber hinaus hat er durch seine akademische Lehre sowie in zahllosen Veranstaltungen vor allem der Lehrer- und Pfarrerfortbildung, bei wissenschaftlichen Konsultationen, Symposien und Konferenzen im In- und Ausland viele Menschen dauerhaft beeindruckt und geprägt, immer auch durch seine außergewöhnliche Zugewandtheit und Freundlichkeit, seine Beziehungsstärke und Offenheit.

Dieser Band ist aus den Beiträgen zu zwei Veranstaltungen hervorgegangen, die speziell dem Gedenken an Karl Ernst Nipkow und der Würdigung seines Werkes gewidmet waren. Der Band enthält Darstellungen zu Nipkows Religionspädagogik sowie zu seinem Verständnis evangelischer Bildungsverantwortung, aber auch Nachrufe sowie persönliche Erinnerungen werden dokumentiert.

www.waxmann.com